A
bíblia
do
design
gráfico

ADMINISTRAÇÃO REGIONAL DO SENAC NO ESTADO DE SÃO PAULO
Presidente do Conselho Regional: Abram Szajman
Diretor do Departamento Regional: Luiz Francisco de A. Salgado
Superintendente Universitário e de Desenvolvimento: Luiz Carlos Dourado

EDITORA SENAC SÃO PAULO
Conselho Editorial: Luiz Francisco de A. Salgado
Luiz Carlos Dourado
Darcio Sayad Maia
Lucila Mara Sbrana Sciotti
Luís Américo Tousi Botelho

Gerente/Publisher: Luís Américo Tousi Botelho
Coordenação Editorial: Verônica Pirani de Oliveira
Prospecção: Andreza Fernandes dos Passos de Paula,
Dolores Crisci Manzano, Paloma Marques Santos
Administrativo: Marina P. Alves
Comercial: Aldair Novais Pereira
Comunicação e Eventos: Tania Mayumi Doyama Natal

Tradução: Brune Carvalho
Edição de Texto: Janaina Lira
Preparação de Texto: Ana Lúcia Mendes
Coordenação de Revisão de Texto: Marcelo Nardeli
Revisão de Texto: Camila Y. K. Assunção
Coordenação de Arte: Antonio Carlos De Angelis
Editoração Eletrônica: Sandra Regina Santana
Impresso na China

Publicado pela primeira vez na Grã-Bretanha em 2023 pela Ilex,
uma marca da Octopus Publishing Group Ltd.
Carmelite House, 50 Victoria Embankment,
Londres EC4Y 0DZ
www.octopusbooks.co.uk

Uma empresa da Hachette UK.
www.hachette.co.uk

Editora Responsável: Ellie Corbett
Editora-executiva: Rachel Silverlight
Revisor de Texto: Robert Anderson
Assistente Editorial: Jeannie Stanley
Diretor de Arte: Ben Gardiner
Designer: Theo Inglis
Pesquisa Iconográfica: Giulia Hetherington e Jennifer Veall
Gerente de Produção: Peter Hunt

Título original: *The Graphic Design Bible: The definitive guide
to contemporary & historical graphic design*
Texto © Theo Inglis, 2023
Design e layout © Octopus Publishing Group, 2023

Theo Inglis exerce o direito moral de ser identificado como autor desta obra.

Proibida a reprodução sem autorização expressa.
Todos os direitos reservados à
Editora Senac São Paulo
Av. Engenheiro Eusébio Stevaux, 823 – Prédio Editora
Jurubatuba – CEP 04696-000 – São Paulo – SP
Tel. (11) 2187-4450
editora@sp.senac.br
https://www.editorasenacsp.com.br

Edição brasileira © Editora Senac São Paulo, 2025

Dados Internacionais de Catalogação na Publicação (CIP)
(Simone M. P. Vieira – CRB 8ª/4771)

Inglis, Theo
 A bíblia do design gráfico: um guia histórico e contemporâneo
/ Theo Inglis; tradução Brune Carvalho. – São Paulo : Editora
Senac São Paulo, 2025.

Bibliografia.
ISBN 978-85-396-4322-6 (Impresso/2025)
e-ISBN 978-85-396-4321-9 (Epub/2025)

1. Design gráfico – História   2. Design gráfico – Mídias
3. Tipografia   I. Carvalho, Brune.   II. Título   III. Série

24-2254r	CDD – 745.4
	BISAC DES007000

Índice para catálogo sistemático:
1. Design gráfico : Artes 745.4

A bíblia do design gráfico

um guia histórico e contemporâneo

Theo Inglis

Tradução Brune Carvalho

Editora Senac São Paulo – São Paulo – 2025

Theo Inglis é designer gráfico freelancer, escritor e conferencista acadêmico. Seu livro de estreia, *Mid-Century Modern Graphic Design*, foi publicado pela Batsford em maio de 2019. Ele foi repórter freelancer da revista *Grafik* e da Monotype de 2016 a 2017. Escreveu para *Eye On Design*, da AIGA, *Communication Arts*, *Creative Review*, *The Financial Times*, *Computer Arts* e revista *Apollo*. Entre seus clientes estão Pentagram, Penguin Random House, The Poetry School, Arts Emergency, openDemocracy, International Society of Typographic Designers e uma variedade de editoras literárias independentes. De 2021 a 2022, foi designer sênior da proeminente revista literária *Granta*. Theo é bacharel em design gráfico pela Norwich University of the Arts e mestre em crítica de arte e design pelo Royal College of Art.

Sumário

Introdução	6

Capítulo 1: História

Origens gráficas	16
A vanguarda	20
A Bauhaus	26
A nova tipografia	32
Estilo mid-century modern	34
O design suíço	38
A revolução criativa	42
Agências de design	44
O estilo internacional	46
Contraculturas	50
Pós-modernismo	56
Design gráfico digital	64
O cânone	68

Capítulo 2: Teoria

Semiótica	72
Estética	76
Gestalt	78
Teoria das cores	82
Logo	88
Ornamento	90
Padrões	92
Vernacular	94
Propaganda	98
Políticas do design	102
Ética	106
Gênero	108
Raça	112
Sexualidade	116
Apropriação	118
Design como arte	120
O designer como autor	122

Capítulo 3: Prática

Grids	128
Hierarquia	132
Proporção	134
Estilo	136
Resolução de problemas	140
Inteligência gráfica	142
Pictogramas	146
Linguagem visual	148
Acaso e acidente	150
Ilustração	152
Fotografia	156
Direção de arte	160
Abstração	162
Colagem	164
Acessibilidade	166
Protesto	168
O meio ambiente	172
Clichês	176
Retrô	178
Pastiche	180
Trompe l'oeil	182
Tipo como imagem	184

Capítulo 4: Tipografia

Léxico tipográfico	190
Origens tipográficas	194
Serifas	198
Sans-serif	206
Fontes de exibição	214
Scripts	218
Fontes não latinas	222
Lettering	226
Tipografia pós-moderna	232
Tipografia digital	236
Psicologia das fontes	242

Capítulo 5: Mídias

Pôsteres	246
Publicidade	254
Capas de livro	260
Livros	266
Editorial	270
Capas de álbum	276
Identidade de marca	280
Embalagem	288
Sinalização e orientação	292
Infográficos	294
Design de animação	296
Websites	298
UI/UX design	302
Redes sociais	306

Notas	308
Referências	310
Índice remissivo	312
Créditos das imagens	318
Agradecimentos	320

Acima: Pôster "Give 'em both barrels" ["Dê a eles os dois barris"] para o United States Office for Emergency Management, Jean Carlu, 1941.

Abaixo: Pôster "America's answer! Production" ["Resposta da América! Produção"] para o United States Office for Emergency Management, Jean Carlu, 1942.

Introdução

"O design é o método de unir a forma ao conteúdo. O design, como a arte, tem múltiplas definições: não há uma definição única. O design pode ser arte. O design pode ser estética. O design é tão simples, é por isso que é tão complicado." Paul Rand[1]

"O design gráfico não é tão raro ou especial. Não é uma profissão, é um meio. É uma forma de endereçamento, um meio de comunicação. É usado em toda a cultura em vários níveis de complexidade e com graus variados de êxito. É isso que importa sobre o design gráfico. É isso que o torna interessante. E está em ação em toda parte onde há palavras e imagens." Tibor Kalman, J. Abbott Miller e Karrie Jacobs[2]

Design gráfico é um tema amplo: é um meio, uma prática, um ofício, uma disciplina, uma profissão e toda uma indústria, em cruzamento com praticamente todos os aspectos da sociedade humana – desde negócios e política até arte e cultura. Para contar a história completa do design gráfico, é preciso fazer referência a acontecimentos mundiais tão díspares quanto o desenvolvimento do alfabeto, cerca de 4.000 anos atrás, o trabalho dos antigos escultores de pedra romanos e gregos, os manuscritos dos escribas medievais, o nascimento da imprensa, o advento da Revolução Industrial, o subsequente capitalismo de consumo moderno, até a invenção da internet no final do século XX, e ainda se estende para além, rumo a um futuro desconhecido.

Alguns frutos do design gráfico, quando executados corretamente, passam despercebidos em nossa vida cotidiana, enquanto outros têm o poder de impulsionar ou destruir o sucesso comercial de uma empresa ou de um produto. O design gráfico pode ser mundano ou luxuoso, criativamente inventivo ou rigorosamente organizacional, ornamentalmente belo ou funcionalmente utilitário, socialmente válido ou eticamente questionável, tecnologicamente avançado ou brutalmente simples em seus meios. Para tomar de empréstimo as palavras do grande poeta americano Walt Whitman, o design gráfico é grande, contém multidões.

Uma peça de design gráfico pode se tornar icônica, historicamente significativa, amplamente reproduzida, internacionalmente colecionada e exibida, mas é mais provável que acabe em um aterro do que em um museu. A maior parte do design gráfico, por sua própria natureza, é efêmera, comum, transitória, mas sempre nos dirá algo sobre a sociedade que a produziu. Com o passar de cada década, de cada nova área da cultura, de cada desenvolvimento tecnológico, o design gráfico evolui. Embora ele possa mudar de maneira irrevogável em muitos aspectos, em outros, permanece o mesmo, mantendo questões e princípios fundamentais que resistem à tempestade de transformações na moda e nas tendências estéticas. Como o designer e historiador Richard Hollis diz: "Olhos e cérebros trabalharam da mesma forma por gerações. O ambiente muda, mas os princípios da comunicação visual sobrevivem".[3]

O aspecto central que reúne atividades criativas distintas sob o guarda-chuva do design gráfico é o objetivo de comunicação: um trabalho de design gráfico tem que carregar algum tipo de significado ao público; tem que ser produzido com uma finalidade funcional, seja promover, informar, identificar, atrair ou direcionar. Definir o design gráfico é uma tarefa escorregadia, bem como decidir exatamente em que ponto ele surgiu historicamente ou para onde está se encaminhando; desvinculá-lo de disciplinas inter-relacionadas - como impressão, publicidade, tipografia, ilustração, arte ou mídia (além do design em geral) - é quase impossível. Como o designer e escritor David Reinfurt observa, o design gráfico "não tem qualquer tema realmente próprio"; está sempre "trabalhando com

conteúdo externo. É um método aplicado para trabalhar com outros temas".[4] Isso não quer dizer que o design gráfico seja uma atividade marginal - apenas tente imaginar um mundo sem ele!

Sobre este livro

A bíblia do design gráfico é um livro sobre história, ideias, teorias e contextos do design gráfico, bem como as questões que o cercam como uma prática contemporânea. A intenção não é ser um manual de instruções. Se você quiser aprender habilidades práticas de design gráfico, existem outros livros e, em nossa era digital moderna, outras formas que são talvez mais adequadas aos rápidos desenvolvimentos tecnológicos que hoje afetam o modo como o design é feito. *A bíblia do design gráfico* também não é uma enciclopédia: inevitavelmente, há muitas áreas que não foram contempladas ou que poderiam ter uma maior profundidade se o espaço permitisse. Sempre que possível, incluí sugestões de leituras complementares e, no texto, referências a outras fontes que podem oferecer informações adicionais, menos concisas. Todas as seções deste livro poderiam facilmente ter um livro inteiro dedicado a elas - a maior parte já o tem. Assim é o complexo mundo do design gráfico: quanto mais fundo você cava, mais há a descobrir e ponderar.

Este não é um livro dominado por imagens. O assunto, claro, é inteiramente visual, mas ele requer texto para ser explicado e explorado de maneira adequada. Felizmente, em nossa era da internet, os livros não são mais a fonte primária de exemplos visuais para designers gráficos. Toda a minha vida como designer se passou on-line, e de fato acredito que observar o máximo de design gráfico possível,

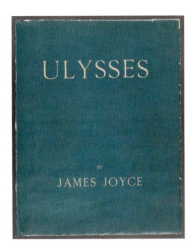

Acima, à esquerda: Capa da primeira edição de *Ulysses*, de James Joyce, 1922.

Acima, à direita: *O Kurske, O Komsomole, O Mae*, design de capa por Ruvim Mazel, 1924.

Abaixo, à direita: Pôster "Handle with care" ["Manuseie com cuidado"], Projeto de Arte Missouri W.P.A., 1943.

Abaixo, à esquerda: Pôster "Gay 90's Art Ball" ["Baile de arte gay dos anos 90"], Projeto de Arte Illinois W.P.A., 1939.

Verso: "Mass communication of complicated issues" ["Comunicação em massa de questões complicadas"], design de pôster para MIT, Dietmar R. Winkler, 1970.

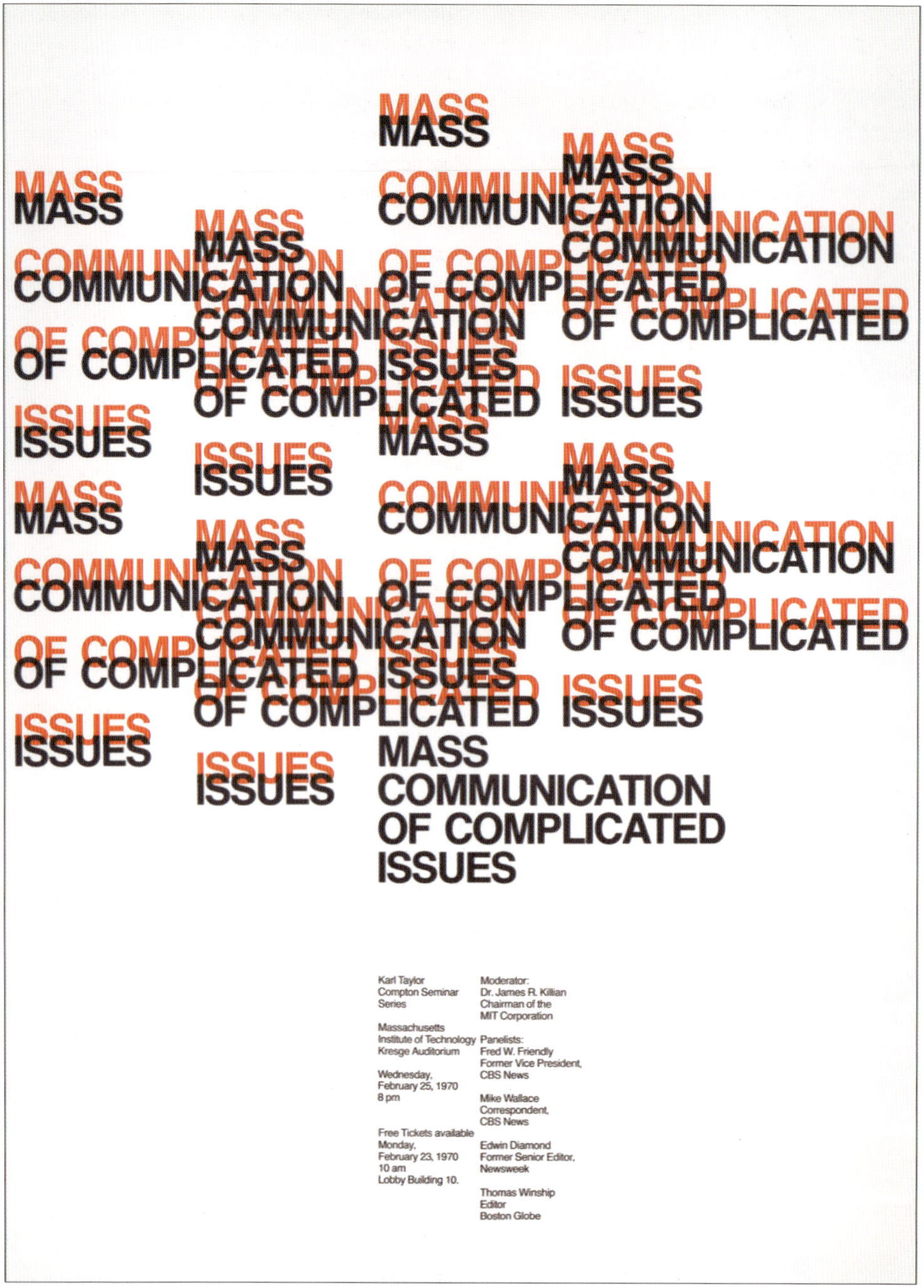

MASS
COMMUNICATION
OF COMPLICATED
ISSUES

Karl Taylor
Compton Seminar
Series

Massachusetts
Institute of Technology
Kresge Auditorium

Wednesday,
February 25, 1970
8 pm

Free Tickets available
Monday,
February 23, 1970
10 am
Lobby Building 10.

Moderator:
Dr. James R. Killian
Chairman of the
MIT Corporation

Panelists:
Fred W. Friendly
Former Vice President,
CBS News

Mike Wallace
Correspondent,
CBS News

Edwin Diamond
Former Senior Editor,
Newsweek

Thomas Winship
Editor
Boston Globe

dentro da maior variedade possível, é incrivelmente valioso para todos os designers, aspirantes ou estabelecidos; isso decerto moldou minhas próprias ideias e interesses. Como designers, aprendemos principalmente observando e fazendo - experimentando coisas -, mas há vários aspectos do design gráfico que são perdidos se ficarmos apenas no observar e fazer. O que fazemos é, evidentemente, aquilo pelo qual somos avaliados (e, sobretudo, pagos para fazer), mas sem o porquê e o como não haveria design gráfico. Isso é importante na hora de escrever, já que imagens geradas por IA estão se tornando cada vez mais comuns e um tópico de caloroso debate; se o papel do designer fosse apenas replicar o que já está aí, criando imagens sem a compreensão do porquê ou sem um raciocínio claro, poderíamos esperar, muito em breve, a obsolescência.

Felizmente, o design gráfico permanece por ora uma atividade humana; o melhor design gráfico envolve criatividade, ideias e conceitos, demandando uma mistura de coração, alma, cérebro e gosto, não somente olhos. Alguns elementos do design gráfico serão inevitavelmente tirados de nossas mãos - ele já se tornou muito menos trabalhoso e muito mais rápido do que era alguns anos atrás -, mas, na verdade, isso só torna o uso do intelecto, o conhecimento de ideias e de teoria e a mentalidade crítica muito mais importantes para os designers, se quisermos continuar sendo necessários e relevantes e, acima de tudo, ter um emprego remunerado.

A bíblia do design gráfico é composta de cinco capítulos, contemplando história, teoria, prática, tipografia e mídias, e cada seção é dividida em subseções, com tamanho de duas a oito páginas,

ilustradas com uma quantidade variada de imagens. A tipografia é sem dúvida uma disciplina separada do design gráfico, mas a compreensão e o uso dela são tão importantes para os designers gráficos que seria um erro não a incluir aqui. As fronteiras que cercam o design gráfico são porosas, por vezes mesmo difusas, e isso é particularmente verdadeiro no que diz respeito ao design gráfico e à tipografia.

Embora a história do design gráfico constitua somente um dos cinco capítulos (que é mais uma visita guiada do que uma cronologia completa), muito deste livro é ocupado por explicações históricas, algo parcialmente sugerido pelas implicações de uma "bíblia". Para entender o ponto em que se situa o design contemporâneo, é importante saber como chegamos aqui, o que mudou e o que permaneceu igual. Sem a preocupação do *Zeitgeist* com as tendências e com o benefício da retrospectiva, é mais fácil entender o *porquê* do design gráfico a partir de uma perspectiva histórica. Ao estudar a história do design, podemos aprender habilidades que nos ajudam a compreender melhor o presente, além de ideias e abordagens que podemos trazer para nosso trabalho contemporâneo. A desvantagem da história é que ela é extremamente homogênea, em particular a narrativa dominante do desenvolvimento do design gráfico: suas figuras são, na maior parte, brancas, masculinas, norte-americanas ou europeias, refletindo quem dominou a sociedade do século XX, da qual surgiu essa disciplina. Isso não significa que estudantes devam descartar a história, mas é essencial reconhecer que essa história dominante é apenas uma potencial história dentre muitas, e muito trabalho valioso está sendo feito para sublinhar e descobrir alternativas

mais diversas. Como o historiador de arquitetura Sigfried Giedion escreveu: "A história não é estática, mas dinâmica. Nenhuma geração é privilegiada a ponto de compreender uma obra de arte em todas as suas facetas; cada nova geração vivendo ativamente descobre novos aspectos dela", acrescentando que se deve "estar permeado pelo espírito de seu próprio tempo" para "detectar os aspectos do passado que gerações anteriores ignoravam".[5]

Há seções deste livro – sobre raça, gênero, sexualidade, política e apropriação – que pareceriam deslocadas para alguns designers gráficos de gerações anteriores, criados sob ideias de neutralidade e forma sobre conteúdo (Paul Rand escreveu em 1992: "Um aluno cuja mente está cheia de assuntos que não têm nada a ver diretamente com design [...] sobrecarregado com problemas sociais e questões políticas, este é um aluno desnorteado").[6] No entanto, elas refletem não somente minhas próprias visões, mas mudanças sociais mais profundas que impactaram o design gráfico em anos recentes, e certamente continuarão a fazê-lo.

Acima: Broadside 5, Alan Kitching/ The Typography Workshop, 1992.

Ao lado: Pôster "Dgtl fmnsm – Lab #disconnect", Anja Kaiser, 2019.

Capítulo 1:
História

Origens gráficas

Quando começa a história do design gráfico? O próprio termo é frequentemente atribuído ao designer de livros americano W.A. Dwiggins (1880-1956), que o utilizou em um artigo em 1922.[1] Dwiggins, no entanto, certamente não foi o primeiro a combinar "gráfico" – cuja origem etimológica está no grego antigo *graphikós* (relativo a desenho, pintura, escrita, etc.) – com "design" – uma palavra derivada do latim *designare*, que significa "marcar, apontar; conceber; escolher, designar ou nomear".[2] "Design gráfico" não era amplamente utilizado até a segunda metade do século XX: antes, a expressão "arte comercial" era dominante, quando também se utilizava "arte gráfica".

No contexto acadêmico, arte comercial começou a se tornar design gráfico em meados do século. Em 1948, o Royal College of Art (RCA) de Londres alterou o nome de seu curso de Design Publicitário para Design Gráfico.Foi uma visita da equipe do RCA a Yale nos anos 1950 que encorajou a universidade dos Estados Unidos a mudar seu programa de graduação (o primeiro do país) de Artes Gráficas para Design Gráfico.[3] Isso era indicativo do papel em evolução do designer em um mundo em rápida transformação. Qualquer conexão com a "arte", ainda amplamente considerada a partir de uma função primariamente decorativa, era inútil para os designers. Tampouco ele estava vinculado ao "comércio" – os designers tinham interesse em como suas habilidades poderiam ser empregadas para além da publicidade e da propaganda. Mudanças mais recentes nos nomes dos cursos de educação superior de Design Gráfico para Comunicação Gráfica ou Comunicação Visual sinalizam o escopo em constante expansão da prática atual.

Deixando de lado a questão semântica de se "design gráfico" é um rótulo adequado, houve debates consideráveis sobre onde iniciar sua história de origem, sobretudo com o crescimento da história do design gráfico como uma disciplina acadêmica. Como disse o designer italiano Massimo Vignelli (1931-2014) em seu discurso de abertura no Primeiro Simpósio sobre a História do Design Gráfico, no Instituto de Tecnologia Rochester (RIT), em 1983, "o design gráfico foi mantido na escuridão; precisamos de uma pequena lanterna, se não um holofote, iluminando a história".[4] Para alguns, como Josef Müller-Brockmann (1914-96), Philip B. Meggs (1942-2002) e Paul Rand (1914-96), essa história começa com as pinturas rupestres pré-históricas. Outro ponto de partida popular para o design gráfico está no século XV, com a impressão, em Mainz (hoje, na Alemanha), da Bíblia de Gutenberg, o primeiro livro impresso na Europa que usou tipos móveis e uma prensa tipográfica (os tipos móveis já haviam sido utilizados na China e na Coreia para imprimir papel-moeda e livros).

Uma diferença fundamental entre a Bíblia de Gutenberg e um manuscrito iluminado anterior está no fato de que ela era perfeitamente reproduzível mecanicamente, com uma tipografia em metal fundido que permitia uma consistência impossível de ser alcançada pelos escribas. A capacidade de produzir em massa cópias exatas é muitas vezes vista como um fator central para diferenciar o design gráfico do artesanato. No entanto, isso significa que uma prensa do século XIX que define um bloco de texto para um pôster tem mais de designer gráfico do que um antigo comerciante romano que combinava texto e imagem ao pintar uma placa em uma tábua de terracota? O uso de texto e imagem juntos foi disseminado na era pré-industrial, quando a alfabetização era rara, e é comumente visto como um fator essencial para diferenciar o design gráfico de disciplinas mais puramente pictóricas, como ilustração ou pintura.

Um aspecto que parece unir atividades criativas distintas sob o guarda-chuva do design gráfico é o objetivo da *comunicação*. Um trabalho de design gráfico tem que carregar algum tipo de *significado* para o público; tem que ter sido produzido com um objetivo funcional específico, seja promover, informar, identificar, atrair ou direcionar. Definir o design gráfico é uma tarefa escorregadia, como decidir exatamente quando ele foi inventado, enquanto separar sua história daquela de disciplinas relacionadas, como impressão, publicidade ou mídia, é quase impossível. Como o designer e escritor estadunidense David Reinfurt (n. 1951) observa, o design gráfico "não tem um assunto próprio"; ele está "sempre trabalhando com conteúdo externo. É um método aplicado para trabalhar com outros assuntos".[5]

Muitos historiadores do design gráfico estão de acordo que foi com o pôster impresso que a disciplina de fato emergiu. Pôsteres do início do século XIX eram dominados pela tipografia, em sua maioria impressos com grandes famílias tipográficas em blocos de madeira e talvez uma ilustração monocromática em xilogravura. A invenção da impressão litográfica colorida tirou os pôsteres do domínio exclusivo das prensas, permitindo que os artistas produzissem trabalhos mais próximos da ideia atual do design gráfico. A litografia colorida, aperfeiçoada pelo artista francês Jules Chéret (1836-1932) na década de 1860 e viabilizada pelos avanços na tecnologia da tinta, exigia que os artistas separassem seu trabalho em

Acima: Homem colando pôsteres na capa de *Gebrauchsgraphik*, 3, de Michael Engelmann, 1956.

Páginas anteriores: Detalhe de *A London Street Scene* [Uma cena de rua londrina], John Orlando Parry, 1835.

três camadas de cores diferentes, que eram gravadas em pedra e depois sobrepostas no processo de impressão.

Essa abordagem, utilizada em pôsteres (com frequência divulgando eventos relacionados à vida noturna) por artistas como Chéret, Henri de Toulouse-Lautrec (1864-1901), Alphonse Mucha (1860-1939) e Aubrey Beardsley (1872-98), tornou-se emblemática da Belle Époque, simbolizando um estilo de art nouveau altamente decorativo. O processo de litografia requeria blocos planos coloridos, conferindo às imagens um visual bastante "gráfico", perspectiva parcialmente inspirada na popularidade da arte asiática. Embora eles se considerassem mais artistas que designers, os criadores desses pôsteres utilizavam uma mistura de *expertise* técnica, pensamento conceitual e proeza artística em trabalhos que integravam texto e imagem e eram comunicativos e reprodutíveis em massa.

As técnicas litográficas de cor rapidamente se disseminaram pelo mundo, e um aumento no volume e na qualidade dos pôsteres refletia-se no aumento de publicações dedicadas ao assunto, como *Art in Advertising* (Estados Unidos, 1890-9), *Les Maîtres de l'Affiche* (Mestres do Pôster, França, 1895-1900), *The Poster* (Inglaterra, 1898-1900) e *Das Plakat* (Alemanha, 1910-21). Desenvolvimentos posteriores na tecnologia de impressão, combinados com um rápido crescimento do comércio, tornaram os pôsteres cada vez mais comuns no início do século XX. Enquanto isso, técnicas similares eram aplicadas a outras áreas, como nas capas de livros e revistas, em um mundo cada vez mais visual.

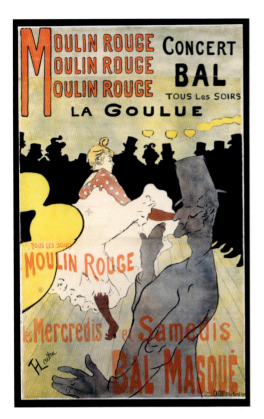

Leituras complementares →
BONDT, Sara de; SMET, Catherine de. *Graphic Design*: History in the Writing - 1983-2011. London: Occasional Papers, 2014.
HOLLIS, Richard. *Graphic Design in the Twentieth Century*. London: Thames & Hudson, 2021.
MEGGS, Philip B.; PURVIS, Alston W. *História do design gráfico*. São Paulo: Cosac Naify, 2009.

Acima, à esquerda: Pôster "Moulin Rouge: La Goulue", Henri de Toulouse-Lautrec, 1891.

Abaixo, à direita: Pôster para *The Chap-Book* [Brochura], Will H. Bradley, 1894.

Abaixo, à esquerda: Pôster para a empresa de câmeras holandesa Capi, Johann Georg van Caspel, *c.* 1899.

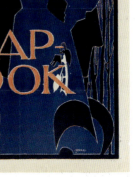

Origens gráficas **19**

A vanguarda

"Pretendemos cantar o amor ao perigo, o hábito da energia e da temeridade."
Filippo Tommaso Marinetti, *Manifesto Futurista*, 1909

"O tempo da destruição está no fim. Uma nova era está nascendo: a era da construção."
De Stijl: Manifesto V, 1923

O fluido e expressivo art nouveau, dominante durante os primeiros tempos da arte comercial, estava desaparecendo quando a Primeira Guerra Mundial eclodiu em 1914. Contudo, ele ajudou a popularizar o conceito de *Gesamtkunstwerk* (palavra alemã que significa "obra de arte total") – síntese de vários campos da arte, design e artesanato sob uma estética unificada –, que inspiraria a maior parte dos movimentos seguintes. Muitas figuras importantes do art nouveau, como Charles Rennie Mackintosh (1868-1928) e Henry van de Velde (1863-1957), desenvolveram estilos tão facilmente aplicáveis ao design gráfico quanto às construções ou à mobília.

As formas orgânicas do art nouveau foram substituídas por uma perspectiva mais angular e simplificada, retrospectivamente denominada art déco, estética modernista inicial que celebrava as inovações tecnológicas e a velocidade. Designers gráficos que trabalhavam dessa forma incluíam o francês Cassandre (Adolphe Jean-Marie Mouron, 1901-68) e o norte-americano Edward McKnight Kauffer (1890-1954), o qual, em 1938, escreveu que "o artista na publicidade é uma nova forma de ser".[6] Suas influências vieram principalmente de movimentos que causavam ondas de choque na arte europeia, sobretudo o cubismo, que rejeitava as convenções tradicionais da perspectiva, e o surrealismo, que explorava o imaginário dos sonhos e o inconsciente.

Tais movimentos, marcados pelas novas redes internacionais viabilizadas pela mídia impressa e pela tecnologia de comunicação aprimorada, eram parte do que seria rotulado como vanguarda, termo advindo do francês *avant-garde*, relacionado aos soldados da primeira fila de uma batalha. A vanguarda era um rótulo aplicado a qualquer forma de arte que criasse inovação e desafiasse o *status quo* em termos estéticos, nas ideias ou até mesmo na política. Ideias políticas como o socialismo, o comunismo e o fascismo influenciaram muitos artistas, que viram seu trabalho na vanguarda como uma força que remodelava a sociedade. Os movimentos de vanguarda da Europa do início do século XX formariam uma amostra do que viria a se tornar o movimento moderno, ou modernismo, posteriormente, pois artistas, designers e escritores buscavam experimentar novas formas de expressão, apropriadas para uma época de modernização rápida e de mudança social profunda.

Um dos primeiros movimentos originados na Itália, o futurismo foi lançado pelo poeta Filippo Tommaso Marinetti (1876-1944) em 1909, com um manifesto celebrando a indústria, a velocidade, a tecnologia, a juventude e mesmo a guerra, enquanto clamava pela destruição de museus e bibliotecas para libertar a Itália da "gangrena de professores, arqueólogos, guias turísticos e antiquários".[7] Enquanto algumas reivindicações de movimentos

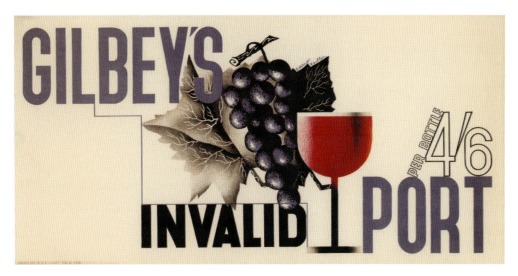

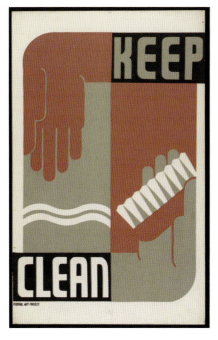

Topo: Anúncio para Gilbey's Invalid Port, Edward McKnight Kauffer, 1933.

Acima, à direita: "Keep clean" ["Mantenha limpo"], pôster para Federal Art Project, Erik Hans Krause, *c*. 1936-9.

Acima, à esquerda: Capa para a revista *Harper's Bazaar*, Cassandre, 1938.

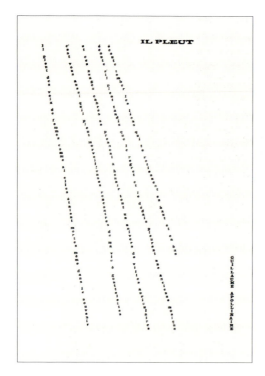

Acima, à esquerda: "Il pleut" ["Chove"], poema de *Caligramas*, Guillaume Apollinaire, 1918.
Acima, à direita: Capa do livro *Zang tumb tumb*, Filippo Tommaso Marinetti, 1914.

modernistas por medidas extremas não passavam de uma retórica provocativa, o futurismo tinha conexões fortes com o movimento ultranacionalista italiano, o fascismo, e eles celebravam verdadeiramente a destrutividade da guerra e o colonialismo italiano.

    Marinetti e outros futuristas, como o pintor e designer Fortunato Depero (1892-1960), eram fascistas convictos que apoiavam o líder fascista italiano Benito Mussolini. Os designers futuristas abraçavam o progresso capitalista, o que significava que eram particularmente compatíveis com os campos comerciais do design; Fortunato Depero criou pôsteres para a Campari e capas para a *Vanity Fair*. Um dos maiores exemplos do design gráfico futurista foi o livro de Marinetti, *Zang tumb tumb*, inspirado em sua experiência na Batalha de Adrianópolis, em 1912. Publicado em 1914, utilizava várias famílias tipográficas em diferentes tamanhos e dinâmicas, com layouts anárquicos para veicular o caos avassalador da guerra mecanizada. Uma versão britânica de curta duração do futurismo, o vorticismo, inspirada no conceito de Ezra Pound (1885-1972) de "vórtice" - definido pelos poetas norte-americanos como "o ponto de energia máxima"[8] –, foi lançada pelo pintor e escritor Wyndham Lewis (1882-1957) em 1914, na revista *Blast*, cuja capa magenta e tipografia pesada sem-serifa, em layouts assimétricos, chocou a Inglaterra.

O uso que Marinetti fazia do texto como um elemento visualmente expressivo por si só, assim como a inclusão da tipografia mecânica, influenciou particularmente os experimentos de outros movimentos de vanguarda com o texto. Técnicas similares seriam utilizadas pelo poeta francês Guillaume Apollinaire (1880-1918) em sua coletânea *Caligramas* (1918) de poemas visuais, nos quais o arranjo das palavras contribuía para o significado.

Enquanto os futuristas, predominantemente de direita, aderiam à guerra como "a única higiene mundial",[9] a Primeira Guerra Mundial deixou grande parte da Europa horrorizada. Um grupo com fortes tendências antiguerra, antiburguesas e de esquerda foi o dadá, um nome sem sentido escolhido pelo poeta alemão Hugo Ball (1886-1927), que se aplicava a um pequeno círculo de artistas de toda a Europa e poetas que se reuniam no satírico clube noturno Cabaret Voltaire. Eles partilhavam o interesse pela anarquia, pelo *nonsense*, pela irracionalidade e pelo niilismo como resposta à brutalidade sem sentido da guerra. Técnicas proeminentes do dadá incluíam colagem, montagem (a aparentemente aleatória combinação de objetos), choque entre texto e imagem e uso de símbolos tipográficos e fontes ecléticas em composições caóticas, que imitavam o espírito das noites enérgicas do dadá no cabaré. As ideias do dadá foram vastamente disseminadas por meio de jornais impressos, encorajando artistas como Tristan Tzara (1896-1963), Raoul Hausmann (1886-1971) e Kurt Schwitters (1887-1948) a experimentar e desenvolver uma estética dadaísta singular, marcada pelo desacato às convenções. *Merz*, de Schwitters, que exibia layouts modernistas, serviu como um ponto de encontro de vários movimentos europeus.

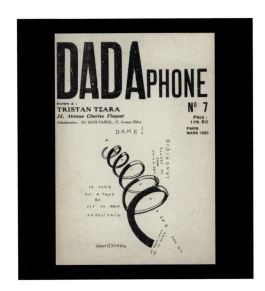

Acima: Flyer do evento Merz-Matinéen [Matinê Merz], El Lissitzky, 1923.

À esquerda: Capa de *DADA Phone n. 7*, Francis Picabia, 1920.

A vanguarda 23

Acima, à esquerda: Pôster *"Kino Glaz"* (Cine-olho) para seis filmes de Dziga Vertov, Alexander Rodchenko, 1924.

Acima, à direita: Capa, revista *Merz*, edição 1 (janeiro de 1923): "Dadá holandês", Kurt Schwitters.

Schwitters veio a se tornar mais tarde um componente importante na "nova tipografia", desenhando uma família tipográfica experimental que almejava replicar sons fonéticos, e foi um membro fundador do Ring Neue Werbegestalter (Círculo de Designers da Nova Publicidade), grupo pioneiro de designers europeus que aplicava técnicas de vanguarda à publicidade do fim do século XX.

    Um dos colaboradores de Schwitters foi Theo van Doesburg (1883-1931), um dos fundadores do principal movimento artístico da Holanda, conhecido como De Stijl (O Estilo), em homenagem a um jornal homônimo fundado em 1917. Outras figuras centrais no movimento eram o pintor Piet Mondrian (1872-1944) e o designer de móveis e arquiteto Gerrit Rietveld (1888-1964), ambos mais conhecidos pelo trabalho geométrico que empregava linhas horizontais e verticais em uma paleta de cores limitada a preto, branco, vermelho, azul e amarelo. O De Stijl, também denominado neoplasticismo, foi muito mais racional e minimalista do que o futurismo ou o dadá, e isso se refletia na perspectiva do grupo em relação ao design gráfico, majoritariamente desenvolvido por Van Doesburg. As limitações impostas pela prevalência de ângulos retos conduziram a uma tipografia em blocos inovadora e composições geométricas abstratas, inspiradas pela recusa aos excessos do expressionismo holandês.

Muitas influências do De Stijl vieram da Rússia, um país onde as ideias vanguardistas e a política radical se uniram durante a Revolução de 1917, derrubando a monarquia e instaurando uma república socialista. Um dos primeiros desdobramentos da arte moderna russa foi o suprematismo de Kazimir Malevich (1879-1935), que representou talvez a primeira tentativa de pintura abstrata puramente geométrica e não representativa, começando em 1915 com um quadrado preto sobre um fundo branco. A inspiração de Malevich era "a supremacia do sentimento ou percepção puros nas artes pictóricas" e uma rejeição a meramente replicar "o fenômeno visual do mundo objetivo".[10] Essa celebração de novas possibilidades caminhou de mãos dadas com a revolução e, na reconfiguração daquele sistema educacional, Malevich veio a ser um professor influente. Um de seus acólitos, El Lissitzky (1890-1941), desenvolveu uma abordagem suprematista para o design gráfico, valendo-se de um amplo espaço em branco, cores limitadas e ângulos dinâmicos.

No começo da era soviética, os artistas ansiavam tornar seus trabalhos social e politicamente úteis, então o design gráfico era uma área lógica a ser explorada. Essa ideia foi sintetizada no jornal russo *LEF*, em 1923, em que o teórico Osip Brik (1888-1945) escreveu: "Você deve ir para o trabalho real, levar seu talento organizacional onde ele é necessário – para a produção".[11] Brik escrevia sobre o artista e designer Alexander Rodchenko (1891-1956), que, em 1915, com o arquiteto Vladimir Tatlin (1885-1953), fundou o construtivismo. Embora visualmente similar ao suprematismo, o construtivismo se preocupava menos com "sensações" e buscava ser utilitário, inspirando-se na produção industrial moderna e abraçando a câmera.

Leituras complementares →

AYNSLEY, Jeremy. *Pioneers of Modern Graphic Design*. London: Mitchell Beazley, 2004.
DRUCKER, Johanna. *The Visible Word*. Chicago: University of Chicago Press, 1997.

A Bauhaus

"Vamos nos esforçar, conceber e criar a nova construção do futuro que unirá todas as disciplinas, arquitetura e escultura e pintura, e que um dia vai se erguer para o céu das milhões de mãos de artesãos como um claro símbolo de uma nova crença por vir."
Walter Gropius, 1919

Inaugurada em Dessau, na Alemanha, pelo arquiteto Walter Gropius (1883-1969) em 1919, a Bauhaus (traduzida como "casa da construção") foi a escola de arte e design mais influente do século XX, graças à sua equipe inovadora e abordagem multidisciplinar, que cruza fronteiras diversas entre as disciplinas tradicionais em uma tentativa de unir as artes. Os valores fundadores da escola eram utópicos, construídos em cima de princípios protomodernistas e vanguardistas, bem como de influências do movimento Arts and Crafts (Artes e Ofícios) britânico, particularmente William Morris (1834-96) e John Ruskin (1819-1900).

A Bauhaus era inerentemente política: o manifesto fundador de Gropius falava sobre criar "uma nova corporação de artesãos [...] livre das pretensões separatistas de classe que se esforçavam em erguer uma barreira orgulhosa entre artesãos e artistas".[12] Embora a equipe da escola não necessariamente compartilhasse das mesmas ideias políticas, suas teorias tinham muitas vezes conotações socialistas, propondo que criatividade, tecnologia e radicalismo trariam beleza às massas, quebrariam as barreiras sociais e criariam uma sociedade igualitária e moderna. Unidade em todas as coisas era o objetivo, fosse entre divisões sociais, arte e tecnologia, arte e indústria, fosse entre arte, arquitetura, artesanato e design. Apesar do teor progressista, a Bauhaus mantinha visões sexistas amplamente difundidas: mulheres (que Gropius descrevia

coletivamente como "o belo sexo") eram permitidas na Bauhaus, mas eram empurradas para os trabalhos manuais das esferas decorativas e domésticas tradicionalmente vistas como femininas, como a cerâmica e a tecelagem.

Embora não raro se presuma que a Bauhaus tinha uma estética modernista distinta e consistente desde o início, esse não foi o caso, e levou certo tempo e experimentação para que as características hoje associadas à escola se desenvolvessem. Muitos dos primeiros tutores da Bauhaus ainda experimentavam sobre o expressionismo, e a escola estava longe de ser um bastião da ciência e da razão: o misticismo e a espiritualidade eram de grande interesse para membros como Paul Klee (1879-1940), Wassily Kandinsky (1866-1944) e Johannes Itten (1888-1967), o último era tutor original do curso básico do primeiro ano da escola, em que os alunos estudavam diversas disciplinas.

No contexto do catálogo de uma exposição da Bauhaus no Museu de Arte Moderna de Nova York, em 1938, Alexander Dorner escreveu: "Falar de um 'estilo Bauhaus' simples e direto seria retornar à paralisia cultural do século XIX [...] Sua parte integral, ou seja, a base funcional do design, era tão cheia de possibilidades de mudança quanto nossa própria era técnica".[13]

Design gráfico e tipografia não estavam entre os temas inicialmente ensinados na Bauhaus, mas logo ganharam relevância, particularmente quando László Moholy-Nagy (1895-1946) juntou-se à escola em 1923.

À esquerda: Capa do catálogo para a *European Applied Arts Exhibition*, Herbert Bayer, 1927.

Acima, à esquerda: Pôster da *Exposição Bauhaus*, Herbert Bayer, 1923.

Acima, à direita: Pôster da *Exposição Bauhaus*, Joost Schmidt, 1923.

Abaixo: Desenhos para o alfabeto Universal Type, Herbert Bayer, *c.* 1925.

Outras figuras importantes para o crescimento do design na Bauhaus foram três alunos que viraram professores: Herbert Bayer (1900-85), Josef Albers (1888-1976) e Joost Schmidt (1893-1948), que ajudaram a traduzir os princípios da escola em uma linguagem visual gráfica. Albers tinha particular interesse na teoria das cores, e o design da Bauhaus foi dominado pelo uso de cores puras e brilhantes, em especial as cores primárias - azul, amarelo e vermelho. Somou-se a essa tríade uma outra, das três formas básicas - círculo, triângulo e quadrado -, que, quando representadas nas cores primárias, tornaram-se emblemáticas dos princípios da Bauhaus. Kandinsky, pioneiro da arte abstrata, consolidou o uso de cores primárias e formas básicas como fundamentos para a linguagem visual da Bauhaus.

Os designs de layout desenvolvidos por Moholy-Nagy, Schmidt, Bayer e seus alunos da Bauhaus eram caracterizados por assimetria utilitária, minimalismo racional, ausência de ornamentação, amplo espaço negativo, cores limitadas e formas geométricas como dispositivos organizacionais. As influências vieram principalmente dos movimentos de vanguarda anteriores, como o construtivismo e o De Stijl, e do desejo de encontrar uma linguagem visual adequada e eficiente para a era da máquina.

A tipografia da Bauhaus era dominada por fontes geométricas sem-serifa e em negrito. As serifas eram consideradas um ornamento desnecessário, e qualquer conexão com a tradição tipográfica era evitada. O desenvolvimento de novos tipos de fontes apropriadas era uma preocupação dos designers da Bauhaus. Albers criou alfabetos experimentais em estêncil a partir de elementos modulares, incluindo

"Kombinationsschrift" (fontes combinadas), feitas com a combinação exclusiva de quadrados, triângulos e quartos de formas circulares. A fonte da Bauhaus mais conhecida é a Universal Type (1925), de Bayer, sem-serifa, puramente racional, geométrica, sem caixa-alta, e que era utilizada em sinalizações no *campus* projetado por Gropius em Dessau. O tipo exclusivamente em caixa-baixa veio a se tornar uma marca registrada da Bauhaus, e as letras maiúsculas eram vistas como desnecessárias. Bayer escreveu em 1926: "Não se diz a mesma coisa com um alfabeto e com dois alfabetos?".[14] Nem as fontes de Bayer, nem as de Albers foram disponibilizadas comercialmente, mas tiveram bastante influência, bem como diversas imitações e retomadas no final do século XX.

A abstração e a geometria ganhavam destaque em detrimento da ilustração, vista como anacrônica, e a fotografia "objetiva" das máquinas se tornou o campo sobre o qual os designers gráficos da Bauhaus deveriam experimentar com imagens. Moholy-Nagy foi especialmente inovador em seu uso da fotografia: ele experimentava com fotogramas criados em câmara escura, integrando tipografia e fotografia por meio de suas "Tipofotos", e produzia design gráfico inteiramente com a câmera, como seu prospecto e a capa para o livro *Bauhausbücher 14*.

A Bauhaus brilhou intensamente em seus 14 anos de vida, mas a situação política na República de Weimar forçou a escola a deixar a conservadora Weimar e ir para Dessau em 1925, depois para Berlim em 1930, onde durou três anos em uma capacidade reduzida, em meio às incertezas causadas pela ascensão de Hitler e dos nazistas ao poder. Gropius renunciou ao cargo de diretor em 1928 e foi substituído pelo arquiteto Hannes Meyer (1889-1954), cujo foco político nas necessidades sociais o tornou impopular diante do governo local de direita em Dessau. Ele foi substituído em 1930 por Ludwig Mies van der Rohe (1886-1969). Enquanto manteve suas portas abertas, a influência da Bauhaus se disseminou por meio do trabalho dos alunos e de diversas exposições e publicações. Após o fechamento, a maior parte da equipe migrou para os Estados Unidos, onde posteriormente divulgou o *ethos* modernista da Bauhaus tanto em suas obras quanto no ensino: Marcel Breuer (1902-81) e Gropius deram aulas em Harvard; Albers, em Yale; e Mies van der Rohe, no Instituto de Tecnologia de Illinois, além de projetar os prédios do *campus*. Herbert Bayer não lecionou nos Estados Unidos, mas foi prolífico e influente no país.

A Bauhaus teve muitos sucessores espirituais, principalmente a Nova Bauhaus de Moholy-Nagy, inaugurada em Chicago em 1937, e a Escola de Design de Ulm (HfG), fundada na Alemanha em 1953 e dirigida pelo designer suíço e ex-aluno da Bauhaus Max Bill (1908-94), que se inspirou em sua *alma mater*, instigando uma abordagem interdisciplinar, progressista e rica em teoria.

Acima, à esquerda: Capa do prospecto *Bauhausbücher 14*, László Moholy-Nagy, 1928.

Acima, à direita: Capa para *Bauhausbücher 14: do material à arquitetura*, László Moholy-Nagy, 1929.

À esquerda: Pôster da exposição *Bauhaus 50 Anos*, Herbert Bayer, 1968.

Leituras complementares →

BAUHAUS Typography at 100. San Francisco: Letterform Archive, 2022.
DROSTE, Magdalena. *Bauhaus*. Cologne: Taschen, 2021.
LUPTON, Ellen; MILLER, J. Abbott. *ABC da Bauhaus*. São Paulo: Cosac Naify, 2009.

A nova tipografia

"A essência da nova tipografia é a clareza. Isso a coloca em oposição deliberada à antiga tipografia, cujo objetivo era a 'beleza' e cuja clareza não atingiu o alto nível que exigimos hoje. Essa clareza máxima é necessária hoje em razão das múltiplas reivindicações de nossa atenção feitas pela quantidade extraordinária de material impresso, que exige a maior economia de expressão possível." Jan Tschichold, 1928[15]

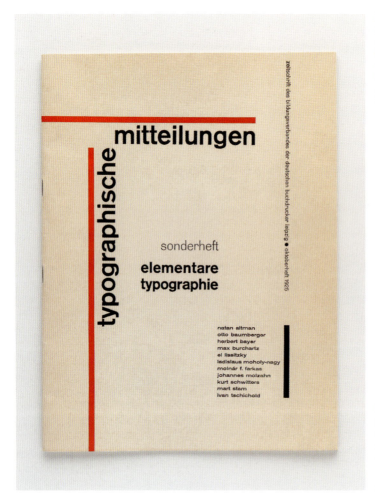

À esquerda: Capa de edição especial de *Typographische Mitteilungen* em "Tipografia Elementar", Jan Tschichold, 1925.

Leituras complementares →
STIRTON, Paul. *Jan Tschichold and the New Typography*. New Haven: Yale University Press, 2019.
TSCHICHOLD, Jan. *The New Typography*. Berkeley: University of California Press, 2006.

Os movimentos europeus de vanguarda do início do século XX têm aspectos centrais em comum: um desejo de desenvolver formas de expressão novas, modernas, e uma rejeição a tradições ultrapassadas. Contudo, eles não compartilhavam todos os aspectos hoje associados ao modernismo, como o utilitarismo, a racionalidade, o minimalismo, a recusa ao ornamento e o abandono de referências históricas. Na arquitetura, a abordagem modernista era particularmente clara, com máximas como a de Louis Sullivan (1856-1924), "A forma segue a função", e a de Mies van der Rohe, "Menos é mais", que viraram explicações do que significava pensar como um modernista.

No design gráfico, certas tendências compartilhadas entre movimentos cristalizaram uma abordagem modernista, particularmente na tipografia, em que poderia ser mais bem descrita como lógica, com layouts assimétricos e tipos sem-serifa alinhados à esquerda. Jan Tschichold (1902-74) acabaria eventualmente codificando essa abordagem tipográfica modernista ao cunhar o termo "die neue Typographie" (a nova tipografia) em seu influente livro de 1928. Tschichold era formado em caligrafia tradicional e design de layout de livros, mas teve sua visão de mundo desafiada na primeira exposição da Bauhaus, em 1923. Dois anos depois, em um suplemento especial intitulado "Tipografia Elementar", publicado originalmente pela revista especializada *Typographische Mitteilungen*, Tschichold apresentou suas ideias sobre tipografia moderna funcional junto de obras de Herbert Bayer, El Lissitzky e Moholy-Nagy. O design de Tschichold para a "elementare Typographie" (tipografia elementar) era claro e marcante, especialmente em comparação com as edições contemporâneas da mesma revista. O ímpeto de Tschichold não era a recusa à tradição por si só, mas a busca pela máxima clareza na comunicação. Como ele disse em *Die neue Typographie*: "Quando, em períodos anteriores, o ornamento era utilizado, muitas vezes em um grau extravagante, isso apenas mostrava quão pouco a essência da tipografia, que é a comunicação, era compreendida". Ele argumentava que a assimetria e a padronização "expressariam melhor a diversidade da vida moderna". No entanto, Tschichold não defendia uma abordagem universal: a função do tipógrafo era "expressar pura e diretamente o conteúdo do que for impresso".[16] Forçado a fugir da Alemanha durante o regime nazista, Tschichold veio a denunciar posteriormente o modernismo restritivo e retomou o estilo clássico, sobretudo para os livros da Penguin, refletindo sobre o fato de que enxergava paralelos entre a nova tipografia e o fascismo.

Estilo mid-century modern

Embora não tenha sido um termo utilizado na época, "mid-century modern", ou modernismo de meados do século, tornou-se popular no final do século XX, como uma categoria para um conjunto de tendências soltas encontradas na arte e no design no meio do século. Difícil de definir com precisão, o estilo mid-century modern é geralmente classificado como uma evolução mais suave, mais descontraída e mais divertida do modernismo formalista de linhas mais rígidas. Os designers tomaram de empréstimo ideias desenvolvidas pelas vanguardas europeias e tentaram torná-las mais apropriadas para um público que via de maneira cética a natureza austera e radical de muitas expressões modernistas. Nos Estados Unidos, pelo menos, a economia pós-guerra estava crescendo, e pairava no ar certo otimismo e desejo de positividade após o conflito. O foco era menos criar um futuro utópico por meio de medidas prescritivas radicais ou emular tradições ultrapassadas e mais celebrar o presente. Como a revista norte-americana *House Beautiful* contou a seus leitores em 1955: "ser contemporâneo é relaxar no século XX, evitar completamente a imposição moderna de se pressionar para ser moderno".[17]

A emigração de modernistas europeus para trabalhar e lecionar nos Estados Unidos foi vital ao desenvolvimento do estilo mid-century modern, assim como foi a disseminação da arte e do design de vanguarda em livros e revistas. Paul Rand – que, como jovem designer gráfico norte-americano, produziu uma obra estilo mid-century modern arquetípica – atribuiu seu interesse pelo design a um encontro ocasional na adolescência com duas revistas europeias (*Commercial Art*

e *Gebrauchsgraphik*), no qual "aprendeu sobre design comercial contemporâneo e sua afinidade com as artes e foi apresentado à noção da Bauhaus de que o bom design era uma parte integral da vida cotidiana".[18]

O estilo mid-century modern no design gráfico pode ser caracterizado por um distanciamento da "máquina estética" anônima e objetiva de grande parte do modernismo entreguerras, e pelo retorno a uma abordagem mais individualista, expressiva, que partilhava muito da criatividade de pioneiros da arte moderna como Pablo Picasso (1881-1973), Paul Klee (1879-1940) e Joan Miró (1893-1983), unida a traços da anarquia dadá e da fantasia surrealista. Oportunidades comerciais crescentes significavam que os designers tinham mais espaço para experimentar com metodologias ecléticas, incluindo simplicidade gráfica, cores sólidas em paletas claras e otimistas, uso da caligrafia ou variadas tipografias em layouts dinâmicos, formas orgânicas, ilustrações em papel picado, colagem, abstração, informalidade, ingenuidade infantil e, acima de tudo, brincadeiras visuais. Nessa era se diluiu a fronteira entre o design gráfico e a ilustração, e a maioria dos designers empregava uma combinação de ilustração, fotografia, tipografia, lettering e formas abstratas em suas obras.

A liberdade criativa era integral para os designers do estilo mid-century modern. Em vez de se manterem aprisionados a um manifesto particular ou dogma, a ordem do dia era encontrar um caminho apropriado e eficaz para um projeto específico. Dados os horrores da Segunda Guerra Mundial, não surpreende que muitos designers tenham diminuído sua tolerância aos rigores dos *ismos*. Alvin Lustig, cujas capas de livros

Acima: Propaganda para Coronet Brandy, Paul Rand, c. 1952.

Abaixo: Capa de álbum de Glenn Gould para Columbia Records, S. Neil Fujita, 1959.

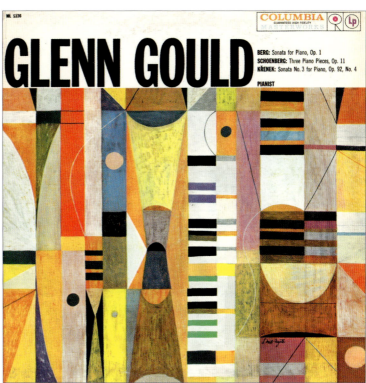

Estilo mid-century modern 35

para a editora New Directions são exemplos do mid-century modern, explicou seu ponto de vista da seguinte maneira: "Conforme nos tornamos mais maduros, aprenderemos a dominar a interação entre o passado e o futuro e a não nos inibir tanto com nossa rejeição ou aceitação da tradição. Não cometeremos o erro que tanto os modernistas quanto os conservadores rígidos cometem, de confundir a qualidade da forma com as próprias formas específicas".[19] A Guerra Fria entre a União Soviética e os Estados Unidos e seus aliados (1947-91) foi outro contexto importante para o mid-century modern; a liberdade - pessoal, criativa ou comercial - era inerentemente política. As características dominantes do estilo fizeram que, idealmente, ele se alinhasse à imagem que os Estados Unidos queriam projetar ao mundo, em particular seu espaço para estilos pessoais, individualistas (muitos designers até assinaram suas obras), falta de regras predominantes e sua aliança com o consumismo capitalista.

Embora alguns tivessem suas especialidades, a maioria dos designers não se limitava a uma única indústria e trabalhava em pôsteres, propagandas, capas de discos, revistas e livros, com muitos também ilustrando livros infantis. Alguns dos nomes mais associados ao design mid-century modern incluem Rand e Alvin Lustig (1915-55), assim como Saul Bass (1920-96) - mais conhecido por seus pôsteres de filmes e sequências de títulos de abertura -, Alex Steinweiss (1917-2011) - amplamente creditado como inventor da capa de álbum -, Ray Eames (1912-88), Leo Lionni (1910-99), Elaine Lustig Cohen (1927-2016), Rudolph de Harak (1924-2002), Ivan Chermayeff (1932-2017), Jerome Snyder (1916-76) e Erik Nitsche (1908-98). Todas essas figuras trabalharam

nos Estados Unidos ao longo dos anos 1950, mas a estética do mid-century modern não se restringia a nenhum país: as mesmas tendências poderiam ser encontradas em países da América Latina e da Europa, bem como no Japão. O surgimento do estilo tipográfico internacional fez muitos designers do mid-century modern retornarem ao racionalismo, embora, por causa de "swinging sixties", outros tenham se tornado ainda mais ecléticos. A predominância crescente da fotografia sobre a ilustração foi a responsável pelo enfraquecimento dos estilos desse modernismo.

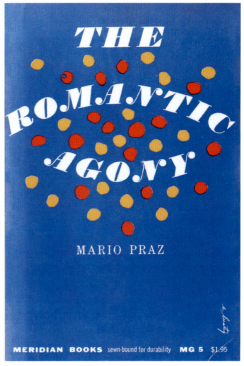

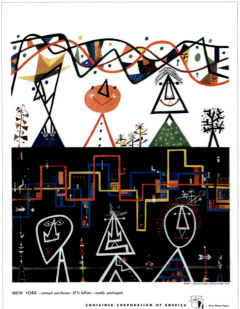

Acima, à esquerda: Capa da revista *Staff*, Alvin Lustig, 1944.

Acima, à direita: *The Romantic Agony* [*A agonia romântica*], capa de livro para Meridian Books, Elaine Lustig Cohen, 1956.

À esquerda: Design publicitário para Container Corporation of America, Jerome Snyder, 1947.

Leituras complementares →

D'ONOFRIO, Greg; HELLER, Steven. *The Moderns*: Midcentury American Graphic Design. New York: Abrams, 2017.
INGLIS, Theo. *Mid-Century Modern Graphic Design*. London: Batsford, 2019.
REMINGTON, R. Roger. *American Modernism*: Graphic Design, 1920-1960. London: Laurence King, 2013.

Estilo mid-century modern 37

O design suíço

Construído sobre os princípios de vários movimentos europeus de vanguarda na arte e no design (particularmente o estilo internacional na arquitetura), o design gráfico modernista cresceu enormemente na Suíça, em especial no período posterior à Segunda Guerra Mundial. Esse pequeno país, famoso por sua precisão industrial e sua neutralidade geopolítica, desenvolveu o que seria conhecido como o design suíço, racionalista e modernista.

As características essenciais do design suíço, que buscava objetividade neutra e eficiência em detrimento do supérfluo, eram a aplicação de fontes sem-serifa (sobretudo Akzidenz-Grotesk, Helvetica e Univers), cores sólidas e fortes, layouts de grid rigorosos e assimétricos, e uma preferência pelo uso da tipografia, da fotografia e da geometria sobre a ilustração e a caligrafia. O interesse pela matemática, pela ciência, pela semiótica, pelos sistemas e pela psicologia da Gestalt formava suas influências centrais, assim como também existia um lado político na busca pela neutralidade não ideológica e pela eficiência utópica. Figuras fundamentais do movimento incluíam Emil Ruder (1914-70), Armin Hofmann (1920-2020), Josef Müller-Brockmann (1914-96), Thérèse Moll (1934-61), Hans Neuburg (1904-83) e Karl Gerstner (1930-2017), além de designers que também eram conhecidos por pinturas abstratas com limites precisos, como Richard Paul Lohse (1902-88) e Max Bill, ambos integrantes do movimento de arte concreta. Uma influência fundadora do design gráfico modernista suíço foi Ernst Keller (1891-1968), que deu aulas em Zurique de 1918 a 1956, formando muitos designers que ganhariam fama posteriormente.

Os pôsteres consistiam na principal vitrine para esses designers, assim como as publicações impressas e as embalagens. Dentre seus clientes suíços, estava a empresa química e farmacêutica Geigy e uma ampla variedade de organizações estatais e culturais.

Se, por um lado, esse era um movimento dominante, o que agora descrevemos como design suíço não era a única abordagem aplicada no país nessa época. Designers como Celestino Piatti (1922-2007) e Herbert Leupin (1916-99) continuaram a empregar estilos lúdicos e ilustrativos, enquanto designers de livros como Jost Hochuli (n. 1933), Rudolf Hostettler (1919-81) e Jan Tschichold não eram contrários à aplicação de metodologias mais tradicionais quando fosse adequado. Muitos designers cujas obras sintetizaram o design suíço teriam certamente feito objeções ao rótulo generalizante de "estilo", uma vez que se guiavam por princípios estéticos, racionais e até morais mais do que por tendências. Nos anos 1970, graças a designers como Wolfgang Weingart (1941-2021) e Rosmarie Tissi (n. 1937), o design suíço evoluiu, englobando princípios pós-modernistas, como a desconstrução e a experimentação, resultando em um trabalho pioneiro que fez perdurar a reputação do país sobre sua comunicação gráfica de ponta.

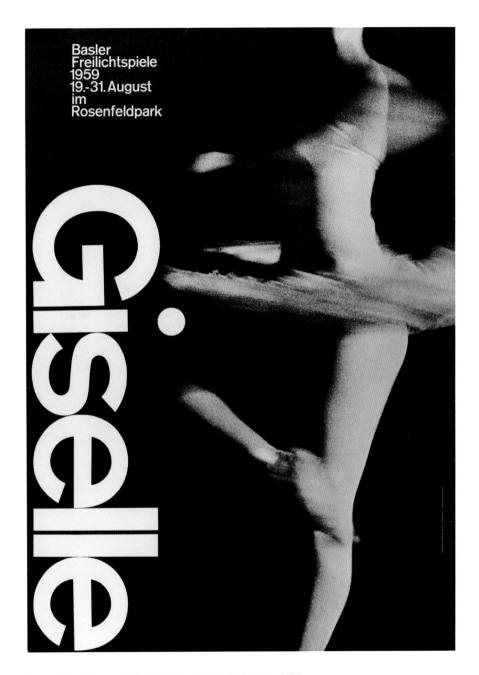

Acima: Pôster do balé *Giselle*, Armin Hofmann, 1959.

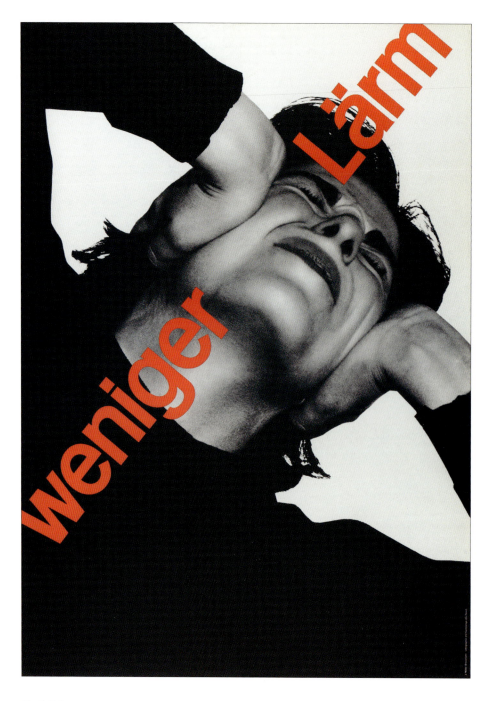

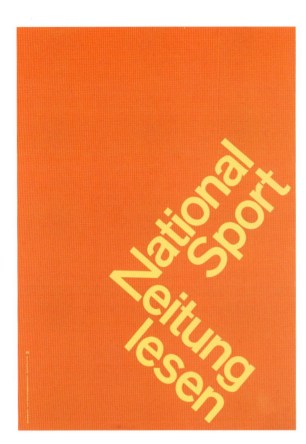

À esquerda: Pôster "National sport" ["Esporte nacional"], Karl Gerstner, 1960.

Abaixo: Capa do prospecto Geigy Micorène, Thérèse Moll, 1958.

Ao lado: Pôster "Weniger Lärm" ["Menos barulho"], Josef Müller-Brockmann, 1960.

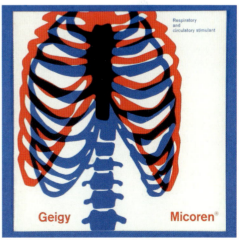

Leituras complementares →

100 Years of Swiss Graphic Design. Baden: Lars Müller Publishers, 2015.
HOLLIS, Richard. *Swiss Graphic Design*. London: Laurence King, 2006.
RUDER, Emil. *Typography: A Manual of Design*. Salenstein: Niggli, 2009.

A revolução criativa

A publicidade mudou radicalmente ao longo dos anos 1950 e 1960, graças ao *boom* econômico do pós-guerra. A prosperidade, combinada com o crescimento da mídia de massa (particularmente da televisão) e da cultura pop, tiveram como resultado que as agências de publicidade repensassem a própria abordagem. Abandonou-se o caminho do *"hard sell"* (venda pesada), desenvolvido durante a Grande Depressão (1929-39), que bombardeava os consumidores com informações persuasivas. Esse tipo de propaganda se valia de textos longos – blocos de texto recheados de hipérboles, afirmações sobre o produto, fatos e números, enquanto as imagens que os acompanhavam eram apenas ilustrativas, mostrando o produto ou seus usuários de modo literal por meio de imagens açucaradas.

Os consumidores mudaram e havia mais competição pela atenção deles. A publicidade tinha que trabalhar mais para ser memorável. A abordagem que substituiu o *hard sell* era às vezes cunhada como "a nova publicidade" e foi categorizada retrospectivamente como "a revolução criativa na publicidade". Isso veio sobretudo da Madison Avenue, em Nova York, mas logo se disseminou por todo o mundo (particularmente em Londres) e foi caracterizada por uma metodologia mais inteligente, criativa, conceitual e emotiva. Um fator central foi o vínculo mais próximo entre texto e imagem, com ambos se tornando mais sofisticados pelo foco na objetividade e na simplicidade, assim como nas "ideias", em vez da sobrecarga de informações. Técnicas de *"soft sell"*, mais suaves, tornaram-se comuns e incluíam sagacidade, humor, irreverência e emoção.

Enquanto o redator e o diretor de arte se mantinham como funções separadas, aqueles que as cumpriam trabalhavam de maneira mais colaborativa. Os departamentos de arte não produziam mais ilustrações pictóricas realistas para anúncios conduzidos em texto; eles tinham ideias e queriam ser inventivos e elegantes. David Ogilvy (1911-99), um executivo britânico que fundou uma agência norte-americana em 1949, proferiu a frase que ficou famosa: "o consumidor não é um idiota"; tratar os consumidores como seres inteligentes significava que a publicidade também poderia sê-lo. Uma das agências mais influentes foi Doyle Dane Bernbach, mais conhecida por suas propagandas para a Volkswagen que definiram uma era. Bill Bernbach (1911-82), creditado por muitas inovações que transformaram a indústria, argumentava que a publicidade deveria ser criativa, e não baseada em fórmulas. "Acontece que a persuasão", escreveu, "não é uma ciência, mas uma arte".[20]

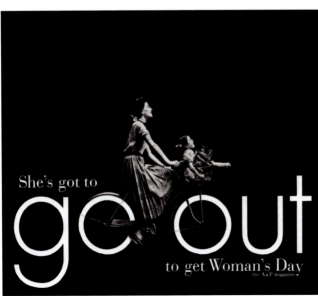

Acima, à esquerda: Propaganda para a Volkswagen, direção de arte de Len Sirowitz, texto de Hal Silverman, fotografia de Wingate Paine, Doyle Dane Bernbach, 1966.

Acima, à direita: Propaganda para o pão de centeio Levy's, direção de arte de William Taubin, fotografia de Howard Zieff, texto de Judy Protas, Doyle Dane Bernbach, 1967.

À esquerda: Propaganda para *Woman's Day*, Gene Federico, 1953.

A revolução criativa 43

Agências de design

O modelo de agência, em que designers trabalham coletivamente, acompanhados de pessoas cumprindo outras funções (como redatores, coordenadores e administradores), surgiu primeiro na publicidade. Originalmente, as agências de publicidade atuavam meramente como intermediárias entre as empresas e as publicações com espaço para publicidade, mas, no final do século XIX, as agências passaram a ser cada vez mais classificadas como "serviço completo", ou seja, elas escreveriam e também projetariam o anúncio. Os primeiros designers freelancers dependiam dos diretores de arte das agências para receber comissões, com os mais influentes mantendo-se vinculados a longo prazo a uma agência específica - por exemplo, Charles Coiner (1898-1989) na N.W. Ayer; Ashley Havinden (1903-73) na W.S. Crawford; e Herbert Bayer na Dorland.

Embora por vezes houvesse pares criativos, o "artista comercial" do início do século XX era geralmente um indivíduo ao qual os trabalhos eram atribuídos conforme seu estilo pessoal e suas habilidades. Alguns designers bem-sucedidos tinham assistentes não creditados para fazer o trabalho mais manual, mas mantinham o controle sobre o processo criativo. Muitos dos primeiros designers gráficos gostavam de trabalhar sozinhos, embora alguns tivessem uma mentalidade empresarial, inspirando-se nos modelos de agências de publicidade, mas com designers no nível de coordenação, e não executivos de negócios.

Um dos primeiros exemplos é o Studio Boggeri, fundado em 1933 por Antonio Boggeri (1900-89) em Milão, que colocava designers gráficos modernistas para atender clientes como Pirelli e Olivetti.

Boggeri ajudou a trazer influências suíças para a Itália; os princípios modernistas compartilhados significavam que o estúdio poderia manter uma abordagem consistente para além do estilo pessoal de um indivíduo. Fora da exclusividade do design gráfico, havia a Unidade de Pesquisa em Design (DRU), fundada em Londres, em 1943, pelo executivo publicitário Marcus Brumwell (1901-83), pelo crítico de arte Herbert Read (1893-1968), pelo arquiteto Misha Black (1910-77) e pelo designer gráfico Milner Gray (1899-1997). A DRU via o design como uma solução de problemas e atuava nos campos de design de interiores, industrial e gráfico, bem como na arquitetura. Os princípios modernistas de eficiência, profissionalismo e consistência eram fatores que levaram designers a trabalhar cada vez mais em grupos, oferecendo sua *expertise* nos níveis mais altos da indústria.

O surgimento do design de "identidade corporativa" significava que o escopo de trabalho de um designer aumentava para além do que se poderia esperar de uma só pessoa. Isso - combinado com o declínio nas técnicas individualistas e manuais - significava que a agência e o estúdio gradualmente começaram a substituir o designer que trabalhava solo. Em alguns casos, designers que ficaram famosos em carreira solo abriram estúdios, por exemplo, Henri Kay Henrion (1914-90), que fundou a Henrion Design Associates, em 1951. Outros estúdios importantes foram Brownjohn, Chermayeff & Geismar (1957), Total Design (1963), Unimark International (1965) e Wolff Olins (1965).

Até mesmo designers cujo trabalho seguia baseado em estilos mais ecléticos e técnicas ilustrativas viram que aí havia força nos números. O melhor exemplo é o Push Pin Studios, fundado por Milton

Glaser (1929-2020) e Seymour Chwast (n. 1931) em Nova York no ano de 1954, cujos membros beneficiavam-se de um escritório compartilhado e materiais promocionais colaborativos. A viva cena da publicidade na Nova York do pós-guerra era influência de muitos designers que acabariam fundando agências. Uma importante figura foi Bob Gill (1931-2021), que se mudou para Londres em 1962 e se uniu a dois designers ingleses, Alan Fletcher (1931-2006) e Colin Forbes (1928-2022), formando a Fletcher/Forbes/Gill (FFG), uma das primeiras agências encabeçadas por designers nos anos 1960 em Londres. A FFG tornou-se a Pentagram em 1972, que ainda hoje é um dos estúdios independentes mais conhecidos no mundo, com escritórios em três países.

Acima: Propaganda no ônibus de Londres para os sapatos Pirelli, Fletcher/Forbes/Gill, 1962.

O estilo internacional

A influência do design gráfico de estilo suíço foi disseminada amplamente na década de 1960 por meio de exposições internacionais, revistas como *Neue Grafik*, designers que foram estudar na Suíça, e, inversamente, designers suíços viajando para lecionar e trabalhar em outros países, sobretudo nos Estados Unidos. Armin Hofmann, por exemplo, manteve um duradouro vínculo com a universidade Yale: entre 1970 e 1990, oferecia um workshop intensivo para alunos uma vez por ano. Outra influência essencial nos Estados Unidos foi Fred Troller (1930-2002), natural de Zurique, que se mudou para Nova York a fim de trabalhar no escritório norte-americano da Geigy antes de abrir o próprio estúdio em 1968 e lecionar em vários cursos na Cooper Union, na Escola de Artes Visuais e na Escola de Design de Rhode Island (RISD). Max Bill foi um dos fundadores da Escola de Design de Ulm na Alemanha em 1953, que veio a se tornar um bastião da educação modernista, com influências predominantes da Suíça e da Bauhaus. Livros como *The Graphic Artist and His Design Problems* (1961), de Josef Müller-Brockmann, *Graphic Design Manual: Principles and Practice* (1965), de Armin Hofmann, e *Typography: A Manual of Design* (1967), de Emil Ruder, ajudaram a levar o design suíço às massas em edições em diversas línguas, como alemão, francês e inglês.

Com a metodologia suíça se popularizando globalmente - em particular no contexto de um mundo corporativo cada vez mais multinacional -, o que ficou conhecido como estilo tipográfico internacional abarcava designers não suíços adeptos dos princípios pioneiros em Zurique e na Basileia. A ideia de um estilo internacional era necessária, uma vez que nem todos os proponentes eram suíços. O nome foi emprestado da arquitetura; nela, ele era utilizado para designar o alto modernismo de arquitetos como Philip Johnson, Mies van der Rohe, Le Corbusier e Walter Gropius. Nomes essenciais associados com o estilo tipográfico internacional incluem Rudolph de Harak (1924-2002), Jacqueline S. Casey (1927-92) e Muriel Cooper (1925-94), do Instituto de Tecnologia de Massachusetts (MIT), Otl Aicher (1922-91), além de Massimo Vignelli (1931-2014) e Bob Noorda (1927-2010), dois dos fundadores da Unimark International.

Os princípios de clareza, simplicidade, legibilidade e objetividade eram apropriados para uma era em que as empresas pensavam em termos globais e almejavam um design que funcionasse de maneira eficaz para além das fronteiras nacionais, culturais e linguísticas. O uso de grids e layouts lógicos (ver páginas 128-31), assim como um número limitado de cores e fontes sem-serifa, ajudava os designers cujas produções precisavam ser mais adaptáveis; eles necessitavam trabalhar em diferentes línguas e de maneira padronizada em uma variedade de produtos cada vez mais ampla, com o surgimento de marcas e a demanda por uma identidade corporativa consistente. Os princípios suíços eram particularmente influentes nas diretrizes de marca ou manuais de padrões que diversas empresas e organizações criaram nos anos 1950 e 1960, em um esforço de tornar o processo do design corporativo mais eficiente e de manter a qualidade em grandes volumes de trabalho, de modo que um só designer, ou um só escritório, não poderia supervisionar toda essa produção visual.

A disponibilidade cada vez maior de fontes de origem suíça, particularmente

Acima, à esquerda: Pôster para o Instituto Oceanográfico de Woods Hole do MIT, Dietmar R. Winkler, 1960.

Acima, à direita: Anúncio para *scooter* da Pirelli, Pino Milàs em Centro, agência de design interna da Pirelli, 1963.

À esquerda: Página do Sistema de Padrões Gráficos da Agência de Proteção Ambiental dos Estados Unidos, Steff Geissbühler em Chermayeff & Geismar Associates, 1977.

O estilo internacional 47

a Helvetica e a Univers (ambas de 1957),
de Adrian Frutiger, ajudou a disseminar
a abordagem do estilo suíço. Isso era
sobretudo verdade depois do rápido
crescimento da fotocomposição, o que
significava que designers ficavam menos
limitados pelas fontes tipográficas
disponíveis em gráficas locais, o que, para
alguns países, ainda significava, em sua
maioria, serifas antigas.

Muitos designers achavam que a
onipresença do estilo tipográfico
internacional, que havia inevitavelmente
abandonado alguns de seus princípios mais
utópicos ao ganhar mais popularidade,
transformou o cenário visual do design
gráfico em algo monótono. Os designers que
cresceram após a Segunda Guerra Mundial
com frequência consideravam o modernismo
enfadonhamente familiar, em vez de
entusiasmadamente moderno, enquanto, nas
contraculturas das décadas de 1960 e 1970,
a associação com grandes empresas e com as
autoridades era outro potencial desestímulo
para a nova geração. No entanto, ainda
existem áreas específicas do design gráfico,
particularmente nos contextos informativos
e de sinalização, em que a eficácia
racional do estilo internacional continua
sendo uma forte influência. Muitos de seus
princípios mais científicos e psicológicos
se renovaram na era digital, em áreas como
design de interface do usuário (UI) e de
experiência do usuário (UX) (ver páginas
302-5). A pressão por maior acessibilidade
e usabilidade também fez que aspectos
do estilo internacional ganhassem nova
relevância, já que os designers novamente
buscam criar trabalhos de caráter universal.

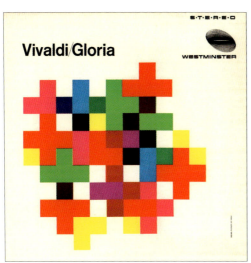

Acima, à esquerda: Pôster "Coffee hour" ["Hora do café"] para o Instituto de Tecnologia de Massachusetts, Jacqueline S. Casey, 1979.

Acima, à direita: Programação da temporada de 1967/68 do Teatro Nacional do Reino Unido, Ken Briggs, 1967.

À esquerda: Capa de disco para *Gloria*, de Vivaldi, em Westminster Records, Rudolph de Harak, 1963.

Leituras complementares →

MÜLLER, Jens; REMINGTON, R. Roger. *Logo Modernism*. Cologne: Taschen, 2015.
VIGNELLI, Massimo. *The Vignelli Canon*. Baden: Lars Müller Publishers, 2015.
WIT, Wim de (ed.). *Design for the Corporate World 1950-1975*. London: Lund Humphries, 2017.

Contraculturas

A atividade criativa há tempos atraiu boêmios que buscavam uma alternativa às normas da sociedade. Isso se aplicava especialmente em muitos movimentos do início do século XX, em particular o dadá, o futurismo e o surrealismo, em que artistas envolvidos procuravam derrubar as convenções impostas pela hegemonia cultural e política por meio de trabalho, ideias e do próprio estilo de vida. Embora influentes em círculos artísticos e louvados retrospectivamente, os grupos radicais do período entreguerras contavam com um escopo limitado para levar suas mensagens subversivas às massas.

Nos anos 1950, muitos jovens questionavam os valores sociais. Nos Estados Unidos, essa movimentação formou a dita geração beat, ou "beatniks" – uma subcultura jovem descontente e não conformista, cujos adeptos não encontravam conforto na prosperidade econômica à sua volta ou nos valores defendidos por seus pais. Influências para os beats incluíam o existencialismo, o misticismo oriental, a liberdade anárquica do jazz e o poder de expandir a mente encontrado nas drogas, ao passo que se manifestavam contra o racismo, o sexismo, o materialismo, o nacionalismo e o conservadorismo da sociedade como um todo.

Na década de 1960, a divisão geracional se acirrou e algumas ideias que ficaram encubadas durante a era beatnik viraram uma contracultura mundial graças ao crescimento da mídia de massa e da cultura pop, espalhando rapidamente ideias para um público jovem na "vila global". O termo "contracultura" se popularizou com o livro de 1969 de Theodore Roszak, *A contracultura*, que explorava sociologicamente o fenômeno. Roszak argumentava que "a maior parte do que está acontecendo que é novo, provocativo e mobilizador, na política, na educação, nas artes, nas relações sociais (amor, namoro, família, comunidade), é a criação ou da juventude que está profundamente, até fanaticamente, alienada de sua geração parental, ou daqueles que se dirigem principalmente aos jovens".[21]

Isso por certo se aplicava ao design gráfico durante a segunda metade da década de 1960, quando o movimento "hippie" criou o rock psicodélico inspirado em substâncias alucinógenas, o que, por sua vez, conduziu a uma abordagem experimental no design utilizada para capas de álbum e pôsteres associados ao movimento. As artes gráficas psicodélicas – sintetizadas por designers norte-americanos como Victor Moscoso (n. 1936), Wes Wilson (1937-2020) e Bonnie MacLean (1939-2020) – deram uma guinada antimodernista, desviando-se do racionalismo em favor de um estilo orgânico, fluido, manual, em cores brilhantes e contrastantes emprestadas do art nouveau. Uma nova geração de jovens designers gráficos era encorajada pelo mote *"turn on, tune in, drop out"* ["ligar, sintonizar, sair"], e suas tendências anticonsumistas direcionaram suas habilidades a formas que não serviam ao *mainstream*. Para além de produções da cultura pop, como cartazes de shows, isso com frequência se manifestava em seus trabalhos, contemplando pautas em que acreditavam, como pacifismo, feminismo, direitos das pessoas homossexuais, antirracismo e ecologia.

O protesto era uma das principais formas pelas quais as ideias contraculturais eram expressas ao longo da segunda metade do século XX; pôsteres e cartazes provaram-se uma zona frutífera para a expressão gráfica. Os exemplos mais influentes vieram das greves de Maio de 1968 na França e

Acima, à esquerda: Pôster "USA pull yourself together" ["EUA, controle-se"], Paul Peter Piech, sem data.

Acima, à direita: Pôster "Larry Baldwin of Fluxus International presents FluxFest" ["Larry Baldwin do Fluxus International apresenta FluxFest"], Ida Griffin, 1967.

À esquerda: Pôster "Black Power", Alfredo Rostgaard para a Organização de Solidariedade com os Povos da Ásia, África e América Latina, 1968.

À esquerda: Pôster, B. Martin Pedersen, 1970.

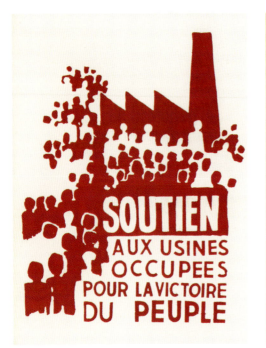 

Acima, à esquerda: Pôster em serigrafia "Soutien aux usines occupées pour la victoire du peuple" ["Apoio às fábricas ocupadas para a vitória do povo"], Atelier Populaire, 1968.

Acima, à direita: Pôster antinuclear "Committee of 100" ["Comitê dos 100"], Robin Fior, 1961.

da produção do Atelier Populaire, uma oficina conduzida por alunos na Escola de Belas-Artes ocupada, em Paris. Os pôsteres do grupo, impressos em serigrafia e papel barato, com estilo simples de letras rudimentares, foram produzidos rapidamente em grandes volumes e refletiam visões marxistas, antiburguesas e de oposição ao governo. A técnica em serigrafia era econômica e também portátil; localizada em um prédio ocupado, a oficina estava sob constante ameaça. As limitações da serigrafia ditaram o estilo básico dos pôsteres de Maio de 68; era difícil alcançar o detalhe, mas a serigrafia se mantinha uma escolha popular entre ativistas e grupos dissidentes, por causa de seu caráter econômico, da facilidade e da possibilidade de imprimir em papel e tecido.

Em 1969, membros do Atelier Populaire escreveram uma frase em seu trabalho, mostrando que estavam cientes de que qualquer item de design poderia se tornar uma mercadoria. Eles declaravam: "Os pôsteres produzidos pelo Atelier Populaire são armas a serviço da luta e são parte indissociável dela. Seu lugar de direito é nos centros de conflito, ou seja, nas ruas e nos muros das fábricas. Usá-los para propósitos decorativos, exibi-los em locais burgueses de cultura ou considerá-los como objetos de interesse estético é prejudicar tanto sua função quanto seu efeito".[22]

O exemplo dado pelo Atelier Populaire e restrições técnicas comuns ajudaram a estabelecer uma estética de resistência; designs similares eram produzidos por estudantes que protestavam pela Europa e nos Estados Unidos, onde o ímpeto era desafiar o imperialismo norte-americano. A influência maligna da América do Norte foi um tema fundamental para o trabalho da Organização de Solidariedade com os Povos da Ásia, África e América Latina (OSPAAAL), grupo que produzia pôsteres e revistas na Cuba comunista com um estilo distintivo inspirado na pop art, almejando promover a solidariedade global e anti-imperialista. O racismo generalizado da sociedade norte-americana era outra pauta que a OSPAAAL fazia questão de destacar, pegando emprestadas imagens de Emory Douglas (n. 1943), o "ministro da cultura" do Partido dos Panteras Negras, responsável pela criação de muitos dos visuais impressionantes do grupo.

Durante a Guerra Fria, protestava-se contra as armas nucleares, e, na Inglaterra, a Campanha pelo Desarmamento Nuclear (CND), fundada em 1957, era talvez o movimento mais conhecido. A CND utilizou designers como Robin Fior (1935-2012), Ken Briggs (1931-2013), Ian McLaren e Ken Garland (1929-2021), que adotaram um viés modernista direto e intransigente, usando letras sem-serifa em negrito para transmitir sua mensagem. O logotipo da CND (Gerald Holtom [1914-85], 1958) ficou conhecido como o sinal da paz - um símbolo para todo o movimento hippie.

Os hippies disseminaram suas ideias de "paz e amor", mas a Guerra do Vietnã (1955-75) foi o divisor de águas para o movimento antiguerra, conquistando um apoio mais amplo. Muitos designers com um histórico comercial criaram pôsteres em oposição à guerra, como Tomi Ungerer (1931-2019), Seymour Chwast e Milton Glaser (1929-2020), trabalhando em um estilo ilustrativo, influenciado pela cultura popular. Chwast, como muitos que protestaram contra a Guerra do Vietnã, subverteu o Tio Sam, alegoria do patriotismo americano. Chwast e Glaser também desenharam pôsteres para o Dia da Terra, um dos primeiros movimentos ecológicos.

Para além dos pôsteres e protestos, a contracultura floresceu com publicações e desenvolveu uma estética faça-você-mesmo rudimentar. Revistas alternativas como *OZ* e *International Times* disseminaram mensagens da contracultura, oferecendo também a artistas e designers uma oportunidade de experimentar criações. Os resultados muitas vezes apontavam para o extremo oposto do design *mainstream* comercial, celebrando uma abordagem mais espontânea ou amadora, com sede de ofender e desafiar. O uso de imagens sexuais se tornou um ponto controverso à medida que uma geração mais permissiva e liberal entrou em conflito com uma geração mais conservadora. Um dos casos mais famosos foi *Eros*, uma revista erótica e artística com design de Herb Lubalin (1918-81), que levou seu editor, Ralph Ginzburg (1929-2006), para a cadeia por violar a legislação contra obscenidade. Ginzburg prosseguiria trabalhando com Lubalin em mais duas revistas, *Fact* e *Avant Garde*, que não eram tão explícitas como a *Eros*, mas eram abertamente políticas e desafiavam o *status quo* da América do Norte do final dos anos 1960, enquanto faziam uso integral das inovações tipográficas de Lubalin.

Acima, à esquerda: Pôster "Give Earth a chance" ["Dê uma chance à Terra"], Milton Glaser para o Dia da Terra, 1970.

Acima, à direita: Pôster "Come together in peace" ["Juntos na paz"], Oficina de Pôster de Greve, 1969.

Abaixo, à direita: Pôster contra a Guerra do Vietnã, 1970.

Abaixo, à esquerda: Pôster "End bad breath" ["Acabe com o mau hálito"], Seymour Chwast, 1967.

Por volta de meados dos anos 1970, conforme o movimento hippie foi se diluindo cada vez mais, uma nova subcultura mais afiada e direta, o punk, emergiu em resposta à recessão econômica e à sensação de colapso social iminente. O faça-você-mesmo era o espírito do momento, e as autopublicações avançavam, com uma preferência por fanzines caseiros em vez de revistas mais sofisticadas. A estética era bruta e imediata, anárquica e com frequência agressiva, almejando chocar a decência e desafiar os valores sociais. Jamie Reid (1947-2023), designer dos Sex Pistols, tipificou o viés gráfico punk com sua tipografia no estilo colagem de recortes de jornal e uso de imagens de baixa qualidade. Muito do que caracterizou o punk - a desconstrução, a rejeição ao significado, o cinismo e a paródia - situa-o diretamente em um contexto pós-moderno mais amplo.

Leituras complementares →

BIRCH, James; MILES, Barry. *The British Underground Press of the Sixties*: A Catalogue. London: Rocket 88, 2017.
KAPLAN, Geoff (ed.). *Power to the People*: The Graphic Design of the Radical Press and the Rise of the Counter-Culture, 1964-1974. Chicago: University of Chicago Press, 2013.
PRINCE, Suzy; LOWEY, Ian. *The Graphic Art of the Underground*: A Countercultural History. London: Bloomsbury, 2014.

Pós-modernismo

O pós-modernismo é um termo complexo que desafia qualquer explicação simples. Tornando-se proeminente nos anos 1970, ele não se refere a um estilo ou a uma filosofia específica; trata-se de um termo guarda-chuva sob o qual uma variedade de estéticas visuais, tendências culturais e teorias intelectuais se unem por meio de uma sensibilidade vagamente compartilhada. Como o nome sugere, o pós-modernismo está intimamente conectado ao modernismo, com *pós* significando "depois". O pós-modernismo pode ser entendido como uma reação ao modernismo. Em muitos casos, isso significava uma rejeição direta aos princípios modernistas; no entanto, a relação nem sempre era puramente opositiva, com o modernismo sendo por vezes uma referência e uma fonte de empréstimos. Para alguns artistas, designers e teóricos, era claro que muitos dos ideais defendidos pelo modernismo – como a razão pura, a universalidade, a objetividade, a lógica, a clareza e a importância das regras – não eram mais relevantes ou nunca foram plausíveis, para começar.

O site do Tate define o pós-modernismo da seguinte maneira: "o pós-modernismo nasceu do ceticismo e de uma desconfiança da razão. Ele contestava a noção de que há certezas ou verdades universais. A arte pós-moderna se baseava na filosofia da segunda metade do século XX e defendia que a experiência individual e a interpretação de nossa experiência tinham mais princípios concretos que abstratos [...]. O pós-modernismo compreendia camadas de significado complexas e muitas vezes contraditórias".[23] As filosofias basilares para o pós-modernismo incluem o estruturalismo, o pós-estruturalismo (sobretudo a contribuição francesa de escritores como Michel Foucault, Jean Baudrillard e Gilles Deleuze), a desconstrução (geralmente atribuída a Jacques Derrida) e a ideia de Roland Barthes da "morte do autor", que afirma que a interpretação transcende a intenção.

Enquanto tais ideias fermentavam na arena filosófica, características similares se desenvolviam nos campos visuais, como o colapso na *Pop Art* das fronteiras entre alta e baixa cultura, celebrando objetos de consumo do cotidiano, e a priorização que a arte conceitual dava ao processo e à ideia por trás da obra em relação ao produto final em si. Na arquitetura, em que logo o pós-modernismo se tornou proeminente, o enfado com o estilo internacional levou ao florescimento de novas ideias que almejavam injetar novamente diversão, variedade, identidade e personalidade às construções. As ideias de Robert Venturi (1925-2018) e Denise Scott Brown (n. 1931) foram particularmente importantes para o desenvolvimento da arquitetura pós-moderna. Escrevendo em 1962, Venturi defendia "uma arquitetura complexa e contraditória baseada na riqueza e na ambiguidade da experiência moderna", acrescentando que ele gostava de elementos que eram "híbridos em vez de 'puros', arriscados em vez de 'limpos', distorcidos em vez de 'diretos', ambíguos em vez de 'articulados'".[24]

O design gráfico pós-moderno, também conhecido como "new wave", seguiu os passos da arquitetura, compartilhando um ímpeto quase idêntico. Em *Abaixo as regras: design gráfico e pós-modernismo*, uma exploração do design gráfico pós-moderno, Rick Poynor define que os objetos culturais do pós-modernismo manifestam "fragmentação, impureza da forma, falta de profundidade, indeterminação, intertextualidade, pluralismo, ecletismo e um retorno ao vernacular". Poynor acrescenta que "a originalidade, no sentido imperativo modernista de 'tornar novo', não é mais o objetivo; a paródia, o pastiche e a reciclagem irônica de formas anteriores proliferam. O objeto pós-moderno 'problematiza' o significado, oferece múltiplos pontos de acesso e se torna o mais aberto possível à interpretação".[25]

Uma das primeiras figuras do design gráfico pós-moderno foi o alemão Wolfgang Weingart (1941-2021). Treinado por profissionais do design suíço, Weingart respeitava a metodologia que por muito tempo dominou seu país de adoção, a Suíça, no qual se estabeleceu em 1963, embora também considerasse as restrições e o dogma sufocantes, o que o levou a se rebelar e a experimentar. O resultado foi um tipo de design suíço desconstruído e "estilhaçado", maximalista em vez de minimalista, altamente pessoal e ambíguo. Weingart ampliou a legibilidade das fontes sem-serifa em negrito e integrou sua tipografia a imagens complexas, usando a colagem para misturar fotografia e texturas gráficas em um trabalho fragmentário e intrigante, geralmente em esquemas de cores cinza suaves. Embora muito imitado, o trabalho de Weingart era singular e baseava-se na maestria da produção técnica e de novas técnicas, como a fotocomposição e as fotocópias em xerox. O uso de grids e padrões de pontos em meio-tom mostra o interesse de Weingart em chamar a atenção

Acima, à esquerda: Revista *WET*, v. 4, edição 2, April Greiman e Jayme Odgers, 1979.

Acima, à direita: Pôster para Clube de Diretores de Arte e Artistas de Sacramento, McRay Magleby, 1984.

 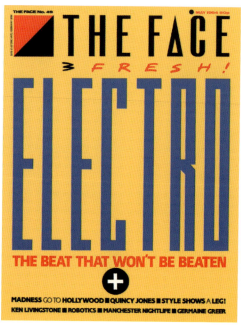

para as técnicas e os processos do próprio design gráfico. Essa qualidade "meta", autorreflexiva, é encontrada com frequência na mídia pós-moderna.

Weingart foi altamente influente com suas publicações em revistas como *Typografische Monatsblätter* e pôsteres para Kunsthalle Basel, mas especialmente pelo fato de ter lecionado na Basileia. Dois designers gráficos que vieram a se tornar figuras proeminentes do new wave foram alunos de Weingart, Dan Friedman (1945-95) e April Greiman (n. 1948), e levaram sua influência para o outro lado do Atlântico, quando se tornaram professores, Friedman em Yale e Greiman no Instituto de Artes da Califórnia (CalArts). O trabalho de Greiman compartilhava algo da complexidade, das texturas e das camadas do trabalho de Weingart e Friedman, mas era mais claro, partilhando muito do trabalho contemporâneo do Memphis Group, um coletivo italiano de design fundado por Ettore Sottsass (1917-2007) em 1980, cujas cores contrastantes e formas e padrões lúdicos definiram a estética pós-moderna da década de 1980. No começo de sua carreira, Greiman trabalhou com o designer e fotógrafo californiano Jayme Odgers (1939-2022) em diversos projetos, como um pôster para os Jogos Olímpicos de Los Angeles em 1984, capas para a revista *WET* e um pôster para o CalArts. Um de seus trabalhos solos mais famosos foi uma edição de 1986 da revista *Design Quarterly* intitulada "Faz sentido?", que compreendia uma peça impressa frente e verso de 180 cm de comprimento com uma imagem gerada por videocomputador do corpo nu de Greiman junto de outras imagens digitais. Greiman foi uma das primeiras usuárias do computador Apple e pioneira em seu uso para o design gráfico, cujas

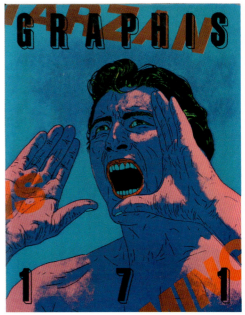

Acima: Programação de *Bring in 'da Noise, Bring in 'da Funk* [*Traga o Barulho, Traga o Funk*], Teatro Público Joseph Papp, design de Paula Scher, 1996.

À direita: Revista *Graphis* 171, Tadanori Yokoo, 1974.

Ao lado, à esquerda: Capa para *The Ian Dury Songbook* [*O livro de partituras de Ian Dury*], Barney Bubbles, 1979.

Ao lado, à direita: Revista *The Face*, edição 49, Neville Brody, 1984.

limitações davam a seu trabalho um efeito distintivo pixelado, que logo viria a se tornar um lugar-comum.

A Califórnia se tornou o centro do design gráfico pós-moderno. Além de Greiman e da CalArts, havia a *Emigre*, uma revista extremamente influente, bem como uma fundição de fontes com sede em Berkeley, que apresentou o trabalho de tipógrafos digitais pós-modernos como Zuzana Licko (n. 1961), Rudy VanderLans (n. 1955), Jeffery Keedy ("Mr. Keedy", 1957), P. Scott Makela (1960-99) e Jonathan Barnbrook (n. 1966). A revista *Emigre*, uma das primeiras com design inteiramente digital em um Apple Macintosh, tornou-se um espaço para muitas discussões importantes e críticas sobre o design gráfico nos anos 1980 e 1990. A estética desafiadora da *Emigre* e a recusa de preceitos modernistas incomodaram muitos designers da velha guarda.

A cena californiana do surfe e do skate levou um dos mais conhecidos designers pós-modernos, David Carson (n. 1955), a iniciar na qualidade de designer em revistas como *Transworld*, *Beach Culture* e *Surfer*. Carson, famoso por seu trabalho na revista de cultura alternativa da geração X, *Ray Gun*, de 1992 a 1995, era conhecido por seu viés punk, intuitivo e subversivo, pelo uso de fontes grunge desgastadas, pelas técnicas desconstruídas e, às vezes, pelo desacato ao conteúdo que organizava. Como ocorre com grande parte do design pós-moderno oposto à legibilidade, pode-se argumentar que a criação de interesse visual de Carson, combinada com o nível de atenção exigido para decifrar o texto, evidenciava que os leitores estavam mais propensos a prestar atenção, especialmente em uma época em que a palavra escrita estava perdendo espaço para outras formas de mídia.

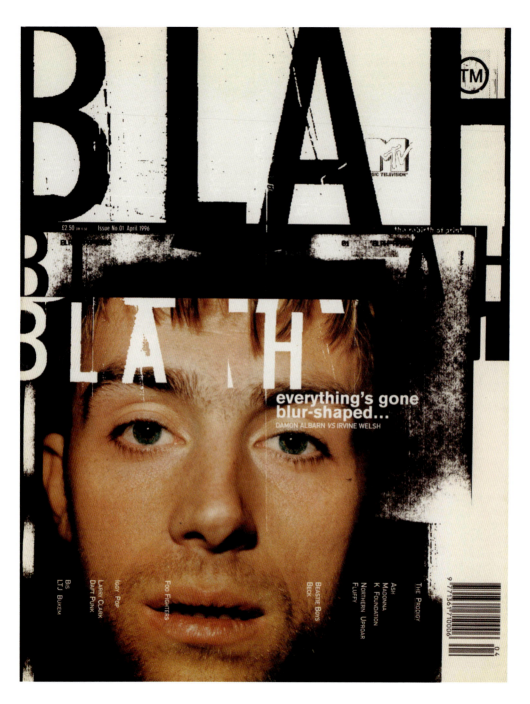

Acima: Revista *Typografische Monatsblätter*, edição 3, Wolfgang Weingart e Lauralee Alben, 1979.

Ao lado: Revista *Blah Blah Blah* #1, abril de 1996, design de Chris Ashworth, Neil Fletcher e Amanda Sissons.

A Califórnia também era lar do Programa de Design das Mulheres no CalArts, iniciado pela designer feminista Sheila Levrant de Bretteville (n. 1940), e que foi realizado em paralelo a um curso similar de belas-artes, liderado por Judy Chicago (n. 1939) e Miriam Schapiro (1923-2015). Muitas dessas figuras deixariam o CalArts, lutando por mudanças em um ambiente dominado por homens, para fundar o Woman's Building, um centro de arte sem fins lucrativos focado em educação e feminismo em Los Angeles. O trabalho de design de Levrant de Bretteville não era sempre característico da estética pós-moderna, mas ela defendia ardentemente uma ideia ampliada do design gráfico, orientada pela teoria, enquanto o interesse do pós-modernismo pelas experiências subjetivas e pela quebra de valores antigos fez dele uma opção natural para o movimento das mulheres. Em 1990, Levrant de Bretteville se tornou diretora do programa de graduação em design gráfico de Yale, onde seu ensino - que "era pluralista e promovia o design como uma prática proativa (em vez de se concentrar apenas no serviço corporativo)"[26] - influenciaria e inspiraria gerações de designers ao longo das três décadas seguintes. Outrora um bastião do modernismo, a nomeação de uma feminista pós-moderna fervorosa em Yale causou polêmica entre a velha guarda e fez que Paul Rand se demitisse em protesto, incentivando Armin Hofmann a fazer o mesmo - uma atitude com um toque de sexismo. Rand foi além, em 1992, ao proferir um ataque ao pós-modernismo, intitulado "Confusion and Chaos: The Seduction of Contemporary Graphic Design" ["Confusão e caos: a sedução do design gráfico contemporâneo"], para o Instituto Americano de Artes Gráficas (AIGA). Ele advogava pelo design gráfico como uma prática apolítica baseada em "leis imutáveis da forma", acrescentando que fazer "da sala de aula um fórum perpétuo de questões políticas e sociais, por exemplo, é errado; e ver estética como sociologia é grosseiramente enganoso".[27] Enquanto Rand pontuava elementos importantes no artigo sobre o valor da experiência prática e do conhecimento histórico, ele parecia perturbado com as mudanças no mundo à sua volta. Como Mr. Keedy escreveu na *Emigre* em 1998: "Os designers começaram a perceber que, como mediadores de cultura, não poderiam mais se esconder por trás dos 'problemas' que estavam 'resolvendo'".[28]

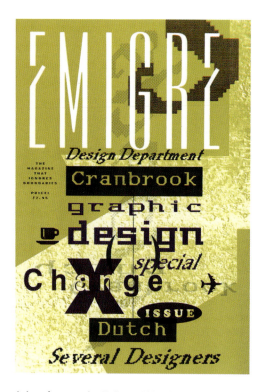 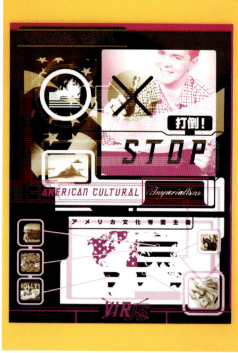

Acima, à esquerda: *Emigre* #10: Cranbrook, Glenn Suokko, 1988.

Acima, à direita: "Stop American cultural imperialism" ["Pare o imperialismo cultural americano"], pôster de Virus Fonts, Jonathan Barnbrook, 2001.

Para além da Califórnia, outro bastião do pós-modernismo norte-americano foi a Academia de Arte Cranbrook, na qual a líder do curso de design gráfico Katherine McCoy (n. 1945) se afastou de seu passado modernista seguindo a influência da desconstrução, do pós-estruturalismo e do livro *Aprendendo com Las Vegas*, que celebrava a arquitetura "comercial vernacular" norte-americana. McCoy, que escreveu que não estava "tão interessada nas camadas da forma quanto nas camadas do significado", formou importantes designers pós-modernos, como Keedy, Elliott Earls (n. 1966), Allen Hori (n. 1969) e Edward Fella (n. 1938).[29] Fella desenvolveu um estilo tipográfico ilustrativo altamente pessoal, inspirado em objetos do cotidiano, incluindo a sinalização rodoviária e designs criados *ad hoc* por amadores. Outros graduandos influentes da Cranbrook ao longo do período em que McCoy esteve lá incluíam Lorraine Wild (n. 1953), Andrew Blauvelt (n. 1964) e Lucille Tenazas (n. 1953).

Fora da América, outra área de florescimento do design gráfico pós-moderno foi a Grã-Bretanha, na qual designers tendiam a começar trabalhando para a cena pós-punk e new wave. Barney Bubbles (1942-83) teve uma influência grande nesse contexto, como designer que iniciou a carreira criando capas de álbuns em um modo psicodélico, e logo passaria a criar obras que eram um pastiche do estilo mid-century modern ou utilizavam referências da vanguarda histórica para músicos como Elvis Costello e Ian Dury. Bubbles influenciou uma geração mais jovem de designers na indústria da música, como Peter Saville (n. 1955), Malcolm Garrett (n. 1956) e Neville Brody (n. 1957). Brody, cujo trabalho inicial se valia intensamente do construtivismo, ficou famoso por seu trabalho em revistas culturais de ponta, como *The Face* e *Arena*. A retomada de estilos históricos, o pastiche, a apropriação e a paródia eram ingredientes fundamentais do pós-modernismo, e não eram exclusivos desses designers britânicos, pois norte-americanos como Paula Scher (n. 1948) e Tibor Kalman (1949-99) usaram com frequência material de origem histórica em seu trabalho. Na Grã-Bretanha, no início da década de 1990, também havia uma tendência voltada para abordagens complexas e maximalistas, tipificadas por Tomato, 8vo, A República dos Designers e Jonathan Barnbrook (n. 1966).

Da crítica de Rand aos comentários de Vignelli na *Emigre* e o famoso artigo de 1993 de Steven Heller (n. 1950) "O culto do feio", no qual ele escreveu que "quando o visual em camadas e vernacular é praticado ao extremo, com ou sem planejamento, ele simplesmente contribui para a perpetuação de um design ruim", o pós-modernismo no design gráfico foi sempre polêmico e calorosamente discutido.[30] Ideias intelectuais complexas mudaram irrevogavelmente a forma como muitos designers pensavam sobre si mesmos, mas a estética eclética "sem regras" era facilmente imitada e se tornou um clichê. De todo modo, independentemente do ponto de vista de cada um, o pós-modernismo mudou o design para sempre. Como Mr. Keedy, ao escrever para a *Emigre* em 1998, concluiu: "O pós-modernismo não é um estilo; é uma ideia sobre a época em que vivemos, uma época cheia de complexidades, contradições e possibilidades. É um paradigma pesado e problemático. No entanto, ainda acho que ele é preferível às limitações tranquilizadoras do modernismo".[31]

Leituras complementares →

ADAMSON, Glenn; PAVITT, Jane. *Postmodernism*: Style and Subversion, 1970-1990. London: V&A Publishing, 2011.

GURA, Judith. *Postmodern Design Complete*. London: Thames & Hudson, 2017.

POYNOR, Rick. *Abaixo as regras*: design gráfico e pós-modernismo. Porto Alegre: Bookman, 2010.

Design gráfico digital

"A mudança está em andamento e avança rapidamente, com ou sem nós. A escolha é nossa. O computador não rouba nossa empreitada criativa; ele nos liberta."
Sharon Poggenpohl, "Creativity and Technology", 1983.[32]

O advento da tecnologia digital e a ampla disponibilidade de computadores na última década do século XX deu início à maior transformação já ocorrida no design gráfico. O que um dia foi uma atividade inteiramente física se desmaterializou. Desde a disposição tipográfica e arranjo de layout até a manipulação de fotografias e criação de novas imagens, o design gráfico poderia ser todo feito (ainda que de maneira grosseira em alguns casos no início) digitalmente em um computador. A editoração eletrônica facilitou o processo para que indivíduos praticassem design gráfico sem a necessidade de profissionais externos, que controlavam ou coordenavam as várias áreas de produção. Embora os primeiros computadores fossem proibitivamente caros e lentos, além de contar com recursos limitados, eles sinalizavam o início de um processo que quebraria barreiras históricas para o ingresso na profissão, assim como aceleravam o próprio processo do design gráfico em si.

A ascensão dos computadores causou turbulências entre a comunidade do design: alguns se empolgavam com as novas possibilidades, enquanto outros se preocupavam com o fato de que as fronteiras entre o amador e o profissional se diluiriam, inviabilizando a carreira no design gráfico. Uma preocupação comum era que as limitações do computador, como ferramenta, ditariam de maneira excessiva a estética do design, e que, como Paul Rand colocou, "qualquer 'efeito especial' viabilizado por um computador" incentivaria os designers a ignorar princípios fundadores de comunicação no design gráfico.[33] Como diz a frase frequentemente atribuída a Marshall McLuhan, "nós moldamos nossas ferramentas e, depois disso, nossas ferramentas nos moldam". Isso se afirmava como verdade logo nos primeiros tempos do computador, quando designers como April Greiman e Zuzana Licko (n. 1961) transformaram o visual em baixa resolução, pixelado, em uma escolha consciente de design (ver página 239). No entanto, a tecnologia nunca é estática e os computadores logo representariam uma abertura a possibilidades infinitas, em vez de prescritivas.

O surgimento do design digital coincidiu com a ascensão do pós-modernismo, e as possibilidades do computador, particularmente a quebra de fronteiras e a capacidade de gerar rapidamente alternativas e variações, empolgavam muitos designers cansados do modernismo. O fato de que, inicialmente, era difícil criar designs límpidos e perfeitos coincidiu com a emergência do grunge como gênero musical e da subcultura: designers gráficos como David Carson e Elliott Earls usavam computadores para criar um trabalho complexo, rigoroso, ambíguo, intrigante e muitas vezes difícil de decifrar. Eles fizeram uso de técnicas em camadas e texturas irregulares para aproveitar a estética da desordem, onipresente na cultura alternativa visual nos anos 1990. O grunge não era necessariamente

Acima: Pôster da palestra "Snow White + the Seven Pixels", April Greiman, 1986.

Leituras complementares →
ARMSTRONG, Helen (ed.). *Digital Design Theory*. New York: Princeton Architectural Press, 2016.
COOPER, Muriel. Computers and Design. *Design Quarterly*, n. 142, 1989.

novo: antes dos computadores, muitos designers interessados nas técnicas do faça-você-mesmo atingiam efeitos similares de imperfeição, como Vaughan Oliver (1957-2019), o grupo francês Grapus e o estúdio holandês Hard Werken.

Os computadores não interessavam apenas a designers pós-modernistas: Paul Rand projetou identidades para fabricantes de PC como IBM e NeXT, e o estudante da Bauhaus Walter Allner (1909-2006) é creditado como o primeiro designer a usar imagens geradas por computador na capa de uma revista. Para a *Fortune*, em 1965, ele gerou um gráfico que mostrava diferentes setas para cima em um computador PDP-1, exibidas na tela de um osciloscópio e fotografadas. A "estética da máquina" era algo que muitos modernistas almejavam – uma abordagem objetiva, racional, liberta de estilos individuais –, então não há surpresa no fato de que muitos princípios modernistas inspirariam o desenvolvimento de áreas do design digital, como arquitetura da informação, interfaces gráficas de usuário (GUIs) e ícones. Modernistas como Ladislav Sutnar (1897-1976) e Karl Gerstner (1930-2017) foram pioneiros nos programas de design e sistemas de organização de informações complexas. Cerca de 60 anos depois, Otto (1882-1945) e Marie Neurath (1898-1986) desenvolveram o Isotype – uma linguagem de pictograma visual modernista –, e Susan Kare (n. 1954), na Apple, utilizava os mesmos princípios quando desenvolveu ícones gráficos para o Macintosh, que surgiu em 1984 e foi o primeiro sistema operacional a apresentar uma interface gráfica amigável. Kare também projetou muitas das fontes integradas do Mac, incluindo a Cairo, uma fonte pixelada e ornamentada que prenunciava o surgimento dos emojis.

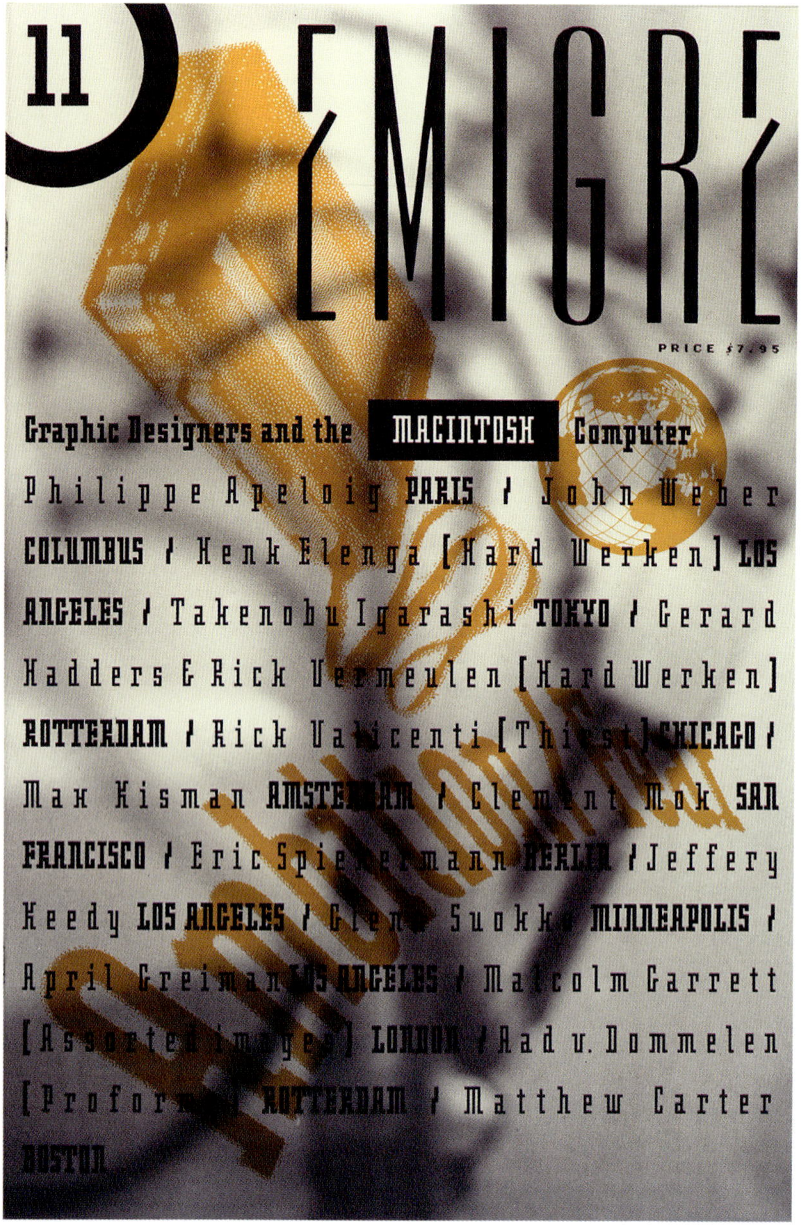

Acima: *Emigre #11*: *Ambition/Fear*,
Rudy VanderLans, 1989.

Outra modernista pioneira do design de interface e defensora do computador foi a americana Muriel Cooper (1925-94), que passou grande parte de sua carreira no Instituto de Tecnologia de Massachusetts (MIT). Cooper fundou a Oficina de Linguagem Visual do MIT e tinha grande interesse pela capacidade do computador de reduzir "a lacuna entre o processo e o produto", além de liberar o design gráfico de suas amarras na maior parte estáticas e bidimensionais. Em um texto de 1989, Cooper comenta: "As competências do design gráfico tradicional permanecerão importantes para a exibição e a apresentação, mas uma nova profissão interdisciplinar, cujos praticantes serão adeptos da integração entre palavras e imagens estáticas e dinâmicas, será exigida para organizar e filtrar informações que crescem em um ritmo exponencial".[34] Como a primeira integrante mulher do Media Lab do MIT, Cooper trabalhava com alunos que viriam a dominar o novo campo do "design de interação", desenvolvendo interfaces gráficas digitais inovadoras.

O início da era do design gráfico digital produziu uma gama de diferentes programas e ferramentas, conforme as empresas de software e os fabricantes de hardware competiam por clientes e utilizavam avanços tecnológicos para oferecer novas funcionalidades. Eventualmente, os computadores Apple viriam a ser o padrão da indústria para designers, e o conjunto de programas gráficos da Adobe desenvolveu quase um monopólio, substituindo os agora quase esquecidos softwares MacPaint, QuarkXPress, PageMaker, Freehand e CorelDRAW.

O receio dos designers em serem substituídos tanto pelos próprios computadores quanto por não profissionais continua. Com ferramentas de design disponíveis gratuitamente, como softwares, apps e em navegadores de internet, nunca esteve tão fácil para alguém sem nenhuma formação se debruçar sobre o design gráfico simples, enquanto o contínuo crescimento da inteligência artificial (IA) e do *machine learning* significa que é inevitável que aspectos do design gráfico sejam automatizados. Em 1965, Walter Allner comentava sobre sua capa gerada por computador para a *Fortune*: "Se o computador tirar o trabalho dos diretores de arte, pelo menos terei alguma experiência trabalhando como programador de máquinas de design".[35]

Quase 60 anos depois, diretores de arte ainda encontram trabalho, mas, conforme a tecnologia evolui, o papel do designer continuará se transformando com ela. Ainda não sabemos se, eventualmente, ela nos lançará à obsolescência. Para os otimistas, talvez a IA liberará os designers dos aspectos mais tediosos da comunicação gráfica, permitindo uma definição mais expansiva da prática. No entanto, os designers também têm uma responsabilidade ética no desenvolvimento de novas tecnologias. Como Muriel Cooper observou antes de sua morte, em 1994: "Algumas pessoas acreditam que o computador eventualmente pensará por conta própria. Caso isso aconteça, é crucial que os designers e outros com intenções humanas estejam envolvidos na forma pela qual isso venha a se desenvolver".[36]

O cânone

O termo "cânone" – obras selecionadas como as mais importantes historicamente em um campo – tem origem na literatura, mas foi aplicado à maior parte das áreas da cultura, incluindo o design gráfico. Uma das primeiras pessoas a explorar essa ideia foi Martha Scotford, em "Is There a Canon of Graphic Design?" ["Existe um cânone no design gráfico?"], um artigo publicado na revista do Instituto Americano de Artes Gráficas em 1991. Scotford conclui que um cânone cria a ideia de "heróis e *superstars*", acrescentando que, "ao destacarmos designers e obras individuais, podemos perder de vista a variedade de comunicação, expressão, conceito, técnicas e formatos que compõem a riqueza da história do design gráfico".[37]

A história do design gráfico é moldada pelo fato de que, ao longo dos séculos XIX e XX, a sociedade foi dominada por homens brancos da Europa e da América do Norte, e que a cultura visual refletia essas figuras de poder. Designers que não se enquadravam nessa estreita brecha teriam menos probabilidade de conquistar reconhecimento por intermédio de prêmios e filiação a órgãos profissionais, ter seu trabalho exposto em museus e ganhar destaque em livros e revistas. Todos esses fatores significam que designers de qualquer minoria que historicamente tiveram sucesso ganham muito menos visibilidade do que seus colegas "majoritários". Com frequência, os nomes que se tornaram mais proeminentes no design pertencem aos que não tiveram vergonha de se autopromover e, mais importante, tiveram uma plataforma para isso.

Os historiadores do design gráfico costumam tentar criar uma narrativa lógica e articulada para explicar o desenvolvimento da disciplina. No entanto, como Scotford concluiu, o esforço em reduzir a história a "um pacote menor e talvez mais gerenciável" aparece em detrimento de um cânone expandido que é "intencional, consciente, responsável e realmente significativo para todos".[38] Agora, já faz 30 anos desde a publicação do artigo de Scotford: a mudança tem sido lenta, mas, finalmente, na última década em particular, há tentativas valiosas e fundamentadas para diversificar e "descolonizar" o cânone da história do design gráfico, reconhecendo os preconceitos do passado e considerando quais nomes podem ter sido subestimados ou totalmente ignorados e por quê. Os principais esforços visam, em particular, destacar o papel das mulheres, com frequência não creditado ou subvalorizado, na história da disciplina, e a revelar o trabalho, a perspectiva e as experiências de designers BIPOC (acrônimo em inglês para negros, indígenas e pessoas de cor).

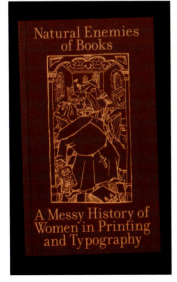

Acima: "The Black Experience in Graphic Design" ["A experiência negra no design gráfico"], artigo de Dorothy Jackson na revista *Print*, volume 22, edição 6, 1968, exibindo um pôster para a Galeria Pamoja, de Bill Howell, e símbolos de Alex Walker.

À esquerda: *Natural Enemies of Books: A Messy History of Women in Printing and Typography* [*Inimigas naturais dos livros: uma história conturbada das mulheres na impressão e na tipografia*], de MMS [Maryam Fanni, Matilda Flodmark, Sara Kaaman], design do estúdio Eller med a, 2020.

Leituras complementares →

The Black Experience in Design: Identity, Expression & Reflection. New York: Allworth Press, 2022.

LEVIT, Briar (ed.). *Baseline Shift*: Untold Stories of Women in Graphic Design History. New York: Princeton Architectural Press, 2021.

If the designer is to make
a deliberate contribution to society,
he must be able to integrate
all he can learn about
behavior and resources,
ecology and human needs;

taste and style just aren't enough.

For information regarding admission,
graduate & undergraduate study, and financial aid
write:

School of Design

California Institute of the Arts
2404 West 7th Street
Los Angeles, California 90057

opening fall 1970

design: Sheila de Bretteville

Capítulo 2:
Teoria

Semiótica

A semiótica é uma área da filosofia com enfoque no estudo dos "signos", que, neste caso, não significa apenas a definição convencional de um signo, mas se refere a qualquer coisa que comunique. Tendo surgido no século XIX, a partir dos escritos de linguistas e filósofos como Charles Sanders Peirce (1839-1914) e Ferdinand de Saussure (1857-1913), a semiótica busca compreender a natureza da comunicação humana - como o significado é formado e transmitido - não apenas pela linguagem, mas para além, de maneira mais ampla, no mundo sensorial. Foi Saussure que propôs o aspecto mais importante da semiótica, o conceito de "significante" e "significado" - dois elementos que se unem para criar um "signo". O "significante" existe no "plano da expressão" - por exemplo, um som verbal, uma palavra escrita ou uma representação visual -, enquanto o "significado" é a ideia ou conceito que o "significante" representa, ou seja, não é limitado a um objeto físico real.

Um ponto importante para Saussure era que a conexão entre significante e significado, embora inseparável, é arbitrária - a palavra "maçã", por exemplo, não tem significado para alguém que não sabe português; raramente uma palavra tem qualquer conexão óbvia com a coisa à qual se refere. Para além da questão das barreiras linguísticas, também há os significados simbólicos específicos que o signo retém, que não são naturais ou universais, mas cultural e historicamente determinados. Para retornar à maçã, pode-se associá-la à saúde, à tentação ou à empresa de tecnologia que compartilha este nome em inglês, mas qualquer uma dessas opções requer um conhecimento prévio em vez de serem intrínsecas à própria maçã. O significado simbólico pode se desenvolver a partir de algo experimentado no mundo natural - por exemplo, vermelho significa quente (o fogo é vermelho) -, mas é mais comum que o significado simbólico seja uma invenção humana convencionada ao longo do tempo - por exemplo, vermelho significando "pare" e verde, "siga", ou um X significando "não" e um sinal de visto significando "sim". Contudo, isso não pode ser considerado universal - na China, o vermelho é uma cor alegre que representa sorte, e é usado em linhas de gráficos que mostram um crescimento positivo. Tampouco os significados são historicamente fixados. Considere as associações de gênero a cores para crianças: rosa para meninas e azul para meninos. Historicamente, há evidências de que, no início do século XX, algumas pessoas consideravam o exato oposto disso, enquanto no século XXI essas rígidas associações têm sido contestadas, então é plausível imaginar um futuro no qual as cores não contenham associações de gênero.

Peirce procurava entender as diferentes funções que observava entre os signos, propondo três categorias: ícone, índice e símbolo. O "ícone" se assemelha ao que está sendo representado, portanto pode ser uma fotografia ou um desenho preciso. Contudo, como foi explorado pelo artista surrealista René Magritte (1898-1967) em sua famosa pintura *A traição das imagens* (1929), uma representação não é a própria coisa - embora possa parecer idêntica, sua função é inteiramente diferente. O "índice" é algo que pode substituir um item diferente ao qual esteja relacionado - por exemplo, fumaça para fogo ou uma nuvem escura para chuva. A categoria final, "símbolo", refere-se a exemplos que são arbitrários e específicos para humanos, e que ganham

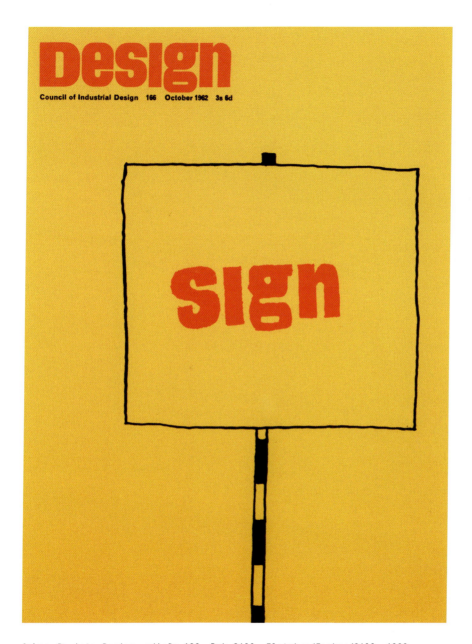

Acima: Revista *Design*, edição 166, Bob Gill, Fletcher/Forbes/Gill, 1962.

Páginas anteriores: Pôster tridimensional para a Escola do Design, Instituto de Artes da Califórnia, Sheila Levrant de Bretteville, 1970.

significado somente por meio da convenção e do contexto - por exemplo, um logotipo abstrato de uma marca deve ser visto em um produto ou anúncio para formar qualquer associação na mente do consumidor.

Para os designers gráficos, a semiótica explica como e por que peças de comunicação visual funcionam e sugere formas pelas quais nosso trabalho poderia ser mais eficaz na transmissão de mensagens. Muitas vezes obscurecida pela dificuldade do jargão filosófico, a semiótica geralmente busca explicar fenômenos que podem parecer extremamente óbvios uma vez que os pontos apresentados são compreendidos. Para que os designers sejam bem-sucedidos, é necessário que tenham tanto uma consciência inata quanto interesse na criação de significado e nas diferentes maneiras de obter uma comunicação eficaz. Utilizar os três tipos de signo - ícone, índice e símbolo - é uma espécie de segunda natureza para o design gráfico.

Não é surpresa que a semiótica tenha começado a chamar a atenção dos designers gráficos durante a época do modernismo pós-Segunda Guerra Mundial, particularmente na Escola de Design de Ulm, graças ao designer e pintor argentino Tomás Maldonado (1922-2018). Os designers olhavam para a ciência, a matemática, a tecnologia e a teoria como uma forma de racionalizar a própria prática - longe dos caprichos do gosto, rumo à eficácia objetiva e à universalidade. Isso coincidiu com um interesse crescente pela psicologia e pela pesquisa de consumo na publicidade e no branding. Nos anos 1950, escritores como Roland Barthes (1915-80) dirigiam um olhar semiótico à cultura cotidiana, analisando anúncios para uma marca de comida italiana ou embalagens de sabão em pó. O livro de Barthes, *Mitologias* (1957, cuja primeira

edição em inglês é de 1972), foi altamente influente no crescente campo dos estudos culturais e usava a semiótica para "desmistificar" como as diversas formas de mídia e design funcionavam, além de revelar as motivações ideológicas que se ocultavam por trás das ideias de "naturalização" e das "entrelinhas".[1]

Acima, à esquerda: Capa do livro *Mitologias*, de Roland Barthes, Philip Castle, 1973.

Acima, à direita: Pôster "I love NY more than ever" ["Amo NY como nunca antes"], Milton Glaser, 2001.

À esquerda: Fonte Noto Color Emoji, Google.

Leituras complementares →
CROW, David. *Visible Signs*: An Introduction to Semiotics in the Visual Arts. London: Bloomsbury, 2018.
HALL, Sean. *This Means This, This Means That*: A User's Guide to Semiotics. London: Laurence King, 2012.

Estética

Um termo que nas últimas décadas passou a se referir de maneira mais geral à aparência de algo, a estética (cunhada em 1735 pelo filósofo alemão Alexander Gottlieb Baumgarten [1714-62]) refere-se tecnicamente a um ramo complexo do estudo filosófico relacionado à beleza e ao gosto. Enquanto muitos filósofos da Antiguidade, sobretudo Platão (428/427 ou 424/423-348/347 a.C.), acreditavam que haveria uma versão "ideal" de qualquer objeto em relação à qual as coisas que experimentamos na realidade são imitações imperfeitas, os pensadores do Iluminismo, como Immanuel Kant (1724-1804), distanciaram a estética de tais verdades inatingíveis, rumo à racionalidade e ao julgamento individual.

Para muitos filósofos, o gosto estava intrinsecamente ligado à moralidade; a beleza andava de mãos dadas com a "bondade", enquanto, no outro extremo dessa escala, a pseudociência da frenologia, agora desmascarada, propunha que um crânio deformado seria indicativo de um caráter maligno ou criminoso. Ludwig Wittgenstein (1889-1951) propôs de modo memorável que "ética e estética são uma só", com o que ele almejava apontar que ambas estão enraizadas na experiência vivida, combinando julgamento subjetivo individual com padrões sociais mais amplos. Para Søren Kierkegaard (1813-55), a "vida estética" era dedicada aos prazeres individualistas - uma ideia absorvida pelos escritores, artistas e designers do esteticismo do final do século XIX, que "desejavam fugir da feiura e do materialismo da Era Industrial, focando em vez disso em produzir arte que fosse bela mais que profundamente significativa".[2] Associado a esse movimento, o designer William Morris (1834-96) proferiu a célebre frase: "Não tenha nada em sua casa que não saiba ser útil ou acredite ser belo". Mais tarde, o modernismo combinaria esses dois aparentes opostos, promovendo a ideia de que a utilidade era em si bela (em contraste com a ideia clássica da estética de que a beleza estava inteiramente separada do significado ou da função). Mais tarde, o pós-modernismo desafiaria essa visão, abraçando uma vez mais a subjetividade do gosto e desafiando noções tradicionais de beleza.

Como em qualquer campo acadêmico, existem diferentes escolas de pensamento no interior da estética. Por exemplo, de uma perspectiva marxista, pode-se dizer que o "bom gosto" é imposto de cima para baixo, por aqueles que detêm poder social, político e econômico, e que, sob o capitalismo, as tendências estéticas são uma ferramenta para gerar lucro ao incentivar os consumidores a substituir os produtos com frequência.

No design, houve constantes tentativas de identificar métodos que poderiam ser utilizados na busca da beleza objetiva: ideias tomadas da pesquisa psicológica sobre harmonia visual ou precisão matemática. Entretanto, explicar por que uma peça de design gráfico é atraente geralmente envolve os caprichos do sentimento.

Leituras complementares →

DODSON, Mo; PALMER, Jerry (ed.). *Design and Aesthetics*: A Reader. Abingdon: Routledge, 1996.

PYE, David. *The Nature and Aesthetics of Design*. [S. l.]: Airlife Publishing, 1995.

Acima: *House of Dots* [Casa de Pontos], instalação para o grupo LEGO, Camille Walala, 2020.
Abaixo: Imagem de campanha de férias para Herman Miller, Wade & Leta, 2019.

Gestalt

Palavra alemã sem equivalente exato em português, *Gestalt* significa a forma como algo foi formado ou arranjado, e ela é associada com um movimento na psicologia que emergiu no início do século XX na Alemanha e na Áustria. A psicologia Gestalt nasceu de uma crença de que seria essencial estudar as coisas como um "todo", em vez de suas partes constituintes, para espelhar como a percepção humana funciona em si.

A percepção visual foi uma das primeiras áreas na qual a teoria Gestalt se desdobrou, com enorme relevância para o design. Designers gráficos juntam diversos elementos para formar um todo, que é absorvido de uma só vez pelo espectador; uma vez que o público não vai considerar cada parte individual do trabalho de um designer antes de decidir o que acha dele. Ao ver uma garrafa de Coca-Cola, um espectador não pensa primeiro sobre a cor vermelha, depois considera as fontes do logotipo e finalmente a forma distintiva da garrafa, mas, em vez disso, ele absorve e processa as informações de uma só vez. Isso se aplica nos exemplos mais básicos - ao ver o excerto de um texto, o leitor absorve simultaneamente o que ele diz e a fonte escolhida.

A psicologia Gestalt sublinha a importância de entender como, em nossas mentes, a recepção e o processamento de informações não são coisas separadas, mas um todo unificado. Os teóricos da Gestalt identificaram muitos princípios cuja compreensão é relevante para os designers gráficos, por exemplo, a relação "figura-fundo", que é utilizada para entender a forma como os espectadores percebem a diferença entre o primeiro e o segundo planos em uma imagem bidimensional.

Alguns dos fatores de impacto nessa relação são o contraste, a escala, a posição e o uso do espaço. No entanto, é possível criar imagens nas quais a relação figura-fundo seja instável e os espectadores podem alternar entre ver uma coisa e outra, como o famoso exemplo do "Vaso de Rubin". A figura-fundo tem sido muito utilizada pelos designers gráficos e criadores de imagens, por exemplo, ao criar uma imagem dois em um com espaço negativo, ou ao utilizar amplo espaço branco para trazer um elemento ao primeiro plano.

Em 1923, Max Wertheimer (1880-1943), um dos pioneiros desse movimento, introduziu oito princípios da Gestalt, ou "leis de organização", que explicam de que maneira peças individuais podem ser percebidas como um todo unificado.[3]

1. Proximidade: elementos próximos serão vistos mais provavelmente como uma unidade singular.

2. Similaridade: agrupamos coisas com base em características compartilhadas, como cor, tamanho, forma ou orientação.

3. Proximidade e similaridade combinadas: usar ambos os sistemas em conjunto pode tanto fortalecer quanto enfraquecer agrupamentos percebidos.

4. Destino comum: elementos que se movem (ou que parecem se mover) na mesma direção formam um grupo.

5. *Prägnanz* (concisão): essa lei é a mais geral das oito e diz que, quando apresentadas a um conjunto de elementos ambíguos, as pessoas sempre vão preferir interpretá-los da forma mais simples.

6. *Einstellung* (configuração): ritmo, repetição e padrão criam agrupamentos.

7. Boa continuidade e fechamento: continuidade significa que somos mais propensos a perceber linhas contínuas e fluidas, enquanto o fechamento sugere que

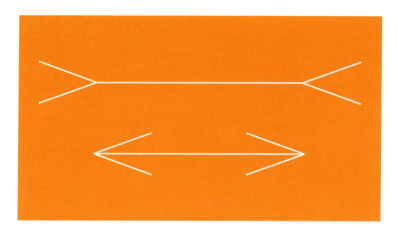

← Nesta ilusão de óptica, as linhas horizontais, embora com o mesmo comprimento, parecem variar, em razão das pontas.

← Nesta ilusão de óptica, vemos um triângulo e uma estrela quando há apenas círculos individuais com triângulos recortados deles. Nosso cérebro percebe o todo e cria sentido a partir disso para formar uma imagem mais familiar.

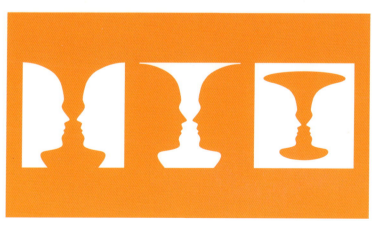

← Conhecida como Vaso de Rubin, essa famosa ilusão de óptica demonstra a distinção da figura-fundo da psicologia Gestalt. A opção de visualizar um vaso ou dois rostos pode ser influenciada por escolhas de design.

Leituras complementares →

ARNHEIM, Rudolf. *Visual Thinking.* Berkeley: University of California Press, 1969.

BILL, Max. *Architecture Words 5:* FORM, FUNCTION, BEAUTY = GESTALT. London: Architectural Association Publications, 2010.

DONDIS, Donis A. *Sintaxe da linguagem visual.* São Paulo: Martins Fontes, 2019.

Acima: Capa do álbum *Provocative Percussion Vol. III* [*Percussão Provocativa Vol. III*], Josef Albers, 1961.

Ao lado, à esquerda: Ilustração de capítulo do livro *Engagées*, de Charlotte Daubet, Malika Favre, 2021.

Ao lado, à direita: Design de capa para o livro *Co-Art: Artists on Creative Collaboration* [*Coarte: artistas em colaboração criativa*], de Ellen Mara de Wachter (Phaidon), design de A Practice for Everyday Life, 2017.

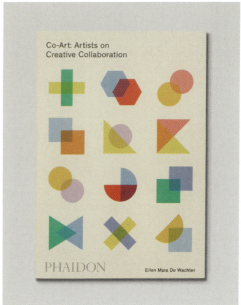

elementos que formam espaços fechados são percebidos como um grupo, e que o cérebro humano sempre preencherá quaisquer lacunas na busca por uma "forma completa". O fechamento dentro de uma forma (por exemplo, círculos dentro de uma caixa quadrada) também cria um agrupamento lógico.

8. Experiência passada: entendemos alguns elementos como relacionados com base naquilo a que fomos expostos no passado e no condicionamento cultural.

Embora a teoria Gestalt possa ser difícil de entender, por causa de seu jargão psicológico e linguístico complexo empregado por escritores como Wertheimer, ela influenciou o design gráfico ao longo do século XX. Isso foi particularmente verdadeiro ao longo do modernismo pós-guerra, quando muitos praticantes viram uma base científica para racionalizar o próprio trabalho.

Teoria das cores

"Cores são forças, energias radiantes que nos afetam positivamente ou negativamente, estejamos ou não cientes disso."
Johannes Itten, *The Elements of Colour*[4]

Ao longo da história, procuramos entender a cor, tanto científica quanto emocionalmente. Acredita-se que seguidores do filósofo da Antiguidade Aristóteles (384-322 a.C.) foram os primeiros a articular teorias sobre a cor, propondo que todas existem entre branco e preto e envolvem misturas dos quatro elementos – fogo, ar, água e terra. Mas uma explicação científica da cor só veio a ser proposta por Sir Isaac Newton (1642-1726/27) no tratado *Óptica* (1704), em que Newton observou a luz por um prisma e identificou corretamente que a luz branca era composta de todos os diferentes matizes encontrados no espectro de cores de vermelho, laranja, amarelo, verde, azul, anil e violeta. Ele propôs que qualquer cor poderia ser feita a partir da correta combinação entre esses tons do arco-íris, até mesmo o branco – até então considerado como a ausência de cor.

Enquanto os experimentos de Newton provaram muito do que hoje compreendemos sobre as propriedades da luz, argumentos sobre a natureza da cor continuaram a aparecer entre pensadores posteriores. Johann Wolfgang von Goethe (1749-1832), em sua *Teoria das cores* (1810), estava menos interessado em fatos científicos do que na psicologia das cores e em nossas experiências a partir delas. Goethe desenvolveu um círculo das cores, em que categorizou os tons com as qualidades "alegóricas, simbólicas, místicas" a elas associadas sob seu ponto de vista: amarelo é bom, vermelho é belo, laranja é nobre, verde é útil, azul é comum e mau, enquanto o roxo é desnecessário. Embora não tenha se baseado em dados, Goethe estava certo ao afirmar que as cores promovem associações psicológicas: algumas são compartilhadas, encontram raízes na natureza e na experiência comum; outras são culturais, pessoais ou misteriosas. Essas ideias inspirariam a busca de muitos artistas por uma racionalização lógica por trás das escolhas de cores, para além de se apoiar em uma preferência visual subjetiva. Embora Goethe, notável poeta e escritor, tenha adotado um viés místico na psicologia das cores, os teóricos das cores posteriores se interessaram mais pela classificação e pela identificação de binarismos, como quente *versus* frio, translúcido *versus* opaco, ativo *versus* passivo.

Muito do debate em torno da cor veio de uma aparente contradição: a luz branca parecia feita de todas as outras cores combinadas, porém ao juntar todas as cores na pintura, obtém-se uma cor escura, quase preta. A razão por trás disso é o fato de que há duas formas de fazer cor – métodos aditivos ou subtrativos. Nos sistemas aditivos, cores são criadas com a mistura de diferentes quantidades de luz: no preto, não há luz, o branco é a luz pura, e todas as outras cores são feitas a partir de diferentes combinações de luz vermelha, verde e azul. Os sistemas baseados em tela são aditivos e adotam o sistema de cor RGB; quando estão desligados, ficam pretos e, quando ligados, "acendem". As cores subtrativas começam como brancas, mas, com um bloqueador físico (como pigmentos, corantes ou tintas), elas são criadas por causa da absorção de partes da luz branca que ilumina o objeto, alterando o que é refletido de volta para o observador. A impressão é um processo subtrativo, pelo

Acima: Pôster para "Pop Culture Colour Theory" ["Teoria das cores da cultura pop"], Escola de Design de Rhode Island, Providence, James Goggin (Practise), 2019. Camada de texto em risografia preta impressa sobre gráfico de processamento de cores Riso MZ1090, de James Goggin & Vivian Wang, RISD, 2018. Pôster em risografia de dez cores, impresso por Vivian Wang.

fato de que se apoia na reflexão (e não projeção) da luz: mais tinta significa cores mais escuras. A impressão colorida depende de um fundo branco, sobre o qual as tintas ciano, magenta, amarela e preta (CMYK) são combinadas para produzir qualquer tonalidade necessária, e o branco em si é obtido simplesmente pela ausência de tinta. A adição de preto no processo de impressão em quatro cores (representado por K para *"key"*) cria um preto mais autêntico e é mais econômica do que a sobreposição de três tintas coloridas.

A invenção da impressão colorida é atribuída a Jacob Christoph Le Blon (1667-1741) e é feita com o uso de diferentes "placas" em cores primárias. Ela surgiu com o trabalho de Newton e de outros cientistas que identificaram que, por meio da combinação de duas das três cores primárias, seria possível dar origem a cores secundárias, como laranja, verde e roxo. A combinação correta das três cores primárias poderia criar praticamente qualquer tom. No entanto, há cores mais claras que podem ser alcançadas em telas RGB, mas que nunca poderão ser combinadas com um processo de quatro cores CMYK impresso. Cores inatingíveis por combinação de tintas CMYK, conhecidas como "cores especiais", são feitas com pigmentos e vêm prontas de empresas que funcionam como bibliotecas de cores, como a Pantone.

No século XX, os pensadores mais importantes da cor estavam na Bauhaus (ver páginas 26-31): Johannes Itten (1888-1967), Paul Klee (1879-1940), Wassily Kandinsky (1866-1944) e Josef Albers (1888-1976). Kandinsky, que havia considerado as associações de cor em *Do espiritual na arte* (1911), propunha uma afinidade inerente entre cores e formas. Ele estabeleceu o célebre argumento de que um triângulo deveria ser amarelo (uma cor aguda); um círculo deveria ser azul (uma cor profunda e pacífica); enquanto um quadrado deveria ser vermelho (uma cor ativa e determinada). Esses pares entre forma e cor se tornaram um emblema da Bauhaus, embora nem todos concordassem com suas ideias. Itten, pintor suíço, era seguidor do mazdaznan (uma religião mística, uma espécie de neozoroastrismo) e, no curso preliminar obrigatório a todos os alunos da Bauhaus, desenvolveu e lecionou seus fundamentos básicos. A teoria das cores era um elemento essencial nisso, e Itten se interessava pela natureza subportiva da cor, assim como pela ciência por trás de nossa percepção dela. Ele elaborou um círculo de 12 cores e sugeriu formas de encontrar pares harmônicos em seu interior: como "díades" – duas cores diretamente opostas no círculo; "tríades" – três cores formadas por um triângulo equilátero sobreposto ao círculo ou por um triângulo isósceles que tomava duas cores de cada lado da cor diretamente oposta ao ponto do triângulo; e "tétrades", feitas com quadrados ou retângulos do topo do círculo com cada canto tocando uma cor. Itten, que compilou suas teorias das cores em seu livro de 1961, *A arte da cor*, também propunha sete tipos de contraste que impactavam a forma como julgamos as cores umas contra as outras; "contraste de tom, contraste claro-escuro, contraste quente-frio, contraste complementar, contraste simultâneo, contraste de saturação e contraste de extensão".[5]

Albers, que havia sido aluno de Itten e se baseou nas teorias de seu antigo professor, enfatizou como nossa percepção da cor é influenciada principalmente pelas cores em volta. Em seu livro de 1963, *A interação da cor*, Albers afirma que "para usar a cor de forma efetiva, é necessário

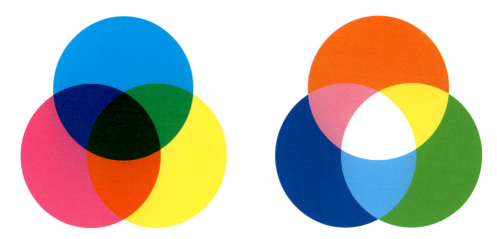

Acima: À esquerda, há o espaço de cor CMY, um exemplo de um sistema subtrativo de cor. À direita, há o espaço de cor RGB utilizado em telas, um exemplo de sistema aditivo baseado na projeção da luz.

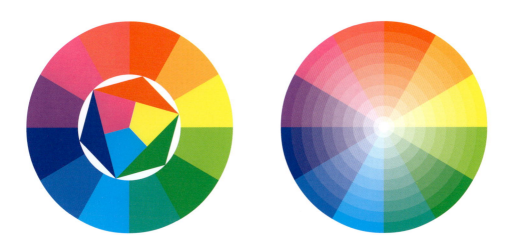

Acima: À esquerda, há um círculo cromático (segundo Johannes Itten) criado com tinta CMY. Essas cores "primárias" para impressão são exibidas no triângulo central, com as cores "secundárias" no hexágono do meio, feitas da combinação de duas cores "primárias" em plena intensidade, e um arco-íris de 12 cores criado no círculo de fora com seis cores "terciárias" extras. A ilustração à direita mostra o mesmo arco-íris de 12 cores com matizes decrescendo em incrementos.

reconhecer que ela engana continuamente" e utilizou ilustrações extensas para provar que o contexto muda a maneira como as cores aparecem para nós, situando a "prática" antes da "teoria".[6]

Albers sempre enfatizava que a experiência das cores é pessoal – um ponto importante.é o designers gráficos, podemos escolher cores com base em preferência ou instinto, mas também há a opção (muitas vezes motivada por contextos comerciais) de justificar nossas escolhas utilizando a ciência, a psicologia ou a racionalização associativa. Enquanto algumas das associações de cor estão enraizadas em experiências tangíveis compartilhadas no mundo natural, muitas outras são culturalmente específicas, e não fixas ou universais, e outras ainda são puramente pessoais e subjetivas. Também devemos lembrar que as pessoas têm diferentes condições clínicas de ver cores, sendo a mais comum o daltonismo, ou deficiência de visão de cores (DVC), que é a incapacidade de diferenciar entre vermelho e verde. A ausência total de percepção de cores (acromatopsia) é encontrada em cerca de uma a cada 30 mil pessoas.

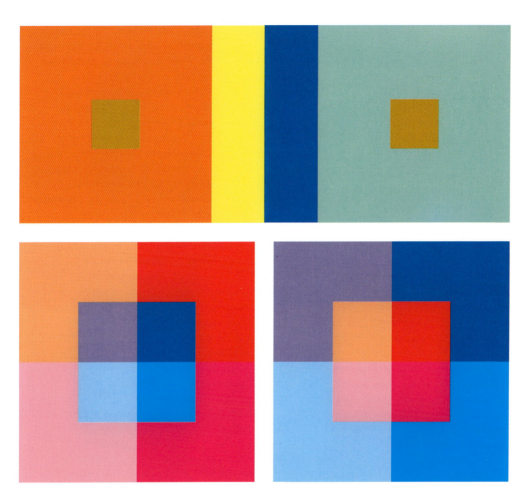

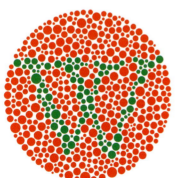

Acima: Exemplos (como utilizados por Josef Albers) de como o contexto pode mudar a aparência da cor.

À esquerda: Teste de Ishihara usado para identificar daltonismo vermelho-verde. Alguém com essa condição não pode enxergar o "W" verde.

Leituras complementares →

ADAMS, Sean. *The Designer's Dictionary of Colour*. New York: Abrams, 2017.
ALBERS, Josef. *A interação da cor*. São Paulo: WMF Martins Fontes, 2009.
OPARA, Eddie; CANTWELL, John. *Color Works*: An Essential Guide to Understanding and Applying Color Design Principles. Beverly: Rockport, 2014.

Logo

O termo "logo" tem sua origem na abreviação de "logotipo", "logograma" ou "logografia", todos significando uma marca ou um desenho que representa uma palavra. Logotipo permanece um termo no design gráfico e significa um logotipo tipográfico que explicita o nome completo da empresa (também conhecido como *"wordmark"*). Um logo implica um símbolo – algo que graficamente represente uma palavra (geralmente o nome de uma empresa ou organização) de maneira não verbal –, embora alguns combinem símbolo e texto. "Marca registrada" é uma expressão utilizada para significar a mesma coisa, mas logo se tornou o termo dominante, embora seja apenas um aspecto do que é em geral chamado "branding". No inglês, *brand* (marca) originalmente se referia a uma marca queimada na pele do gado para identificar propriedade.

Além das marcas de gado, outros exemplos históricos de símbolos semelhantes a logotipos (vitais quando a alfabetização era escassa) incluem emblemas, mascotes, brasões, escudos, marcas de identificação, monogramas (feitos da combinação de duas ou mais letras) e marcas de fabricantes. Há tempos os produtores buscavam identificar seus produtos, diferenciando-os daqueles dos concorrentes, mas a concepção moderna de logo surgiu após a Revolução Industrial – na transição para a produção mecanizada em fábricas, iniciada no fim do século XVIII –, à medida que a publicidade e as embalagens se sofisticavam e o consumo crescia. A legislação, como as leis de marca registrada e de direitos autorais, tornou-se particularmente importante para proteger os logotipos das empresas contra cópias e falsificações. Os primeiros logos eram baseados na assinatura do fundador da empresa, mas os símbolos também eram explorados: a primeira marca registrada no Reino Unido foi para Bass Brewery, que, em 1876, registrou o triângulo vermelho que havia muito tempo aplicava em seus barris de cerveja.

A atenção do modernismo em reduzir a complexidade a uma essência simples influenciaria o desenvolvimento da disciplina de design de logotipo. A segunda metade do século XX, geralmente considerada a "era de ouro" para o design de logotipos, coincidiu com o auge da influência modernista. Os logotipos eram apenas um aspecto dos amplos programas de "identidade corporativa" elaborados por designers modernistas, embora fosse o mais visível deles. O branding contemporâneo se afasta da ênfase em um único logotipo, com os designers buscando criar sistemas flexíveis e "universos de marca" imersivos. No entanto, logotipos continuam sendo objetos de fascínio, recebendo elogios e críticas. Os símbolos de logotipo geralmente se enquadram em uma ou mais categorias: formas abstratas, pictóricas, monogramáticas (usando uma ou mais letras ou números) ou emblemas (aplicando formas tradicionais encontradas na hereditariedade, como escudos e insígnias).

Fileira superior (E→D): United Airlines, Saul Bass & Associates (1974), Schwitter Klischees, Karl Gerstner (1962).

Fileira do meio (E→D): British Steel, David Gentleman (1969); Aeroporto de Glasgow, Margaret Calvert (1965).

Fileira inferior (E→D): Deutsche Bank, Anton Stankowski (1974); Ferrovias Federais Suíças, Hans Hartmann (1972).

Leituras complementares →
AIREY, David. *Design de logotipos que todos amam*. São Paulo: Alta Books, 2010.
BATEMAN, Steven; HYLAND, Angus. *Symbol*. London: Laurence King, 2014.
EVAMY, Michael. *Logo*. London: Laurence King, 2021.

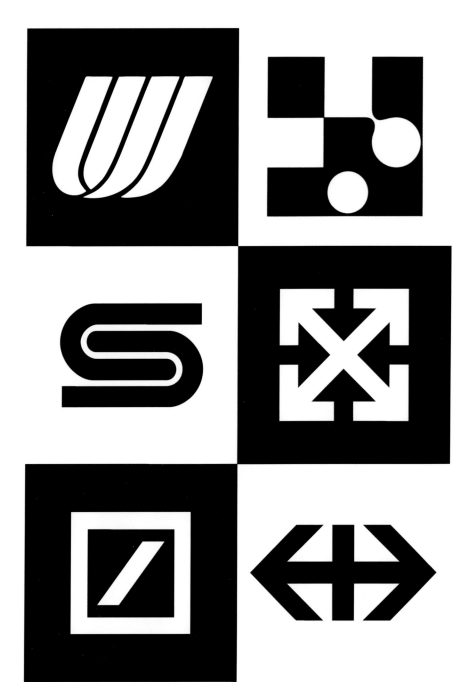

Ornamento

A ornamentação é um ponto significativo de debate na história do design: um dos primeiros princípios essenciais do modernismo era a total oposição a seu uso. Em 1908, o arquiteto austríaco Adolf Loos (1870-1933) declarou em seu ensaio "Ornament and crime" ["Ornamento e crime"] que a "evolução da cultura é sinônimo da remoção do ornamento dos objetos utilitários".[7] Para Loos e seus companheiros protomodernistas, o ornamento era um desperdício e criava produtos que seriam substituídos quando ficassem antiquados, em vez de quando parassem de funcionar. A recusa ao ornamento, esperava-se, seria parte de um mundo mais eficiente e racional; tratava-se de uma causa social tanto quanto de uma causa estética.

A definição de ornamento - "algo utilizado ou a serviço de tornar alguma coisa mais atraente, mas geralmente sem propósito prático" - é talvez mais clara em outras áreas do design, como a arquitetura ou o design de produto, mais do que no design gráfico, em que o apelo visual está com frequência vinculado ao propósito da comunicação, em especial em um contexto comercial. Embora poucos argumentariam que peças de design puramente funcionais, como placas de trânsito ou bulas de remédio, são espaços adequados para a presença embelezadora do ornamento, em nossa economia hipercapitalista, atrair olhares é, muitas vezes, mais importante do que a clareza.

Os modernistas evitavam a ornamentação, conferindo a suas obras uma pureza e um forte impacto visual. No entanto, ela retornou com força total, uma vez que a cultura avançou para o pós-modernismo. Argumentava-se que o ornamento era o principal portador de significado no design gráfico e que ele merecia ser levado em consideração em qualquer peça de comunicação visual. Adeptos do pós-modernismo também consideravam o contexto racial e de gênero na tendência antiornamento, observando que o ornamento há tempos havia sido associado negativamente à feminilidade e às tendências "irracionais" das mulheres, bem como a povos e culturas que não se encaixavam nos limites estreitos do modernismo eurocêntrico branco. Em seu ensaio de 2003, "Toward a Definition of the DecoRational" ["Rumo a uma definição do decorracional"], a designer americana Denise Gonzales Crisp observa que a "estética racionalista, tal como teorizada e praticada pelos modernistas do estilo mid-century modern, não é apenas de uma época diferente, mas de um espaço diferente, de um gênero diferente, de um *éthos* diferente".[8] A tecnologia digital e suas aparentemente infinitas opções e técnicas viu o ornamento se tornar um aspecto intrínseco ao design gráfico contemporâneo, além de um espaço central de experimentação.

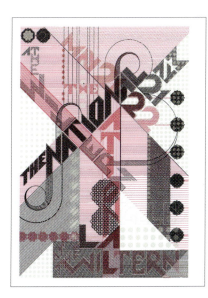

Acima, à esquerda: Pôster "The national" ["O nacional"], Marian Bantjes, 2010.

Acima, à direita: Rebrand da Crane Paper Company, Collins, 2020.

Abaixo, à direita: Design de livro para *The Beauty Book* [*O livro da beleza*], Sagmeister & Walsh, Phaidon, 2018.

À esquerda: Pôster para o festival *Vlow!*, Studio Feixen, 2016.

Leituras complementares →

HELFAND, Jessica. *Design*: The Invention of Desire. New Haven: Yale University Press, 2016.
JONES, Owen. *A gramática do ornamento*. São Paulo: Editora Senac São Paulo, 2010.

Padrões

"Padrão" é uma palavra com muitos significados, mas, em um contexto de design, em geral se refere a uma abordagem apresentada de modo automático. Embora houvesse casos em que o design pudesse ser "padrão" na era pré-digital (por exemplo, se uma impressora tivesse apenas uma tipografia), o interesse na ideia de "design padrão" surgiu sobretudo com o computador pessoal. O software é programado para ter uma configuração preestabelecida que é apresentada aos usuários por padrão antes que eles tomem uma decisão consciente de especificar uma alternativa. Padrão também pode significar um processo habitual ou *standard*, algo revertido por escolha.

Embora seja um termo controverso, "design gráfico padrão" passou a significar limitações particulares que o designer escolheu adotar de maneira consciente (em vez de por razões de necessidade), como utilizar principalmente preto e branco, fontes pré-configuradas em todos os computadores em tamanhos predefinidos, imagens sem manipulação, manter os layouts da forma mais básica possível – por exemplo, centralizar tudo – e evitar princípios orientadores como a hierarquia tipográfica. No web design, houve uma tendência na direção de websites "brutalistas", que são despojados, funcionais e destituídos de efeitos especiais complexos.

O modernismo foi, para alguns designers, uma tentativa de encontrar um novo "padrão" à comunicação visual – uma forma racional e eficiente de trabalhar, adequada à era moderna. Mais tarde, os excessos estilísticos das artes gráficas pós-modernas levaram muitos designers à exaustão pelas possibilidades infindáveis, além do incômodo com a ligação entre as tendências de design e o capitalismo desenfreado, ao qual a exploração de restrições ou do utilitarismo significava uma rebelião. Em uma entrevista de 2003 para a *Emigre*, o escritor e designer norte-americano Rob Giampietro (n. 1978) debateu "sistemas padrões no design gráfico" que ele considerava "críticos das condições de seu próprio fazer", oferecendo "uma libertação do ritmo frenético no qual o design procede atualmente".[9]

No branding, houve tentativas de uma abordagem "unbranding" – a criação de identidades que se destacam por rejeitar regras normais sobre singularidade e "propriedade", muitas vezes de maneira irônica. Adotar padrões pode ser visto como um sintoma de uma recusa mais ampla dos propósitos ou métodos da prática gráfica dominante. Enquanto expressão, o padrão tem conotações pejorativas (uma "pessoa padrão" pode significar alguém sem personalidade, sem graça), implicando uma falta de reflexão ou cuidado. Na verdade, muito do design gráfico que parece "padrão" vem de uma posição de crítica, envolvendo experimentos na padronização, um interesse autorreferencial pelo trabalho que revele as formas de sua própria criação, um acerto de contas com o legado modernista, o foco em questões intelectuais em vez de estéticas ou uma mistura de todas essas opções.

```
           RICHARD VENLET
TITLE       00
WORKS       50
PERIOD      11 08 90
            21 11 02
FORMAT      27,6 X
            21,6 CM
AUTHORS     3
ILL.        207
PAGES       232
ISBN        90-72828
            27-5
COPIES      1300
PRICE       30.00 €
```

À esquerda: Capa de livro para *Richard Venlet: 00*, Mevis & Van Deursen, 2002.

À direita + Abaixo: Identidade gráfica da VICELAND, Gretel, 2017.

Padrões 93

Vernacular

Vernacular é um termo advindo das discussões da linguagem, nas quais pode significar "um modo de expressão que provém da fala coloquial e não da escrita formal".[10] Ele começou a ser utilizado no contexto do design em debates sobre arquitetura, graças a livros influentes como o de Bernard Rudofsky, *Arquitetura sem arquitetos* (1964) e *Aprendendo com Las Vegas*, de Robert Venturi, Denise Scott Brown e Steven Izenour (1972). O design vernacular é amplo, mas se refere a exemplos de comunicação visual que são amadores, cotidianos, não empresariais, pouco sofisticados, feitos de maneira crua, anônimos ou estranhos. Vernacular também pode ser utilizado para se referir a estilos de design regionalmente específicos.

Enquanto exemplos de design gráfico vernacular, por definição, não são produzidos por agências de design ou pouco provavelmente seriam exibidos em revistas de luxo, com frequência eles têm um charme despretensioso próprio que não pode ser igualado pelo design gráfico corporativo – por assim dizer, mais elegante. O design gráfico vernacular pode ter muita personalidade, além da originalidade que advém da recusa a regras convencionais do design. Por essa razão, muitos designers viram no design vernacular uma rica fonte de inspiração visual, e não é incomum colecionarem exemplos que chamaram a atenção deles. Graças ao aumento de softwares digitais gratuitos, que facilitam enormemente que pessoas sem educação formal atinjam um resultado com aparência profissional, exemplos vernaculares de design gráfico vêm se tornando cada vez mais raros, o que só aumenta o apelo, fazendo que se destaquem ainda mais.

Acima: Pôster "Fire sale" ["Queima de estoque"], Junki Hong/FISK, 2017.

Ao lado, acima: Tipografia Outwest, Ed Fella para fontes Emigre, 1993.

Ao lado, abaixo: Anúncio de jornal para o festival de comida Masticar de Buenos Aires, YaniGuille&Co., 2016.

Inspirar-se no vernacular seria particularmente associado à era pós-moderna (ver páginas 56-63). O *cotidiano* se tornou uma fonte rica para aqueles que buscavam desafiar o elitismo do alto modernismo e o *status quo* conservador. Tibor Kalman (1949-99), que fez referência a fontes cotidianas em grande parte de seu trabalho, manifestou-se bastante sobre as virtudes do vernacular. Escrevendo com Karrie Jacobs em 1990, Kalman declarou: "O vernacular é projetado como se o design fosse algo comum, e não a missão sagrada de uma classe profissional de elite. É um design que não foi ordenado e purificado pelos métodos de profissionais formados. É a comunicação sem estratégia, marketing ou pesquisa quantitativa exclusiva. E isso que é bom nele".[11]

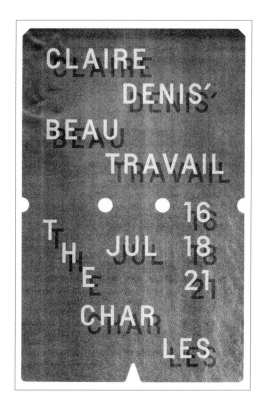

Leituras complementares →
DEAKIN, Nick; DYER, James. *Graphic Events*: A Realist Account of Graphic Design. Eindhoven: Onomatopee, 2022.
HALL, Peter. *Tibor Kalman*: Perverse Optimist. New York: Princeton Architectural Press, 2000.

Propaganda

Referindo-se a qualquer forma de mídia projetada para influenciar a opinião pública na promoção de uma agenda (em geral, uma agenda política ou social), a propaganda é mais associada a tempos de guerra ou regimes opressivos. A propaganda como forma de comunicação visual geralmente implica manipulação, por meio de parcialidade, informações seletivas ou simplesmente mentiras. A propaganda não é objetiva: em geral, ela provoca respostas emocionais e irracionais.

Particularmente influente no fenômeno da propaganda foi Edward Bernays (1891-1995), sobrinho do psicanalista Sigmund Freud (1856-1939). Em seu livro de 1928, *Propaganda*, Bernays, que também é creditado como pioneiro no campo das relações públicas, escreveu que "na esfera da política ou dos negócios, na nossa conduta social ou no pensamento ético, somos dominados pelo relativamente pequeno número de pessoas que entende os processos mentais e padrões sociais das massas. São elas que puxam os fios que controlam a mente do público".[12] Bernays articulou o impacto enorme que a mídia de massa e a propaganda moderna tinham na consciência do público. A propaganda global em si havia emergido anteriormente, durante a Primeira Guerra Mundial, particularmente por meio de pôsteres. Os principais países envolvidos na guerra desenvolveram técnicas similares em suas tentativas impressas de encorajar os homens a se alistarem nas forças armadas e influenciarem o comportamento dos que ficavam para trás. As técnicas incluíam fazer caricaturas do inimigo, incitar o patriotismo, usar a vergonha e a pressão, reforçar a justiça da causa e apresentar visões idealizadas da pátria.

Bernays viu a propaganda como um componente vital da sociedade democrática, mas ela viria a se associar com os regimes totalitários do período entreguerras, que buscaram usar a mídia moderna para controlar seus cidadãos. À época da Guerra Fria, a propaganda no Ocidente se sofisticou e em geral almejava ser menos óbvia, sem parecer propaganda. Essa tendência foi cunhada como "soft power" – isto é, fazer que as pessoas desejem o resultado que você quer por meio de cooptação encoberta, não por coerção evidente. O próprio design gráfico se tornou um exemplo do soft power da propaganda norte-americana quando a Agência de Informação dos Estados Unidos organizou a *Artes Gráficas dos EUA*, uma exposição que percorreu cidades soviéticas entre 1963-4, apresentando os principais exemplos da arte gráfica norte-americana, com o objetivo de mostrar quanta liberdade comercial e artística havia no capitalismo.

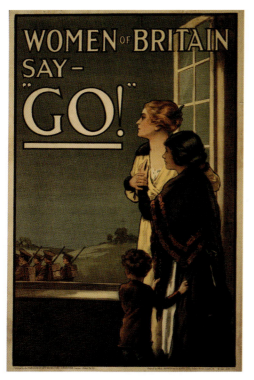

Acima, à esquerda: Pôster britânico "Women of Britain say 'Go!'" ["Mulheres da Grã-Bretanha dizem 'Vá!'"], Comitê Parlamentar de Recrutamento, E.P. Kealey, 1915.

Acima, à direita: Pôster alemão "Inscreva-se para bônus de guerra!", Lucian Bernhard, 1917.

Abaixo, à direita: Pôster dos Estados Unidos "First call" ["Primeira chamada"], James Montgomery Flagg, *c*. 1917.

Abaixo, à esquerda: Pôster russo "Guerra até a vitória", 1917.

Propaganda 99

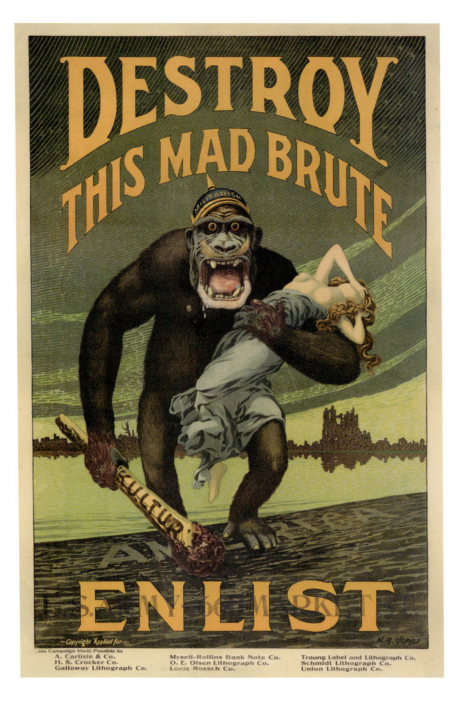

Acima, à esquerda: Pôster "Livres da miséria" para o Escritório de Assuntos Interamericanos dos Estados Unidos, Alexey Brodovitch, 1942.

Acima, à direita: Pôster "He's watching you" ["Ele está observando você"], Glenn Grohe, 1942.

À direita: Pôster "Stamp out the Axis" ["Elimine o Eixo"] para o Décimo Terceiro Distrito Naval, Marinha dos Estados Unidos W.P.A., Phil von Phul, 1941.

Ao lado: Pôster dos EUA "Destroy this mad brute" ["Destrua esse bruto louco"], Distrito de Recrutamento do Exército de São Francisco, Harry R. Hopps, 1917.

Leituras complementares →

HELLER, Steven. *Iron Fists*: Branding the 20th Century Totalitarian State. New York: Phaidon, 2008.
TIMMERS, Margaret (ed.). *The Power of the Poster*. London: V&A Publishing, 1999.

Políticas do design

"Todo artefato humano, seja pintura, poema, cadeira ou lata de lixo, evoca e invoca a totalidade inescapável de uma cultura, e as suposições ocultas que condicionam as prioridades culturais." Norman Potter, *What is a Designer? [O que é um designer?]* (1969)[13]

O design pode ser abertamente político – servindo a campanhas partidárias ou ativismo de base –, mas todo design gráfico é, em si, político. Como toda mídia e comunicação, de maneira consciente ou não, o design se conforma à ordem sociopolítica existente ou a questiona. Como o designer austríaco-americano Victor Papanek (1923-98) explicou: "em uma era de produção em massa, quando tudo deve ser planejado e desenhado, o design se tornou a ferramenta mais poderosa com a qual o homem molda seus recursos e ambientes (e, por extensão, a sociedade e si mesmo)".[14]

O sonho modernista de neutralidade apolítica e objetiva foi desafiado pelo pós-modernismo e pelo crescimento fundamentado dos movimentos sociais, que direcionaram a atenção para as dinâmicas de poder e o viés cultural. A neutralidade modernista vinha de uma demografia particular – branca, europeia, masculina, com acesso à educação, de classe média e alta –, um reflexo de quem detinha o poder; essa ideia do que constituía o "neutro" estava, portanto, longe disso. Mesmo a definição de design gráfico é uma tarefa com implicações políticas, envolvendo os julgamentos daqueles que tradicionalmente estiveram em posições privilegiadas para tomar tais decisões, com preconceitos inerentes e motivação para manter o *status quo*. Como apontado pelo teórico Roland Barthes, as ideologias dominantes apresentam seus sistemas como naturais, em vez do que realmente são – construções elaboradas.

Em um ensaio de 1970, a filósofa dos Estados Unidos Susan Sontag (1933-2004) explorou o papel do design no capitalismo: "O que faz os pôsteres se multiplicarem nas área urbanas do mundo capitalista é sua utilidade comercial em vender produtos particulares e, para além disso, em perpetuar um clima social no qual comprar é a norma".[15] Essa ideia foi construída a partir do pensamento do filósofo francês Jean-François Lyotard (1924-98), que escreveu que o trabalho dos designers "coloca *commodities* em circulação. Ele as promove. O fato de ser cultural e de interesse público ou social, ou de uso e interesse privado, é uma diferença sempre fútil, uma vez que a cultura se incorporou ao mercado e o público foi privatizado".[16] Uma figura consciente de maneira astuta sobre a conexão entre o gráfico e o político foi o designer gráfico holandês Jan van Toorn (1932-2020), que escreveu que o design "tradicionalmente vê a própria ação como algo que serve ao interesse público, mas que está envolvida ao mesmo tempo com os interesses privados dos clientes e da mídia […] aceitando a imagem mundial da ordem estabelecida como o contexto para a própria ação".[17]

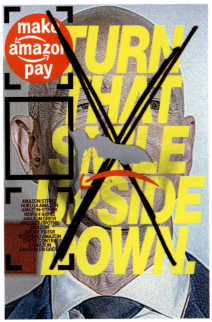

Acima, à esquerda: Pôster "Make Amazon pay" ["Faça a Amazon pagar"] para a organização Internacional Progressista, Michael Oswell, 2020.

Acima, à direita: Pôster da exposição *Raymond Loewy Genius* [*O gênio Raymond Loewy*], Grapus, 1987.

À esquerda: "Every poster is a political poster" ["Todo pôster é um pôster político"], Other Forms, 2017.

Leituras complementares →

PATER, Ruben. *Caps Lock*: How Capitalism Took Hold of Graphic Design, and How to Escape from It. Amsterdam: Valiz, 2021.

PATER, Ruben. *Políticas do design*: um guia (não tão) global de comunicação visual. São Paulo: Ubu Editora, 2020.

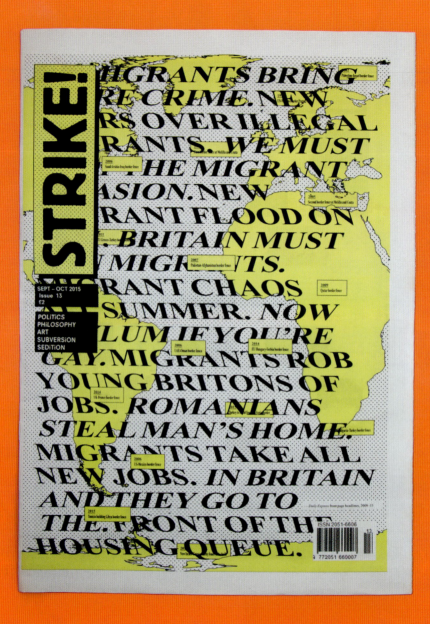

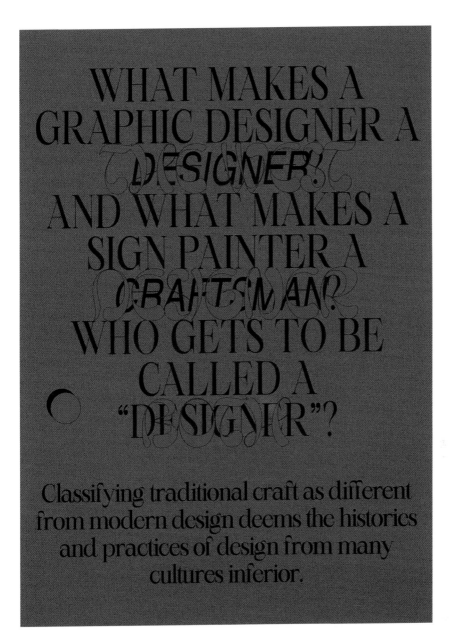

Acima: Pôster "Reclaiming cultural identity through graphic design" ["Reivindicando identidade cultural por meio do design gráfico"], Dionne Pajarillaga, 2021.

Ao lado: Capa da revista *Strike!* [*Greve!*], Barnbrook, 2015.

Ética

Ao ser aplicado de maneira bem-sucedida, o design gráfico pode ajudar a vender produtos, disseminar mensagens, influenciar mentes e mudar comportamentos. Como indivíduos atuando no design gráfico, devemos nos perguntar se há contextos nos quais não desejamos que nossas habilidades sejam empregadas. Em alguns casos - por exemplo, anúncio de tabaco -, leis foram regulamentadas para acabar com a promoção de um produto prejudicial. Mas é cada vez mais frequente que os próprios designers decidam onde eles estabelecem um limite ético e o que os deixa confortáveis para aplicar sua especialidade. Como designer gráfica e ativista, Lucienne Roberts (n. 1962) afirma: "Toda decisão que tomamos como designers tem uma dimensão ética, exigindo de nós um 'balanço de forças' em nosso pequeno caminho como indivíduos responsáveis".[18] Designers desempenham um papel, grande ou pequeno, em sistemas mais amplos e são cúmplices a partir desse envolvimento.

Muitos dos movimentos de vanguarda do início do século XX estavam preocupados com a forma como a arte e o design poderiam ser utilizados de maneiras úteis, produtivas e éticas, com frequência com uma dimensão política. Em meados do século, muitos designers gráficos foram absorvidos pelo consumismo, embora nem todos estivessem confortáveis com essa situação e com as técnicas moralmente dúbias utilizadas na publicidade e nas promoções. A década de 1960 vivenciou um momento divisor de águas: o manifesto de Ken Garland (1929-2021) *First Things First* [*Uma coisa de cada vez*], de 1964. Coassinado por 21 outros designers britânicos, o texto de Garland era um apelo para que os designers empregassem suas habilidades de modo responsável para "propósitos que valessem a pena" e que revertessem suas prioridades rumo a "formas de comunicação mais úteis e duradouras". Garland, um designer franco e ousado que utilizava com frequência suas habilidades para causas nas quais acreditava, influenciou uma nova geração. No entanto, ele previu a direção que o setor vinha tomando e tinha pouco poder para mudar os tipos de trabalhos disponíveis às pessoas formadas em design, que sempre se concentravam nas áreas corporativas e de publicidade. O manifesto seria republicado e renovado para o novo milênio em 1999, com 33 signatários declarando que "crises ambientais, sociais e culturais sem precedentes exigem nossa atenção" e criticando o consumismo inconteste.[19] Outra versão, com enfoque ambiental, foi publicada on-line em 2020, coincidindo com o 50° aniversário do Dia da Terra.

O termo "designer cidadão" se tornou popular como uma categoria para designers que empregavam suas habilidades de uma forma significativa e responsável, usando a própria "formação em linguagem visual para contemplar problemas sociais, seja no interior ou como acréscimo à sua prática de design profissional".[20] Quando se trata de design ético, discursos recentes também fizeram questão de salientar que ter o arbítrio para recusar um trabalho ou desafiar empregadores é um privilégio.

A manifesto

We, the undersigned, are graphic designers, photographers and students who have been brought up in a world in which the techniques and apparatus of advertising have persistently been presented to us as the most lucrative, effective and desirable means of using our talents. We have been bombarded with publications devoted to this belief, applauding the work of those who have flogged their skill and imagination to sell such things as:

cat food, stomach powders, detergent, hair restorer, striped toothpaste, aftershave lotion, beforeshave lotion, slimming diets, fattening diets, deodorants, fizzy water, cigarettes, roll-ons, pull-ons and slip-ons.

By far the greatest time and effort of those working in the advertising industry are wasted on these trivial purposes, which contribute little or nothing to our national prosperity.

In common with an increasing number of the general public, we have reached a saturation point at which the high pitched scream of consumer selling is no more than sheer noise. We think that there are other things more worth using our skill and experience on. There are signs for streets and buildings, books and periodicals, catalogues, instructional manuals, industrial photography, educational aids, films, television features, scientific and industrial publications and all the other media through which we promote our trade, our education, our culture and our greater awareness of the world.

We do not advocate the abolition of high pressure consumer advertising: this is not feasible. Nor do we want to take any of the fun out of life. But we are proposing a reversal of priorities in favour of the more useful and more lasting forms of communication. We hope that our society will tire of gimmick merchants, status salesmen and hidden persuaders, and that the prior call on our skills will be for worthwhile purposes. With this in mind, we propose to share our experience and opinions, and to make them available to colleagues, students and others who may be interested.

Edward Wright
Geoffrey White
William Slack
Caroline Rawlence
Ian McLaren
Sam Lambert
Ivor Kamlish
Gerald Jones
Bernard Higton
Brian Grimbly
John Garner
Ken Garland
Anthony Froshaug
Robin Fior
Germano Facetti
Ivan Dodd
Harriet Crowder
Anthony Clift
Gerry Cinamon
Robert Chapman
Ray Carpenter
Ken Briggs

Published by Ken Garland.
Printed by Goodwin Press Ltd. London N4

Acima: Manifesto *First Things First* [*Uma coisa de cada vez*], design e publicação de Ken Garland, 1964.

À esquerda: Pôster de impressão tipográfica "Work hard & be nice to people" ["Trabalhe duro e seja gentil com as pessoas"], Anthony Burrill, 2004.

Leituras complementares →

HELLER, Steven; VIENNE, Veronique. *Citizen Designer*. New York: Allworth Press, 2018.

RESNICK, Elizabeth (ed.). *Developing Citizen Designers*. London: Bloomsbury, 2021.

ROBERTS, Lucienne. *Good*: An Introduction to Ethics in Graphic Design. London: Bloomsbury, 2020.

Gênero

"Para que a contribuição das mulheres no design gráfico seja descoberta e compreendida, suas diferentes experiências e funções dentro da estrutura patriarcal e capitalista que compartilham com os homens, bem como suas escolhas e experiências dentro de uma estrutura feminina, devem ser reconhecidas e exploradas."
Martha Scotford (1994)[21]

O design gráfico, como a sociedade, tem sido historicamente dominado pelos homens. Claro, houve exemplos de mulheres trabalhando no século XX que mostraram que o gênero não impõe limites sobre a habilidade, mas, em um mundo patriarcal, o papel das mulheres foi com frequência marginalizado, subestimado ou ignorado.

Aqui há apenas dois exemplos. Cipe Pineles (1908-91), talentosa diretora de arte e ilustradora de revista, foi indicada para o prestigioso Clube de Diretores de Arte de Nova York por seu mentor, Mehemed Fehmy Agha (1896-1978), por dez anos consecutivos. Contudo, ela só veio a se tornar integrante - a primeira mulher em 28 anos de história - em 1948, quando o clube queria admitir seu marido, William Golden (1911-59), que apontou sua esposa como mais qualificada. Pineles, cujo trabalho foi ainda mais marginalizado por ter sido produzido sobretudo para revistas de mulheres, mais tarde se tornou a primeira mulher a entrar para o Hall da Fama do Clube de Diretores de Arte, em 1975. Levaria 15 anos até outra mulher se juntar a ela.

Também em meados do século, temos o exemplo de Elaine Lustig Cohen, que trabalhou para seu marido, Alvin Lustig, primeiro em uma função administrativa, depois, conforme a visão de Alvin se deteriorou, como uma assistente prática - mas ele ainda tomava todas as decisões criativas, mesmo depois de cego. Elaine, que descreveu seu papel como o de uma "escrava de escritório", assumiu todos os clientes de seu marido quando ele morreu aos 40 anos, logo provando seu talento por si só.

Para designers, o papel de gênero tem muitas facetas: o design gráfico pode ser aplicado de maneira potente na luta por igualdade de gênero (por exemplo, no trabalho de grupos como See Red Women's Workshop ou Guerrilla Girls), mas também pode ser cúmplice na comunicação de imagens e mensagens sexistas. Como uma indústria, o design se mantém esmagadoramente dominado por homens, com mulheres ainda enfrentando discriminações frequentes, evidente sexismo, o "teto de vidro" e funções com base no gênero. Igualdade de gênero no design significaria realmente oportunidades iguais, e não ter o gênero ditando o estilo do trabalho, o tipo de cliente ou o projeto que se espera de uma designer. A linguagem de gênero entra nesse aspecto, e o design gráfico é particularmente suscetível a criar estereótipos de gênero de maneira mais genérica, com estilos particulares sendo descritos como "masculinos" ou "femininos" com base em ideias "binárias" e enrijecidas de gênero.

Acima, à esquerda: "The media and sexist advertising cause illness – don't let these men invade your homes" ["A mídia e a publicidade sexista causam doenças – não deixe estes homens invadirem suas casas"], See Red Women's Workshop, 1974.

Acima, à direita: Impresso *Woman free yourself* [*Mulher, liberte-se*], Faith Ringgold, 1971.

À esquerda: *Women Against violence against women* [*Mulheres contra a violência contra mulheres*], impressão, Ann Aiken, c. 1975.

Leituras complementares →
LUPTON, Ellen *et al. Extra bold*: um guia feminista, inclusivo, antirracista, não binário para designers. São Paulo: Olhares, 2023.
MASSEY, Anne. *Women in Design*. London: Thames & Hudson, 2022.

THE ADVANTAGES OF BEING A WOMAN ARTIST:

Working without the pressure of success
Not having to be in shows with men
Having an escape from the art world in your 4 free-lance jobs
Knowing your career might pick up after you're eighty
Being reassured that whatever kind of art you make it will be labeled feminine
Not being stuck in a tenured teaching position
Seeing your ideas live on in the work of others
Having the opportunity to choose between career and motherhood
Not having to choke on those big cigars or paint in Italian suits
Having more time to work when your mate dumps you for someone younger
Being included in revised versions of art history
Not having to undergo the embarrassment of being called a genius
Getting your picture in the art magazines wearing a gorilla suit

A PUBLIC SERVICE MESSAGE FROM **GUERRILLA GIRLS** CONSCIENCE OF THE ART WORLD

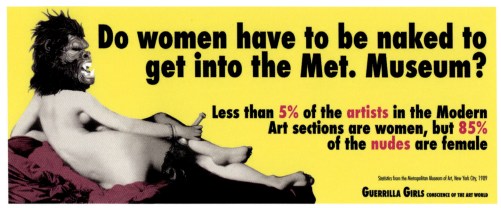

Acima: Pôster "The advantages of being a woman artist" ["As vantagens de ser uma artista mulher"], Guerrilla Girls, 1988.

Abaixo: Pôster "Do women have to be naked to get into the Met. Museum?" ["As mulheres têm que estar peladas para entrar no Met. Museum?"], Guerrilla Girls, 1989.

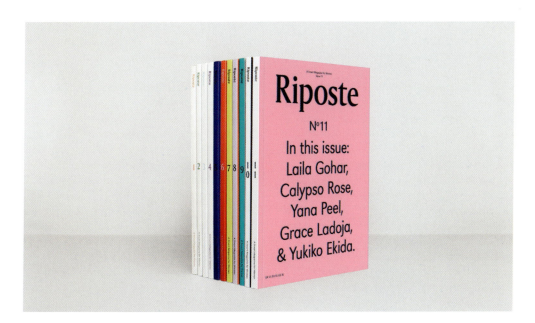

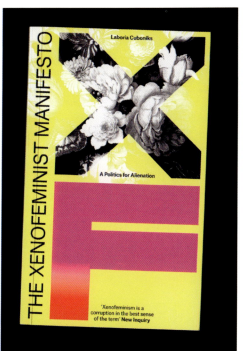

Acima: Revista *Riposte*, Shaz Madani Studio, 2019.

À esquerda: *The Xenofeminist Manifesto* [*O manifesto xenofeminista*], de Laboria Cuboniks, capa de livro por Chloe Scheffe, 2019.

Abaixo: Ilustração para For All Womankind ["Para todas as mulheres"], Deva Pardue, 2016.

Raça

Em "The Black Experience in Graphic Design", um artigo de 1968 para a *Print*, Dorothy Jackson conclui dizendo: "Não existe 'design negro', apenas design feito por uma pessoa negra. O problema – para todo mundo – é ter mais pessoas negras em posições nas quais possam dar sua contribuição única como designers".[22] O artigo apresenta a visão de cinco designers negros cujas frustrações relativas à falta de oportunidade, ao racismo e ao tokenismo (ser contratado para otimizar a diversidade e não pela capacidade) do setor de design norte-americano destacam questões que continuam relevantes. Embora tenha havido algumas evoluções na igualdade racial nas sociedades ocidentais de modo geral desde 1968, o design gráfico se mantém esmagadoramente branco, com a diversidade muitas vezes não refletindo a composição étnica da população em geral, um problema que se intersecciona com fatores como classe, gênero e nacionalidade.

Em vez de o cenário ideal ser o de que mais indivíduos que se identifiquem como negros, indígenas e pessoas de cor (BIPOC) sejam admitidos no setor pelos guardiões brancos, há cada vez mais apelos para "descolonizar" o design gráfico. Isso significaria descentralizar e combater os valores, padrões e convenções predominantemente brancos, eurocêntricos e ocidentais que têm dominado o design, criando uma ideia mais plural e inclusiva do design gráfico que valorize diferentes trajetórias e perspectivas, não a homogeneidade.

Muitas discrepâncias raciais podem ser rastreadas no modernismo, cuja recusa do ornamento tinha cunho racial (em particular evidente no ensaio abertamente racista de Adolf Loos, *Ornamento e crime*), e que, ao procurar reforçar padrões estéticos, mantinha uma mentalidade colonial.

Com o levante do movimento Black Lives Matter (BLM), discussões sobre raça nunca foram tão recorrentes, e na indústria do design também tem havido diálogo sobre a diferença entre uma aliança "performativa", para se conquistar uma boa "óptica", e a ação que realmente faz a diferença. Muitos dos poderosos designs da era dos direitos civis (como o trabalho de Emory Douglas [n. 1943]) vieram de movimentos de protesto liderados por negros, e não da indústria do design norte-americana branca. No entanto, como Bobby C. Martin Jr. apontou em 2020, historicamente "muitos dos trabalhos que promovem a cultura negra foram concedidos a designers brancos. Agora, me pergunto, quantos dos anúncios recentes que apoiam o movimento Black Lives Matter foram criados por designers negros ou agências que pertencem a pessoas negras?".[23]

Ter forças de trabalho mais diversificadas tornaria o conteúdo de "justiça racial" menos hipócrita e, com sorte, também faria que as agências de publicidade e design fossem mais sensíveis e menos propensas a repetir os estereótipos raciais e os equívocos prejudiciais que permeiam a história de nossa mídia. Após o BLM, houve já alguma melhoria, por exemplo, o abandono de mascotes e produtos racializados, como "Uncle Ben" e "Aunt Jemima", os quais perpetuavam estereótipos que remontam à escravidão – mas ainda há muito a ser feito, e com urgência.

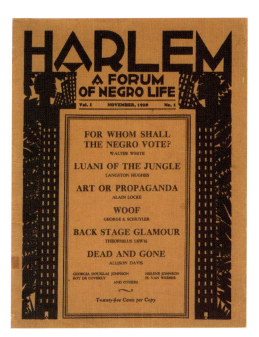

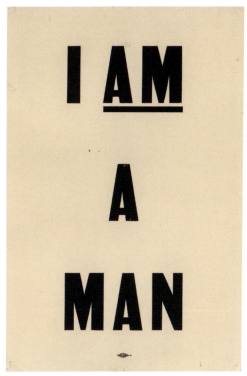

Acima, à esquerda: *Harlem: A Forum of Negro Life* [*Harlem: um fórum da vida do negro*], capa da edição 1, ilustração e design de Aaron Douglas, 1928.

Acima, à direita: Cartaz "I AM A MAN" ["EU SOU UM HOMEM"] da greve dos trabalhadores de saneamento de Memphis, 1968.

À esquerda: Pôster "Revolution in our lifetime" ["Revolução nessa vida"] para o Partido dos Panteras Negras, Emory Douglas, *c.* 1970.

Leituras complementares →

BIPOC Design History. Disponível em: bipocdesignhistory.com. Acesso em: 24 jun. 2024.

FINE, Peter Claver. *The Design of Race*. London: Bloomsbury, 2021.

WALTERS, Kelly. *Black, Brown + Latinx Design Educators*. New York: Princeton Architectural Press, 2021.

Raça 113

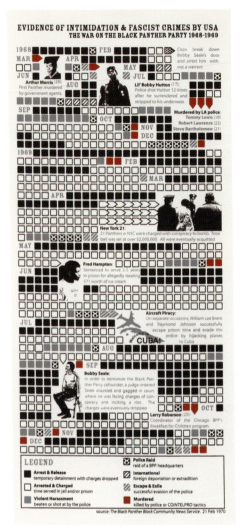

Acima, à esquerda: Pôster "Evidence of intimidation & fascist crimes by USA: the war on the Black Panther Party 1968-1969" ["Evidência de intimidação e crimes fascistas pelos EUA: a guerra contra o Partido dos Panteras Negras 1968-1969"], Michael Hoerger, 2010.

Acima, à direita: Pôster em tipografia, Amos Paul Kennedy Jr., 2020.

À direita: Placa utilizada na Marcha em Washington por Empregos e Liberdade, 1963.

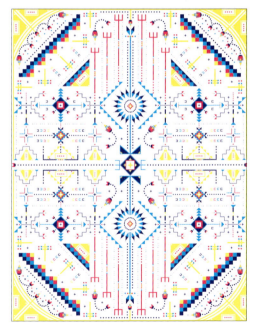

Acima: Projeto Arte Negra ao Ar Livre, Jahnavi Inniss, 2020.

Abaixo, à esquerda: *Ensaio Visual Lakȟóta + Dakȟóta,* Sadie Red Wing, 2016.

Abaixo, à direita: Exposição virtual To be known and heard: systemic racism and Princeton University [Ser conhecido e ouvido: racismo sistêmico e a Universidade de Princeton], Isometric Studio, 2021.

Sexualidade

O design gráfico vem sendo dominado e feito sob medida, há tempos, por e para pessoas heterossexuais cisgêneras, mas o design também desempenhou um papel importante na história dos movimentos LGBTQ+ (abreviação para lésbicas, gays, bissexuais, transgêneros e queer, com o sinal de mais reconhecendo que há muitas outras identidades de gênero e orientações sexuais) que lutaram por direitos, aceitação e igualdade ao longo dos últimos dois séculos. Como observado pelos autores de *Extra Bold*, "o design e a criatividade cumpriram papéis poderosos nos movimentos para tornar a sexualidade gay e as identidades de gênero diversas visíveis e aceitas na cultura mais ampla. Artistas também procuraram manter o queer como tal, resistindo à assimilação e abraçando a diferença".[24]

Muito do design "queer", assim como o próprio termo "queer" (antes utilizado de maneira pejorativa para pessoas gays – a palavra originalmente significava algo estranho ou errado), tem a ver com abraçar ou reivindicar estilos, símbolos e linguagem. Um exemplo disso é o triângulo rosa: antes adotado pelos nazistas como marca para identificar homens gays nos campos de concentração, ele foi recuperado como um símbolo do orgulho LGBTQ+ e de protesto contra a homofobia na década de 1970, sendo também utilizado pelo grupo Coalizão de Aids para Liberar o Poder (Act Up) em seu cartaz icônico – com o inabalável slogan "Silêncio = Morte" –, que se tornou um grito de guerra durante a crise da aids. O Act Up e o Gran Fury – coletivo de artistas ativistas contra a aids que evoluiu a partir do primeiro – usaram as artes gráficas de maneira sofisticada na tentativa de "compactar

mensagens complexas em frases simples". O triângulo rosa foi escolhido porque "qualquer imagem fotográfica única seria excludente em termos de raça, gênero e classe". Muito do design em contextos LGBTQ+ trata desse tipo de aceitação ampla da diversidade, como representado na bandeira do arco-íris, que teve inicialmente seu design feito por Gilbert Baker (1951-2017) em 1978, em vez de binarismos ou prescrições.[25]

Muitos designers queers procuraram defender a experimentação estética e o excesso, em vez da assimilação pela cultura *"mainstream"* e suas ideias de "bom gosto". Esse processo incluía celebrar estilos menosprezados e considerados vulgares, kitsch ou *camp* – característica difícil de definir, mas que envolve, como explorado por Susan Sontag em seu ensaio de 1964, "Notas sobre o *camp*", frivolidade, ingenuidade, afetação e teatralidade. No entanto, como com qualquer minoria no design gráfico, igualdade também significa a liberdade de criar design da forma como você quiser, em vez de cumprir expectativas sobre adotar determinado estilo ou abordagem por causa de sua identidade.

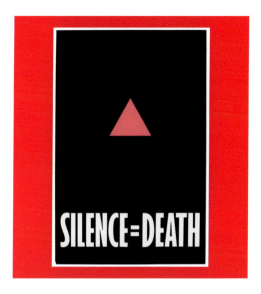
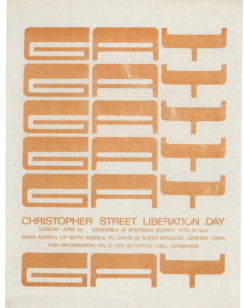
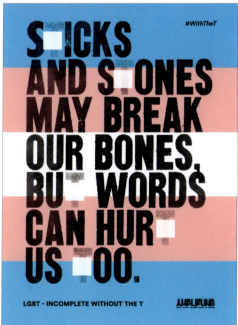

Acima, à esquerda: Pôster "Silence = Death" ["Silêncio = Morte"], Act Up, 1987.

Acima, à direita: Pôster para o Dia da Libertação da Rua Christopher, 1970.

Abaixo, à direita: Bandeira do arco-íris LGBTQ+, Gilbert Baker, 1978.

Abaixo, à esquerda: Pôster da campanha "LGBT: incomplete without the T" ["LGBT: incompleta sem o T"], Grey London, 2018.

Leitura complementar →
CAMPBELL, Andy. *Queer × Design*: 50 Years of Signs, Symbols, Banners, Logos, and Graphic Art of LGBTQ. Philadelphia: Running Press, 2019.

Apropriação

Aparecendo nas esferas acadêmicas pós-coloniais do fim do século XX, a "apropriação cultural" é definida como "membros de um grupo majoritário que adotam elementos culturais de um grupo minoritário de uma forma exploradora, desrespeitosa ou estereotipada".[26] A apropriação cultural envolve dinâmicas de poder; ela só pode ser feita em relação a grupos historicamente marginalizados ou oprimidos, e por pessoas que estão em uma posição de privilégio ou maior poder.

Para designers, habituados a encontrar inspiração em toda parte, é importante entender o que, no século XXI, não é mais aceitável. A apropriação em geral não é intencionalmente maliciosa; com frequência, ela surge de uma tentativa equivocada de apreciação ou homenagem. De modo geral, mais sensibilidade, reflexão e aprofundamento de pesquisa podem ajudar os designers a evitar qualquer exploração ou apropriação indevida, que pode ser pejorativa, inadequada ou ofensiva. Armadilhas comuns em que os designers gráficos podem cair ao lidar com culturas minoritárias incluem o exotismo (considerar a cultura visual desconhecida como superficialmente mais empolgante), os estereótipos e a representação pejorativa de culturas inteiras por meio de motivos decorativos limitados e superficiais. Os designers também precisam ter cautela para não "ocidentalizar" designs tradicionais de grupos marginalizados aos quais eles não pertencem. Isso só acirra a "alteridade" e a percepção de inferioridade ou "primitivismo", efeitos de longa data do colonialismo. Citada em um artigo de 2020, a designer gráfica nativa norte-americana Sadie Red Wing aconselha que "levar em consideração as culturas tradicionais na prática do design é fazer que o designer defenda suas escolhas de design sem a resposta simples: 'porque parece legal'".[27] Para designers e ilustradores que retratam pessoas, é preciso ter cuidado a fim de evitar a caricatura, um problema que veio à tona recentemente com os mascotes de times esportivos que se valem de estereótipos nocivos.

Na tipografia, os sites de fontes estão repletos de rótulos que "reforçam os estereótipos de culturas marginalizadas como 'tribais', 'folclóricas' ou 'étnicas'".[28] Estereotipografia é um termo usado para descrever "a estereotipagem de culturas por meio de fontes associadas com elas", algo com uma história que remonta ao tipo de madeira do século XIX.[29] Há uma tendência historicamente arraigada de usar fontes mais rudimentares para trabalhos de design relacionados a conteúdo "étnico", bem como de criar fontes latinas que imitam desajeitadamente as formas e os estilos de sistemas de escrita não latinos, reduzindo alfabetos sofisticados a estereótipos mal executados.

Acima: Exemplos de "estereotipografia": Wonton (Image CLub, 1995); Linotype MhaiThaipe (1997); e Linotype Pide Nashi (1997).

À esquerda: Logotipo do Washington Redskins. O time mudou seu nome para Washington Commanders em 2020 e eliminou o mascote indígena norte-americano.

Design como arte

Tentar definir a diferença entre arte e design é desafiador. Distinções entre arte e design geralmente têm a ver com a "função": a maior parte dos argumentos sustenta que o design deve servir a um propósito prático, enquanto a arte não precisa de razão para existir. Isso se complica pela virada "conceitual" na arte: quando artistas, na década de 1960, começaram a criar obras centradas na ideia e no processo, não em objetos acabados. Em outro âmbito, artistas como Andy Warhol (1928-87) – que havia iniciado sua carreira como ilustrador comercial – e sua "Factory" (Fábrica) perturbaram a noção de que uma obra de arte é criada por um indivíduo.

A influência da arte conceitual, além de ideias em torno da "autoria", levou muitos designers a questionar seu papel "servil", borrando as fronteiras entre arte e design. Na era modernista, havia designers que pintavam, como os expoentes suíços Max Bill (1908-94) e Richard Paul Lohse (1902-88) (ver página 38). Embora as ideias se desenvolvessem entre as disciplinas, para esses profissionais, havia em geral uma distinção clara entre "arte" e "design". Contudo, nem todos esses polímatas viam as coisas dessa forma. Entre eles, estava Bruno Munari (1907-98), que, em *Artista e designer* (1966), escreveu de modo presciente que, ao tentar "destruir o mito do Grande Artista, da Obra-prima enormemente cara, da coisa divina única e exclusiva", o "artista tradicional está se transformando em designer".[30]

No contexto do pós-modernismo, tentar distinguir "arte" e "design" é cada vez mais fútil, uma questão de semântica e intenção, em vez de características observáveis. Uma pergunta melhor é: você pode usar o design gráfico para criar arte? Historicamente, exemplos mostram que sim: muitos artistas dadá (ver página 23) usaram tipografia e criaram publicações (como faria o movimento Fluxus nos anos 1960 e 1970); os poetas concretos imprimiam obras de arte baseadas em texto, enquanto muitos utilizavam o "livro de artista" como meio, como os exemplos célebres de Ed Ruscha (n. 1937) e Dieter Roth (1930-98).

Há artistas que se valem da experiência com o design em benefício próprio, como Barbara Kruger (n. 1945), e grupos (por exemplo, Metahaven) que não deixam que a distinção entre arte e design interfira em suas obras. Há também designers gráficos que contam com artistas como colaboradores: o estúdio Fraser Muggeridge, por exemplo, trabalha regularmente com Fiona Banner (n. 1966) e Jeremy Deller (n. 1966), ao lado de clientes mais convencionais.

Leituras complementares →

BUQUET, Benoît. *Art and Graphic Design*. New Haven: Yale University Press, 2021.

COLES, Alex (ed.). *Design and Art*. London: Whitechapel Gallery, 2007.

Topo + Acima: Jeremy Deller, Warning Graphic Content [Aviso de Conteúdo Gráfico], The Modern Institute, Glasgow, nov. 2021-jan. 2022. Design de Fraser Muggeridge Studio.

À esquerda: *Untitled (printed matter matters)* [*Sem Título (Material Impresso Importa)*], Barbara Kruger, 1989. Kruger trabalhou nas revistas da Condé Nast antes de utilizar texto e imagens como artista.

Design como arte 121

O designer como autor

Embora esteja vinculada à ideia de designers gráficos como escritores, a "autoria" em "designer como autor" vai além da escrita. Historicamente, "autor" implica propriedade, autenticidade e autoridade. Na era pós-Segunda Guerra Mundial, muitos ramos da filosofia crítica desafiaram as noções tradicionais do autor como o único árbitro do significado. Em consonância com as correntes pós-modernas, o "destronamento" do autor estava enraizado na subjetividade e na interpretação.

Particularmente influente nas ideias pós-modernas sobre autoria foi o ensaio de 1967 de Roland Barthes, "A morte do autor". Barthes declarava que: "Nós sabemos agora que um texto não é uma linha de palavras libertando um único significado 'teológico' (a 'mensagem' do Autor-Deus), mas um espaço de dimensões múltiplas, onde escritas variadas, nenhuma delas original, misturam-se e contestam-se: o texto é um tecido de citações extraídas dos inúmeros centros da cultura".[31] Barthes apontava para uma noção moderna de autoria: o sentido seria interpretado pelos leitores, e não imposto pelos autores.

O que isso, então, tem a ver com o design gráfico? O papel do designer era tradicionalmente aquele de um prestador de serviço, apresentando de maneira otimizada o conteúdo que recebia. Um designer que diagramasse um livro não interpretaria o texto; sua função era anônima, simplesmente para garantir que a leitura corresse da forma mais fácil possível. Como a especialista norte-americana em tipografia Beatrice Warde (1900-69) escreveu em seu ensaio de 1932, "A taça de cristal, ou a impressão deve ser invisível": "A tipografia bem usada é invisível como

tipografia, assim como a locução perfeita é o veículo despercebido para a transmissão de palavras".[32] O conceito de autoria é inerente ao que Warde escreveu; o designer pode, por meio de suas escolhas, ajudar ou atrapalhar a forma pela qual um texto é lido e como seu significado é percebido. Os designers são responsáveis por uma camada extra - a interface entre autor e leitor. Mesmo utilizando a estimativa de Warde da boa tipografia - tipo com serifa e bem ordenado - como um exemplo, o designer é ainda uma espécie de coautor, imbuindo autoridade e prestígio ao modelar o texto de uma maneira que ele se conforme às regras tradicionais.

Para os designers modernistas, a finalidade da objetividade, do racionalismo e do funcionalismo significava que eles estavam ainda mais longe da autoria. O conteúdo vinha primeiro e o trabalho subserviente do designer seria apresentá-lo de maneira neutra. Nos anos 1960, novas tecnologias e ideias impactaram os designers. Especialmente relevante foi o teórico canadense Marshall McLuhan (1911-80), em particular sua afirmação de que "O meio é a mensagem", pela qual ele queria dizer que o conteúdo de uma peça de mídia não advém apenas do que ela diz, mas de como isso é dito. Seguindo o exemplo de McLuhan, poderíamos argumentar que o conteúdo de um design não pode ser dissociado do design em si.

Ao lado: *The Art of Looking Sideways* [*A arte de olhar de soslaio*] de Alan Fletcher (2001). Concebido, escrito e com o design realizado por Alan Fletcher, designer gráfico britânico e cofundador da agência Pentagram, este livro explora uma série de temas relacionados à criatividade por meio de uma abordagem eclética que integra texto e imagem de maneira lúdica.

Words and pictures on how to make twinkles in the eye and colours agree in the dark. Thoughts on mindscaping, moonlighting and daydreams. Have you seen a purple cow? When less can be more than enough. The art of looking sideways. To gaze is to think. Are you left-eyed? Living out loud. Buy junk, sell antiques. The Golden Mean. Standing ideas on their heads. To look is to listen. Insights on the mind's eye. Every statue has its symbol. 'Do androids dream of electric sheep? Why feel blue? Triumphs of imagination such as the person you love is 72.8 % water. Do not adjust your mind, there's a fault in reality. Teach yourself ignorance. The belly-button problem.

PHAIDON

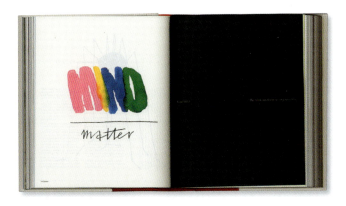

O designer como autor 123

Uma das obras de McLuhan seria responsável por apresentar um novo tipo de design de livros, em que o designer é creditado como autor. *O meio é a massagem* (1967), com design de Quentin Fiore, abordou de maneira "integrada" a apresentação de texto e imagem, com ambos trabalhando em conjunto em páginas duplas. No livro, McLuhan escreve: "Todas as mídias nos afetam completamente. Elas são tão penetrantes em suas consequências pessoais, políticas, econômicas, estéticas, psicológicas, morais, éticas e sociais que não deixam qualquer parte nossa intocada, não afetada, inalterada".[33] O design, ilustrando o ponto de McLuhan sobre meio e mensagem, inspira-se mais nas imagens em movimento do cinema e da televisão do que o tradicional design de livros. As novas mídias mudam as mídias antigas, e o designer, mesmo que em um processo tão simples quanto o da união entre texto e imagem, torna-se coautor, alterando a forma como o leitor compreende e interpreta o texto.

Outro exemplo de uma abordagem integrada é o livro *Modos de ver* (1972), escrito por John Berger (1926-2017), com design de Richard Hollis (n. 1934). Publicado como uma adaptação de uma série televisiva documental, o design do livro usa a imagem dentro do texto, almejando uma

Acima: Revistas *Dot Dot Dot*, edições 1-11 com design e edição de Peter Biľak e Stuart Bertolotti-Bailey, edições 12-20 com design e edição de Stuart Bertolotti-Bailey e David Reinfurt, 2000-2010.

correspondência com a narração em tela de Berger. A abordagem de Hollis foi influenciada pelos designs do livro do cineasta francês Chris Marker (1921-2012), particularmente *Commentaires* (1961), no qual ele apresentava seus roteiros com fotos, traduzindo o filme em impressão. O filme oferece uma analogia útil: a função do "designer como autor" tem sido comparada àquela de um diretor; embora possivelmente não tenha escrito o roteiro, o diretor de cinema configura a experiência do público.

O pós-modernismo viu muitos designers - motivados por um desejo de encontrar um agenciamento longe da função primordialmente orientada para serviços no capitalismo de consumo moderno - assumirem uma função interpretativa ou crítica, ou escolherem trabalhar com conteúdo autogerado. No entanto, para alguns, isso mostrava que os designers não tinham confiança na própria prática. A discussão mais importante acerca do "designer como autor" está no ensaio homônimo de 1996 de Michael Rock (n. 1959) para a *Eye*. Rock explorava a ideia de autoria gráfica quando ela virou uma palavra da moda, concluindo que:

> Uma análise do designer como autor poderia nos ajudar a repensar o processo, expandir métodos de design e elaborar nossa estrutura histórica para incorporar todas as formas de discurso gráfico. Mas, enquanto teorias de autoria gráfica podem alterar a forma como o trabalho é feito, a primeira questão tanto do espectador quanto do crítico não é *quem* fez, mas *o que* a obra faz e *como* faz.[34]

Rock escreveu uma continuação em 2009, por ter sentido que o ensaio vinha sendo "lido como um chamado para os designers gerarem conteúdo: com efeito, tornarem-se designers e autores, e não designers como autores". Rock fazia questão de enfatizar que, enquanto ele pensava que mais designers escrevendo seria positivo, ele desejava contestar a noção amplamente difundida na teoria do design e na academia de que "desenvolver conteúdo é mais essencial que a configuração, que o bom conteúdo é a medida do bom design". Em vez disso, ele argumentava que "a manipulação da forma" - o alicerce do design gráfico - pode ser "transformadora" e que o design gráfico de valor não depende de conteúdo de qualidade, de autoria própria ou não.[35]

A autoria é uma questão complexa, mas ela ajudou a lançar os holofotes para a chamada "prática expandida", em que os designers se envolvem em práticas relacionadas além de seu papel como designers gráficos, seja como escritores, editores, veículos de publicação, artistas, curadores, ativistas, pesquisadores, críticos ou empreendedores, para citar alguns exemplos. Como os designers adquirem um conhecimento íntimo do conteúdo, não surpreende que alguns gravitem em direção a tentar funções que observaram de perto, a partir de clientes e colaboradores.

Leitura complementar →

ROCK, Michael. *Multiple Signatures*: On Designers, Authors, Readers and Users. New York: Rizzoli, 2013.

Capítulo 3: Prática

Grids

"Trabalhar com o sistema de grid significa
se submeter a leis de validade universal.
O uso do sistema de grid implica
o desejo de sistematizar, de aclarar
o desejo de penetrar o que é essencial,
de concentrar
o desejo de cultivar objetividade em vez
de subjetividade
o desejo de racionalizar os processos de
produção criativa e técnica
o desejo de integrar elementos de cor,
forma e material
o desejo de alcançar domínio arquitetônico
sobre a superfície e o espaço"

Josef Müller-Brockmann,

Sistemas de grelhas: um manual para designers gráficos
***(1968)**[1]

Ao lado, à esquerda: Design de pôster para o Instituto Pratt, Studio Ghazaal Vojdani, 2015.

Ao lado, à direita: Pôster "Win Crouwel: a graphic Odyssey" ["Wim Crouwel: uma odisseia gráfica"] para exposição no Museu de Design, Londres, Philippe Apeloig, 2011.

Páginas anteriores: Detalhe de capa de livro, Tom Etherington, 2022.

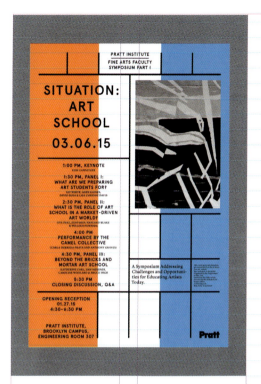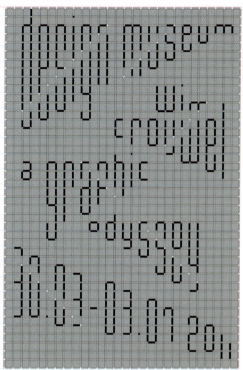

O design gráfico é a organização de material visual. Diante dessa tarefa, a maior parte das pessoas favorece a ordem sobre o caos e busca criar um sistema que apresente da melhor forma o conteúdo dado dentro dos limites exigidos. Grids, criados com linhas retas e predominantemente ângulos retos, permitem que os designers construam um sistema para organizar o conteúdo de forma racional e ordenada, e podem estabelecer regras que mantêm a consistência ao longo dos projetos e das aplicações. Enquanto abraçar o instinto pode oferecer liberdade e energia aos designers, na maioria das áreas do design gráfico algum tipo de princípio organizacional é exigido. Isso é particularmente real quando a extensão de um projeto aumenta, por exemplo, um livro ou website com centenas de páginas. Grids servem a dois propósitos: tornar o trabalho solo do designer mais fácil e mais lógico, ao passo que também tornam a informação mais digerível para quem a vê.

O desejo por ordem e padronização é construído na natureza humana. Historicamente, os escribas medievais desenhavam linhas igualmente espaçadas nas quais escreviam. Com a mecanização da tipografia, o grid se tornou ainda mais fundamental: a tipografia metálica funcionava em um sistema modular, com letras fundidas em unidades retangulares, dispostas em linhas retas e fechadas em uma estrutura retangular, além de blocos de metal utilizados para criar espaçamento uniforme. Foi um processo que favoreceu fortemente as linhas e os ângulos retos. Eficácia e estandardização eram princípios norteadores da Revolução Industrial, pinçados pelos designers modernistas no século XX para orientar a disciplina deles na direção da objetividade lógica.

Os designers gráficos suíços (ver páginas 38-41), como Josef Müller-Brockmann (1914-96), Karl Gerstner (1930-2017) e Emil Ruder (1914-70), tornaram-se ardentes defensores dos sistemas de grid, vendo-os como parte de um impulso para criar uma sociedade mais racional. Os designers suíços espalharam seu evangelho, com o designer holandês Wim Crouwel (1928-2019), um de seus principais adeptos, ganhando o apelido de Mr. Gridnik. Gerstner tinha particular interesse na lógica matemática do mundo nascente da programação de computadores, mas ironicamente seria o computador, combinado com o pós-modernismo, que funcionaria como catalisador para os designers desafiarem a hegemonia do grid, que alguns viam como uma ferramenta de conformidade e controle. No entanto, por causa do grid quadrado de pixels - o bloco de construção fundamental no design digital -, escapar do grid em uma tela seria uma impossibilidade.

Os programas de design digital tornaram mais fácil que nunca criar grids - linhas e ângulos retos são a configuração-padrão. Mesmo se você tentar desenhar sem um grid, muitos programas estimularão o alinhamento dos elementos por meio do design de interface do usuário (UI) e poderão igualar automaticamente o espaçamento. Enquanto grids podem parecer limitantes, vale lembrar que são simples ou complicados conforme a necessidade, e devem servir mais como uma ajuda do que como um obstáculo.

Os principais tipos de grids são: uma grade de "colunas" verticais iguais com espaços consistentes entre elas (conhecidas como calhas); uma grade de "linha de base" com linhas horizontais equidistantes; uma grade "modular" feita de quadrados ou retângulos de tamanhos regulares com espaço igual entre eles; uma grade "geral", em que toda a página é dividida em unidades consistentes; e uma "grade hierárquica", projetada para dividir o conteúdo de acordo com sua importância. Com frequência, os designers utilizarão uma combinação desses tipos de grids.

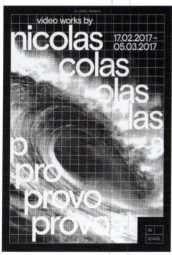
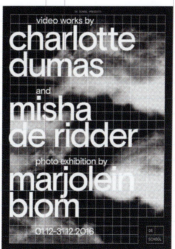

Acima: Conceito do website do Berlin Music Awards (com o grid de dez colunas visível), Obys, 2020.

Abaixo: Identidade gráfica e design de pôsteres de Jeremy Jansen e Edwin van Gelder, 2016-2017.

Leituras complementares →

HURLBURT, Allen. *The Grid*: A Modular System for the Design and Production of Newspapers, Magazines, and Books. New York: Van Nostrand Reinhold, 1983.

MÜLLER-BROCKMANN, Josef. *Sistemas de grelhas*: um manual para designers gráficos. São Paulo: Gustavo Gili, 2012.

SAMARA, Timothy. *Grid*: construção e desconstrução. São Paulo: Cosac Naify, 2007.

Hierarquia

Um sistema no qual as coisas são <u>DISPOSTAS</u> DE ACORDO COM SUA <u>IMPORTÂNCIA</u> OU <u>STATUS</u>, a hierarquia é vital para os designers gráficos, impactando a forma como o público receberá a informação apresentada.

Falta de hierarquia pode levar à perda de informações importantes, ou causar confusão na cabeça do espectador sobre a ordem na qual ele deve ler uma peça de design.

O luxo da atenção não pode ser considerado algo dado; não ser capaz de guiar os olhos por um processo óbvio pode significar que as informações serão entregues com falhas. Também há casos em que a hierarquia pode ser uma questão de segurança, por exemplo, em placas de trânsito, que devem ser lidas rapidamente.

Os designers podem criar hierarquia de muitas formas, a mais óbvia sendo a escala. Falando de maneira geral, "lemos" uma peça de design pela ordem de tamanho, considerando os elementos maiores primeiro. No entanto, o uso estratégico do espaço em branco pode às vezes enfatizar a importância de um elemento menor, assim como dispositivos gráficos como → setas ←, círculos ou sublinhados significam importância. Em tamanhos muito grandes, no entanto, há o risco de algo se tornar um plano de fundo, aparentando menos importância que elementos menores que vêm para o primeiro plano.

A cor pode ser usada para enfatizar elementos importantes: cores mais claras pulam para a frente - se houver contraste suficiente -, enquanto uma única cor será vista primeiro em um design em que todo o restante estiver em preto e branco.

Na tipografia, a hierarquia pode ser criada não apenas pelo tamanho de fonte, mas também pelo peso: **texto em negrito implica importância**, CAIXA-ALTA SE DESTACA, *itálicos, também*, além de <u>sublinhados</u>. No entanto, como com o tamanho e a cor, a hierarquia depende de níveis variáveis - experimente destacar um texto inteiro, e nada será destacado. A mistura de fontes diferentes também pode criar hierarquia: uma fonte sem-serifa pesada é com frequência utilizada em títulos, enquanto o peso regular de uma fonte neutra será provavelmente utilizado no corpo do texto.

Na leitura, nós começamos do topo para baixo, varrendo o texto horizontalmente conforme avançamos. Desenvolvimentos no rastreamento ocular confirmaram isso, e, em áreas altamente comerciais do design, como a de embalagens, essa tecnologia já está sendo usada para garantir que os designs sejam "lidos" como se deseja.

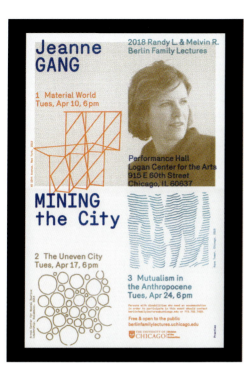

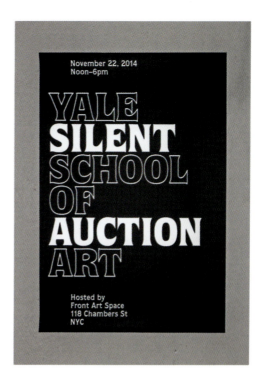

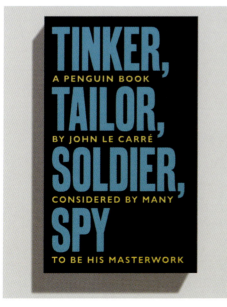

Acima, à esquerda: "Jeanne Gang: mining the city" ["Jeanne Gang: explorando a cidade"], Universidade de Chicago, Divisão de Humanidades, pôster em risografia de quatro cores, James Goggin (Practise), 2018. Impresso por Perfectly Acceptable Press.

Acima, à direita: Pôster "Silent auction" ["Leilão silencioso"] de Yale, Yotam Hadar, 2014.

À esquerda: Capa do livro *Tinker, Tailor, Soldier, Spy* [*O espião que sabia demais*], design de David Pearson, redação de Nick Asbury, 2020. Direção de arte de Jim Stoddart, Penguin.

Proporção

Definida como "a relação harmoniosa das partes entre si e com o todo", a proporção tem sido um conceito importante ao longo da história. Dos escritos do antigo arquiteto romano Vitrúvio (*c.* 80-70 a.c.-*c.* 15 a.c.), que viriam a inspirar o Homem Vitruviano de Leonardo da Vinci (1452-1519), ao Modulor de Le Corbusier (1887-1965), a busca da harmonia visual pela proporção fascinou muita gente. Estudar as proporções no mundo natural e tentar aplicá-las às criações humanas já esteve uma vez vinculado à crença em um criador divino, mas não impediu a ascensão da ciência e do secularismo. Descobertas como a teoria da evolução de Charles Darwin (1809-82) serviram como combustível à contínua busca por uma ordem matemática oculta e universal.

No século XIII, o matemático italiano Fibonacci (*c.*1170-*c.*1240-50) identificou uma sequência numérica, na qual a próxima figura é encontrada ao adicionar os dois números antes dela. Quando transformada em uma forma bidimensional, isso cria uma espiral harmoniosa que foi identificada em formas naturais como conchas e folhas de samambaia. Uma proporção correlata é a proporção áurea, primeiramente discutida pelos gregos antigos e categorizada como "proporção divina" em 1509: seu valor numérico é aproximadamente 1,618, obtido pela adição de 1 e $\sqrt{5}$, depois dividindo por 2. Um retângulo áureo cujos lados estão na proporção áurea manterá suas proporções se um quadrado com o tamanho de seu lado mais curto for removido. Embora um retângulo áureo seja visualmente harmônico, os tamanhos modernos de papel estabelecidos pela Organização Internacional de Normalização (ISO) – A4, A3, etc. – têm uma proporção de 1,414, uma vez que cada formato menor tem a metade do tamanho do formato anterior.

Para designers gráficos, a tentação de usar lógica matemática a fim de justificar ou informar suas decisões criativas teve grande força, principalmente no modernismo. No entanto, a proporção tem uma história profunda. No design de livros, a construção de página baseou-se por muito tempo em teorias de harmonia, de modo que o bloco de texto fosse proporcional à página geral, geralmente consistindo em dois terços de seu tamanho. Esse método, que também envolvia margens internas e superiores com metade do tamanho das margens externas e inferiores (2:4 horizontalmente e 3:6 verticalmente), ficou conhecido como o cânone Van de Graaff de construção de página. Ele foi descoberto em manuscritos medievais e reproduzido por designers de livro como Jan Tschichold (1902-74) e Jost Hochuli (n. 1933).

Alguns designers consideram ideias de proporção, como a proporção áurea, úteis, mas muitos as enxergam como arbitrárias ou pós-racionalistas. A matemática raramente tem todas as respostas, e também devemos confiar em nossos olhos e mentes.

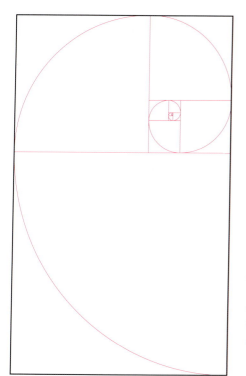

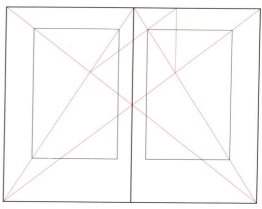

Acima, à esquerda: A espiral de Fibonacci, nomeada em homenagem ao matemático italiano Leonardo Bonacci, conhecido como Fibonacci.

Acima, à direita: A clássica abordagem do cânone Van de Graaff para design de página, exibida em um formato *in-octavo* (6 × 9). O bloco de texto tem dois terços do tamanho total da página.

Abaixo: Diretrizes para Union AI, Order, 2022.

Estilo

"'Estilo em excesso' nos ajuda a esconder aquela sensação incômoda de que nosso próprio trabalho pode estar fora de moda, e 'falta de substância' nos convence de que nosso trabalho potencialmente datado é de algum modo mais significativo, tornando o estilo irrelevante. Às vezes, é até verdade."
Paula Scher, 1989[2]

Designers deveriam desenvolver um estilo próprio? Há algum estilo que possa ser considerado único hoje em dia? É possível não ter um estilo? Tudo bem não se manter fiel a um só estilo? Quem pode dizer o que é um estilo? - questões sobre estilo dominaram e dividiram designers gráficos ao longo da história da disciplina. Qualquer discussão sobre estilo no design gráfico é impossível sem considerar tópicos relacionados, como moda ou gosto, ou sem levar em conta os contextos sociais, culturais e políticos nos quais trabalhamos.

"Estilo" é uma palavra cujo significado está aberto à interpretação: em alguns casos, o estilo se refere a uma *maneira* distintiva de fazer algo; em outros, refere-se apenas à aparência. Um objeto estiloso tem bom design ou é particularmente atraente - termos altamente subjetivos. *Ter estilo* significa estar na moda. No design gráfico, "estilo" tem sido muitas vezes um tabu, com diferentes grupos tendo razões variadas pelas quais seria necessário tentar afastar a disciplina de questões de estilo visual. Para os modernistas, o estilo era uma espécie de ornamento desnecessário, subjetivo demais para consistir em uma busca válida. Os designers da Unimark International - a agência modernista fundada por, entre outros, Massimo Vignelli (1931-2014) - vestiam jalecos de laboratório para indicar que eram mais cientistas que artistas.

Escrevendo para a *Emigre* em 2004, Jeffery Keedy (n. 1957) observou: "O modernismo tornou a questão do estilo muito mais fácil para os designers lidarem, uma vez que lhes concedeu um estilo que poderiam fingir não ser um estilo. Mas a tecnologia, o multiculturalismo, a globalização, o pós-modernismo e a 'democratização do gosto' demandam uma resposta mais sofisticada. A tecnologia digital deixou claro que o design gráfico não é só sobre a produção técnica de objetos e de informação."[3]

O estilo é sempre mais fácil em retrospectiva: da perspectiva de um historiador, é muito mais simples racionalizar aparências visuais. Para designers, o espectro do "estilo sobre a substância" é grande e tem impulsionado o foco em áreas como solução de problemas, comunicação, metodologia ou negócios. Mas o estilo é inescapável - é um aspecto vital da cultura visual -, e os designers o ignoram por sua própria conta e risco. Como Susan Sontag (1933-2004) escreveu em 1964, "a antipatia ao 'estilo' é sempre uma antipatia a um estilo determinado. Não há obras de arte sem estilo, somente obras de arte pertencendo a tradições e convenções estilísticas diferentes, mais ou menos complexas".[4]

Escrevendo em 1991, o designer gráfico norte-americano Saul Bass (1920-96) observou: "Precisamos todos lembrar, ou talvez aprender, que a substância é mais significativa que o estilo".[5] Para designers como Bass e Paul Rand (1914-96), que foram bem-sucedidos trabalhando nos próprios estilos marcantes, esse tipo de retórica era compreensível: ao fim de suas carreiras, eles desejavam que seu

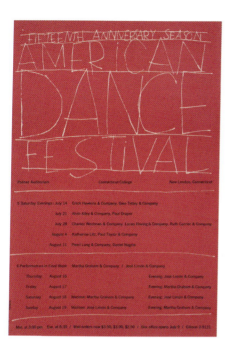

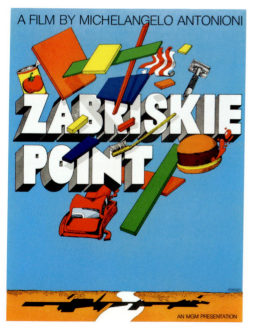

Acima, à esquerda: Pôster para o Festival de Dança Americano, George Tscherny, 1962.

Acima, à direita: Pôster "Flims", Hans Handschin, c. 1935.

Abaixo, à esquerda: Pôster de filme, Milton Glaser, 1970.

trabalho não fosse reduzido à estética. Ainda assim, suas críticas ao design gráfico pós-moderno propuseram asserções similares sobre a divisão entre estilo e substância: a experimentação estilística daquela época veio de muitas posições complexas, refletindo mudanças globais. Até mesmo muitos designers pós-modernos faziam questão de se distanciar do "estilo", visto como uma distração. O austríaco Stefan Sagmeister (n. 1962) pendurou uma placa declarando "estilo = peido" em seu estúdio, e a frase foi incluída em seu trabalho mais icônico - um pôster da palestra da AIGA de 1993 que exibia uma fotografia do torso nu do designer, na qual a frase havia sido gravada com um bisturi. Contudo, Sagmeister veio a desmentir essa afirmação posteriormente, escrevendo: "Foi a máxima de uma teoria segundo a qual o estilo e as questões estilísticas são apenas vento, sem sentido. Descobri que isso simplesmente não é verdade. Com a experiência, descobri que, se você tem conteúdo que vale a pena, a expressão adequada desse conteúdo, em termos de forma e estilo, é de fato muito importante. Ela pode ser uma ferramenta muito útil para comunicar aquele conteúdo."[6]

Para os designers hoje, o estilo pode ser uma armadilha. Fique conhecido por trabalhar de uma forma particular que se prove bem-sucedida, e os clientes esperarão mais do mesmo. Sem dúvida, também surgirão imitadores, e a cultura do "*moodboard*" do design comercial pode reduzir o trabalho dos outros a um apanhado de estilos a serem copiados ou tomados como "inspiração". Enquanto isso, conforme o número de designers gráficos aumenta e o mundo diminui, especialmente graças às mídias sociais, destacar-se sem um estilo distintivo pode ser difícil. O estilo continua sendo uma questão espinhosa

como sempre (conectada ao problema da originalidade), mas não é uma questão que designers podem evitar. Em uma edição especial de 2014 sobre "Estilo", os editores da revista *Varoom* concluíram: "Quando o 'estilo' deixa de ser algo que devíamos aspirar como próprio, ou imitar, ou algo que seja oportuno e esteja na moda, do momento, quando o estilo se torna um mecanismo para nos transformar, para transformar a forma de fazer, é aí que o 'estilo' se torna criativo".[7]

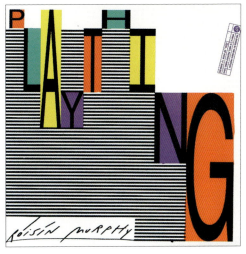

Acima, à esquerda: Pôster, David Rudnick, 2016.

Acima, à direita: Capa de álbum, Hassan Rahim/1201AM, 2017.

Abaixo, à direita: Capa de álbum, Bráulio Amado, 2018.

Abaixo, à esquerda: Identidade para festival de cinema, Studio Moross, 2020.

Leituras complementares →

CHWAST, Seymour; HELLER, Steven. *Graphic Style*: From Victorian to Hipster. New York: Abrams, 2018.

HELLER, Steven. *Graphic Style Lab*. Beverly: Rockport, 2015.

Resolução de problemas

"Nossa tese é a de que qualquer problema visual único tem um número infinito de soluções; que muitas delas são válidas; que soluções devem derivar do tema em questão; que o designer não deveria, portanto, ter qualquer estilo gráfico preconcebido."
Alan Fletcher/Colin Forbes/Bob Gill, *Graphic Design Visual Comparisons* (1963)

Alan Fletcher (1931-2006), Colin Forbes (1928-2022) e Bob Gill (1931-2021), que se uniram para formar a agência que mais tarde viria a se tornar a Pentagram, apresentam essa tese sobre o design gráfico como uma disciplina cujo foco primário deveria ser a "resolução de problemas". Essa posição surgiu como uma espécie de abordagem intermediária entre designers "anônimos" que aderiam ao dogma modernista mais racional e à função anterior do "artista comercial", que trabalhava dentro de um estilo distintivo, consistente e pessoal. Gill situou a resolução de problemas no cerne de sua carreira, escrevendo em 2013: "Se vocês desejam que suas vidas e seus trabalhos sejam interessantes, não façam apenas layouts - mas pensem sobre o briefing e surjam com uma opinião que informará sua abordagem de design. Se você está fazendo o design de um logo para lavanderias, não sente em frente ao computador, vá a lavanderias!".[8]

Enquanto o tipo de problemas que Gill tinha em mente são os projetos de que geralmente os designers mais gostam, nem todos os aspectos do design gráfico são tão criativos. Uma ideia sagaz nem sempre é o objetivo final; o design gráfico também pode girar em torno de descobrir a melhor forma de exibir informações e obter clareza. Nem todos os problemas que um designer gráfico enfrenta são de ordem conceitual; eles podem ser formais ou técnicos. Josef Müller-Brockmann, um defensor do modernismo, tinha um portfólio muito diferente de Gill, e ainda assim intitulou sua obra sobre design de 1961 como *The Graphic Artist and His Design Problems* [*O artista gráfico e seus problemas de design*]. No livro, ele escreve: "A revelação da personalidade do designer por trás da ideia, dos temas, da empresa ou do produto é aquilo que as melhores mentes estão se esforçando para alcançar".[9] Para Brockmann, os problemas giravam em torno de encontrar abordagens sistemáticas apropriadas ao mundo tecnológico moderno.

Para muitos designers e teóricos, o foco na resolução de problemas no design gráfico é visto como egotismo; a maior parte dos trabalhos envolve encontrar soluções para problemas, e não há monopólio da criatividade. Nem todos os problemas podem ser resolvidos pelo design, particularmente problemas estruturais mais amplos. Victor Papanek (1923-98), em seu livro *Design for the Real World* [*Design para o mundo real*], incluiu um diagrama sucinto intitulado "O Problema de Design". Ele mostra uma pirâmide em cujo topo há um pequeno triângulo nomeado "a parte do designer"; abaixo, o resto da pirâmide é nomeado "o problema real".[10]

Leituras complementares →

BONO, Edward de. *O pensamento lateral*. Rio de Janeiro: Nova Era, 1992.

FLETCHER, Alan. *The Art of Looking Sideways*. New York: Phaidon, 2002.

JOHNSON, Michael. *Problem Solved*. New York: Phaidon, 2012.

Topo: Publicidade de imprensa, Bob Gill, 1967.

Acima: Design de logo para Office Games, The Partners, 2008.

Acima, à direita: Pôster para a empresa Hughes Aircraft, designer desconhecido, 1965.

Abaixo, à direita: Design de identidade para Art Walk Piedmont, Mucho, 2021.

Inteligência gráfica

O impulso de criar algo sagaz - um trocadilho, uma piada ou um enigma - por meio da comunicação sempre existiu. No design gráfico, esse instinto foi categorizado como uma abordagem "focada em ideias" ou "orientada pelo conceito", no sentido de que o trabalho que usa esses tipos de técnicas funciona em um nível para além da leitura de superfície inicial. Inteligência visual requer que o espectador seja um participante ativo; há algo acontecendo em nível intelectual, não apenas estético ou informativo. Embora haja o risco de que alguns espectadores não captem a intenção do designer ou a considerem um "truque", o uso da inteligência tem longeva popularidade em áreas comerciais da comunicação visual, particularmente na publicidade, no branding, em embalagens e em capas de livro. A lógica é que isso encoraja o espectador a olhar de novo, ou a olhar por mais tempo, e a recompensa - desvendar o quebra-cabeça ou entender a piada - cria um design mais memorável.

Defensores do uso da inteligência visual argumentam que, de modo diferente do design que se apoia no apelo estético, designs baseados em ideias têm uma qualidade atemporal e uma originalidade que advém do desvelamento de uma solução única ao problema criativo específico. A técnica mais comum da inteligência visual é a imagem dois em um, alcançada pela fusão de dois elementos separados ou do ocultamento de uma imagem dentro da outra, muitas vezes pela utilização do espaço negativo.

Em 1959, Herb Lubalin (1918-81) declarou que "no coração da arte gráfica norte-americana está a ideia, o conceito. Todo o resto - fotografia, tipografia, ilustração, design - está a serviço dela".[11] Enquanto norte-americanos como Bob Gill, George Lois (1931-2022) e Henry Wolf (1925-2005) eram defensores fundamentais da arte gráfica orientada por ideias após a Segunda Guerra Mundial, eles não estavam sozinhos. Na primeira metade do século XX, muitos artistas de pôster europeus adotavam técnicas similares, como Cassandre (1901-68), Raymond Savignac (1907-2002) e Abram Games (1914-96), cujo lema era "Significado Máximo, Meios Mínimos".

Na década de 1960 londrina, graças à influência de expatriados norte-americanos como Bob Gill e Robert Brownjohn (1925-70), uma geração de jovens designers gráficos estava absorvendo essa abordagem inteligente e lúdica em seu trabalho comercial, incluindo Alan Fletcher, Colin Forbes e Derek Birdsall (n. 1934). O uso da inteligência visual se mantém popular desde a década de 1960, particularmente nos Estados Unidos e na Grã-Bretanha, embora também conte com detratores, de ambos os lados do debate modernismo/pós-modernismo, que a consideram uma abordagem artificial, repetitiva ou limitada, e termos como "ideia" e "conceito", pomposos demais.

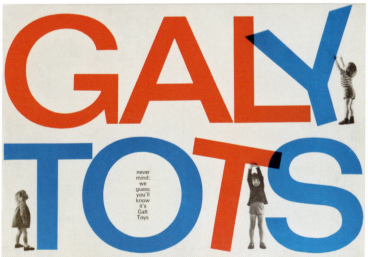

Acima: Logo da American Library, The Click, 2021.

Abaixo: Capa do catálogo Galt Toys, Ken Garland and Associates, 1969-70.

Inteligência gráfica

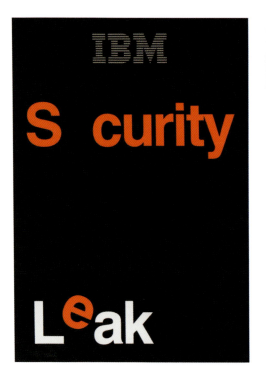
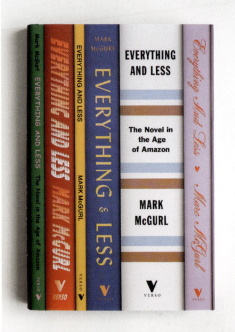

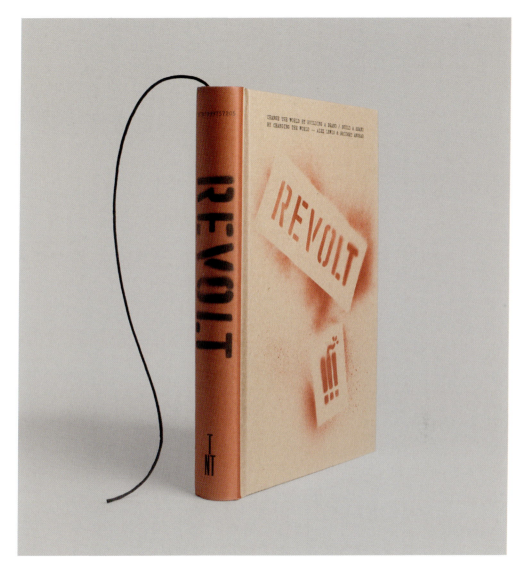

Acima: Livro *Revolt*, Paul Belford Ltd, 2018.

Ao lado, acima, à esquerda: Pôster "Security leak" ["Vazamento de segurança"] para IBM, Ken White, 1969.

Ao lado, acima, à direita: Capa do livro *Everything and Less* [*Tudo e menos*], Ben Denzer, 2021.

Ao lado, abaixo: Logo para The British Hat Guild, de Counter Studio, 2019.

Leituras complementares →

ANDERSON, Gail; HELLER, Steven. *The Graphic Design Idea Book*. London: Laurence King, 2016.
MCALHONE, Beryl; STUART, David. *A Smile in the Mind*. New York: Phaidon, 1998.
YOUNG, James Webb. *Técnica para produção de ideias*. Barueri: Nobel, 1994.

Inteligência gráfica **145**

Pictogramas

Os pictogramas, também conhecidos como ícones, são uma forma de comunicação pictórica gráfica processada em um estilo ilustrativo simples e consistente. Ícones podem ser representativos, simbólicos ou, em alguns casos, ideográficos (por exemplo, os que representam um conceito). Ícones são comumente encontrados em contextos nos quais a transcendência da linguagem é vital ou o rápido entendimento é uma preocupação relacionada à segurança.

Um momento importante no desenvolvimento dos pictogramas modernos foi a criação do Isotype (Sistema Internacional de Educação por Imagens Tipográficas) nos anos 1920 pelo filósofo austríaco Otto Neurath (1882-1945). Neurath, trabalhando com sua esposa Marie (1898-1996) e com o artista Gerd Arntz, tinha como objetivo desenvolver uma "linguagem pictórica" que pudesse contribuir com o aprendizado visual, dando vida aos dados e tornando a informação mais acessível. Arntz e Marie Neurath desenvolveram um estilo visual marcante e incrivelmente legível para o Isotype, que utilizava cores sólidas e tamanhos consistentes, simplificando formas até sua essência absoluta. Neurath - socialista por toda a sua vida - esperava que o Isotype transcendesse a linguagem e informasse as massas efetivamente, de maneira transparente e acessível.

A criação de ícones envolve com frequência ultrapassar os limites da simplicidade - vendo que detalhes podem ser deixados de lado em favor da retenção de um significado claro e sem ambiguidades. Desenvolver um novo ícone que não se apoie nem na representação, nem na convenção pode ser desafiador, e o sucesso muitas vezes vem por meio do processo de uso e da aceitação.

A exigência de originalidade também pode ser uma complicação adicional no design de ícones. Uma biblioteca de pictogramas costuma ser uma necessidade comum para novas identidades de marca, particularmente no domínio digital. No entanto, os melhores ícones geralmente são os mais simples, que podem ser difíceis de atingir com a "propriedade".

Um dos pictogramas mais conhecidos é o dos Jogos Olímpicos, em que os ícones representam cada um dos esportes (e outras informações gerais) para um público multilíngue e internacional. A Olimpíada de Tóquio de 1964 foi a primeira a usar pictogramas, com Masaru Katsumi (1909-83) e Yoshiro Yamashita aplicando uma abordagem sistemática a seus ícones, com ferramentas unificadoras, como largura de linha e tamanho de corpo consistentes. Por volta da mesma época, Jock Kinneir (1917-94) e Margaret Calvert (n. 1936) estavam concluindo sua racionalização de placas de trânsito britânicas, que incluíam uma biblioteca de símbolos simples. Para a Olimpíada do México de 1968, os pictogramas de Lance Wyman (n. 1937) tinham enfoque no equipamento utilizado. Os jogos de Munique de 1972 aplicavam uma abordagem impecavelmente modernista graças a uma equipe de design dirigida por Otl Aicher (1922-91), que criou os influentes pictogramas daquele ano, utilizando um grid baseado em diamante que resultou em ângulos dinâmicos e consistentes.

Acima, à esquerda: Capa da *The New York Times Magazine*, com direção de arte de Annie Jen, ilustrada por Francesco Muzzi/Story Tk, 2021.

Acima, à direita: Pictogramas variados de Gerd Arntz, desenhados para o Isotype, *c.* 1928-40.

À esquerda: Pictogramas das Olimpíadas do México de 68, Lance Wyman, 1968.

Pictogramas   147

Linguagem visual

"O mesmo símbolo pode expressar muitas ideias diferentes. É um dispositivo com potencial altamente versátil. Pela justaposição, associação e analogia, o designer é capaz de utilizar sua eficácia para ocupar uma função específica."

Paul Rand, *Paul Rand: A Designer's Art* (1968)[12]

Os elementos visuais que têm significados e associações amplamente compreendidos e consensuais são os principais blocos de construção do design gráfico. Todos os materiais visuais, como explicado pelo teórico Rudolf Arnheim (1904-2007), são processados cognitivamente da forma como são absorvidos opticamente. Para os designers, esse fato pode ser utilizado com grande efeito por meio de uma abordagem que reduza o número de elementos em um design, destaque algo específico ou mude o contexto para enfocar a atenção do espectador. Arnheim escreveu: "Foi demonstrado que a aparência de qualquer item no campo visual depende de seu lugar e função na estrutura total e é modificada fundamentalmente por essa influência. Se um item visual for retirado de seu contexto, ele vai se tornar um objeto diferente".[13]

Um tipo específico de linguagem visual, notoriamente utilizado por Paul Rand em seu pôster de 1982 para a IBM, é o rébus – um dispositivo em formato de quebra-cabeça no qual os símbolos substituem letras individuais ou partes de palavras. Por exemplo, a letra "h" seguida de uma orelha poderia ser lida, em inglês, como a palavra "*hear*", escutar. Os rébus existem historicamente desde a heráldica medieval, mas, na era do emoji, a integração entre imagens e texto que substitui as palavras é mais proeminente do que nunca.

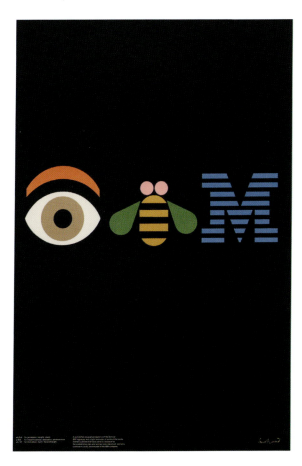

Acima, à esquerda: Pôster para a IBM, Paul Rand, 1982 (O rébus *Eye Bee M* foi primeiramente utilizado em 1981).

Acima, à direita: Pôster para uma exposição de Ladislav Sutnar, Noel Martin, 1961. Nascido na atual República Tcheca, Sutnar (1897-1976) foi um pioneiro do design de informação moderno.

À direita: Pôster "1776", Michael David Brown Inc., c. 1970.

Leituras complementares →

MALAMED, Connie. *Visual Language for Designers*. Beverly: Rockport, 2011.
THOMPSON, Philip; DAVENPORT, Peter. *The Dictionary of Visual Language*. London: Penguin, 1982.

Acaso e acidente

"O Acaso ama a Arte, e a Arte ama o Acaso."
Aristóteles citando Agaton, *Ética a Nicômaco* (*c*. 349 a.C.)

O design gráfico pode ser uma disciplina rígida, muitas vezes com enfoque na precisão e na lógica, mas há aspectos que são muito mais livres ou espontâneos, nos quais o objetivo é criar algo intrigante ou complexo, mais que almejar a perfeição. A inspiração pode vir de fontes inesperadas, e os designers devem estar atentos a tudo, assimilando o mundo à volta e absorvendo ideias e estímulos visuais como uma esponja. Em *A Designer's Art* (1968), Paul Rand escreve:

> O artista é um colecionador. Acumula coisas com o mesmo entusiasmo que uma criança enche os bolsos. O ferro-velho e o museu são abarcados com a mesma curiosidade [...] Por que uma coisa e não outra é parte do mistério, mas o designer é onívoro. O artista toma nota daquilo que o conduz à consciência visual.[14]

Para muitos designers gráficos, de uma forma talvez irônica, os estímulos visuais mais empolgantes ocorrem muitas vezes ao acaso; podem ser as coisas que realmente fazem você parar no caminho. Para esse objetivo, designers com frequência farão referência a essas ocorrências - coisas que estão quebradas, processos que deram errado, justaposições estranhas, composições acidentais, objetos aleatórios e assim por diante - em trabalhos que são bastante intencionais. No entanto, muitos designers, em vez disso, escolhem abraçar uma falta de controle, com o objetivo de introduzir o verdadeiro acaso no próprio trabalho.

Isso pode surgir de abordagens diversas. Sobretudo hoje em dia, em que a perfeição é absolutamente alcançável pelos meios digitais, muitos designers se voltaram a técnicas antigas em busca de imperfeições encantadoras.

Nem todas as técnicas que compreendem o acaso e o acidente são tradicionais. Em nossa era "pós-digital", muitos designers estão brincando com codificação para forçar erros de computador e imprevisibilidade, ou utilizando inteligência artificial para tomar decisões criativas fora do âmbito do controle individual.

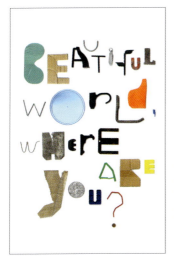

Acima: Pôster (à esquerda) para Good Room, Bráulio Amado, 2022. Imagem-fonte (à direita).

Abaixo: "Beautiful world, where are you?" ["Mundo bonito, onde está você?"] Capa do catálogo da Bienal de Liverpool de 2018 de Sara de Bondt e Mark El-khatib com Paul Elliman.

Leituras complementares →

GERBER, Anna. *All Messed Up*: Unpredictable Graphics. London: Laurence King, 2004.
O'BRIEN, James F. *Design by Accident*: Accidental Effects for Artists and Designers. Mineola: Dover, 1969.
ROSENWALD, Laurie. *How to Make Mistakes on Purpose*: Bring Chaos to Your Order. New York: Hachette Go, 2021.

Ilustração

A palavra "ilustração" evoluiu do latim *illustro*, que tinha um significado duplo: iluminar e elucidar. Ilustrações podem iluminar alguma coisa, torná-la mais atrativa, ou podem explicar, para que se visualize algo que, de outra forma, permaneceria oculto.

Uma ilustração é uma comunicação pictórica visual – uma imagem que serve para uma função particular em um contexto específico. As habilidades técnicas e as ferramentas envolvidas na arte e na ilustração são muitas vezes as mesmas, e um indivíduo pode ser altamente capaz de fazer ambas. No entanto, a ilustração é definida pela intenção ou contexto, ou ambos. Como os autores de *The History of Illustration* escrevem: "O 'que' (assunto) e o 'como' (meio) de uma imagem não são os fatores definidores; em vez disso, o 'porquê' (propósito) determina se uma obra de arte é uma ilustração".[15] Uma obra de arte não requer inerentemente qualquer justificativa; para classificá-la como ilustração, deve haver algum propósito em sua criação ou aplicação, seja uma explicação, persuasão, documentação, narrativa ou mesmo decoração. Nesse sentido, dado que o design gráfico é definido de modo semelhante pela comunicação, qualquer peça de arte utilizada por um designer gráfico pode se tornar uma ilustração.

Historicamente, a ilustração era, não raro, feita por artistas plásticos que se dedicavam a áreas comerciais, seja por necessidade financeira, seja por desafio criativo. Antes da invenção da fotografia, a ilustração tendia a ser realista; ela era a única opção para reportagem visual ou documentação. Contudo, as limitações tecnológicas da reprodução mecânica

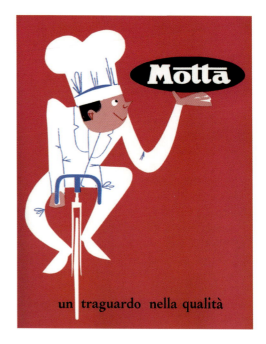

pré-fotografia orientaram ilustradores para técnicas particulares, como a gravura e a xilogravura, que resultaram em certo nível de interpretação estilística dentro de uma abordagem representativa. Como com todas as áreas visuais, alguns ilustradores desenvolveram abordagens e estilos únicos, particularmente dentre as várias vanguardas do século XX. A ampla disponibilidade da fotografia em meados do século teve um impacto enorme na função da ilustração. Como Lucienne Roberts escreveu: "A capacidade da fotografia de representar o real revigorou a ilustração como um meio imaginativo, conceitual e expressivo para as ideias".[16]

A distinção entre o design gráfico e a ilustração pode ser vaga; muitos designers gráficos também são ilustradores e vice-versa. A introdução da tipografia é talvez um ponto em potencial em que uma ilustração se torna parte de uma peça maior de design gráfico.

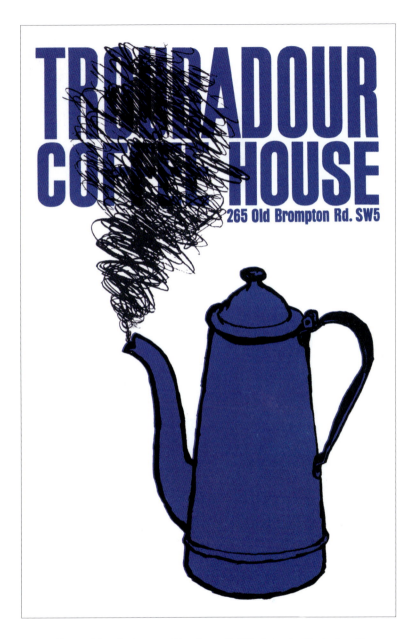

Acima: Pôster "Troubadour coffee house" ["Cafeteria Trobadour"], Bob Gill, Fletcher/Forbes/Gill, 1961.

Ao lado: Anúncio de imprensa para Motta, artista desconhecido, c. 1963.

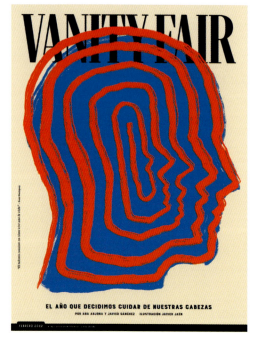

154 Prática

Em vez de vê-las como duas disciplinas necessariamente separadas, pode ser mais apropriado pensar a ilustração como algo que pode ser utilizado por designers gráficos no próprio processo criativo. Escrevendo em 1964, Bob Gill e John Lewis declararam que eram "inequivocamente contra o ensino da ilustração como matéria dos currículos de nossas escolas de arte", acrescentando que "o treinamento de que um ilustrador precisa é o que pode ser chamado de treinamento na prática das artes gráficas".[17] Nem todo design gráfico envolve ilustração, nem toda ilustração precisa se tornar parte de um design gráfico, mas em muitos exemplos é impossível dissociar uma ilustração de seu contexto dentro do design gráfico. Isso era absolutamente verdadeiro na era do mid-century modern, quando designers proeminentes como Alvin Lustig, Paul Rand, Lora Lamm (n. 1928), Bob Gill e Leo Lionni (1910-99) utilizavam ilustrações com frequência. Muitos designers gráficos, ao longo dos anos 1950, dedicavam-se à ilustração de livros infantis, muitas vezes também escrevendo-os. Alguns dos autores-ilustradores de livros infantis que se tornaram best-sellers no século XX - Eric Carle (1929-2021), Dick Bruna (1927-2017) e Eric Hill (1927-2014) - começaram como designers gráficos. Talvez o exemplo mais conhecido da distinção porosa entre design gráfico e ilustração eram os criativos do Push Pin Studios, de Nova York (Milton Glaser, Seymour Chwast, John Alcorn, Reynold Ruffins e Edward Sorel). O Push Pin utilizava a ilustração como parte fundamental de uma produção gráfica distintiva nos anos 1950 e 1960, empregando estilos ecléticos.

Embora a ilustração tenha se associado primeiramente à criação de imagens à mão, na era digital, sua definição foi expandida de modo a incluir criações no computador. A distinção entre fotografia e ilustração também não é binária: a colagem pode ser considerada um método de ilustração que utiliza a fotografia, enquanto muitos ilustradores contemporâneos trabalham com criações tridimensionais que são depois fotografadas. Hoje, muitos designers gráficos trabalham com ilustrações comissionadas, mas alguns continuam preferindo criar imagens por si próprios. As fronteiras permanecem indefinidas. Por exemplo, nos Estados Unidos, a maioria dos designers de capa de livro também cria ilustrações editoriais para jornais e revistas, utilizando a mesma abordagem em ambas as disciplinas.

Ao lado, acima: Embalagem da Blume ilustrada por Jean Jullien, design de Studio South, 2021.

Ao lado, abaixo, à direita: Capa da *Vanity Fair*, Javier Jaén, 2022.

Ao lado, abaixo, à esquerda: Pôster para o festival Rock the Mountain, Lebassis, 2020.

Leituras complementares →

DOYLE, Susan; GROVE, Jaleen; SHERMAN, Whitney. *History of Illustration*. London: Bloomsbury, 2018.

SALISBURY, Martin. *Drawing for Illustration*. London: Thames & Hudson, 2021.

ZEEGEN, Lawrence. *Fundamentos de ilustração*. Porto Alegre: Bookman, 2009.

Fotografia

A invenção da fotografia no século XIX não teve efeito imediato no design gráfico, em grande parte por causa de sua complexidade geral e da ausência de cores. Mesmo quando a fotografia colorida surgiu, a "arte comercial" era ainda dominada por técnicas ilustrativas. Designers como Cassandre, Joseph Binder (1899-1972) e Edward McKnight Kauffer (1890-1954) seguiam carreiras prolíficas nas quais o uso da fotografia era raro, recorrendo a técnicas de aerógrafo quando se buscava realismo.

Os designers mais modernistas foram os primeiros a adotar o potencial criativo da fotografia, particularmente os da Bauhaus, como Herbert Bayer (1900-85) e György Kepes (1906-2001). O aspecto tecnológico da fotografia e sua capacidade de ser "objetiva" - um olho-máquina que captura mais que interpreta - prometiam uma "nova visão" para o século XX. László Moholy-Nagy (1995-1946) e sua esposa, Lucia Moholy (1894-1989), introduziram técnicas como dupla exposição, fotomontagem e fotogramas aos estudantes, também encorajando a exploração de perspectivas não convencionais. Os construtivistas russos, como Alexander Rodchenko (1891-1956) e El Lissitzky (1890-1941), tinham enfoques similares na fotografia, assim como no filme em movimento, sendo este último mais bem exemplificado por Dziga Vertov (1896-1954). Os fotógrafos surrealistas também foram influentes, particularmente Man Ray (1890-1976), que foi um pioneiro dos fotogramas criativos - imagens feitas sem uma câmera no quarto escuro, por meio de papel fotográfico exposto.

Nem todos os designers da Bauhaus viam a fotografia como algo aplicável a seu trabalho gráfico. Para alguns, tratava-se de uma área criativa separada, mas Moholy-Nagy estava convencido de que seu uso na comunicação era vital. Em seu ensaio de 1923, "A nova tipografia", Moholy-Nagy declarou que "por meio do uso especializado da câmera e de todas as técnicas fotográficas, como retoques, bloqueios, superposições, distorções, ampliação, etc., em combinação com a linha tipográfica liberada, a eficácia dos pôsteres pode ser largamente aumentada".[18]

Um designer fundamental que assumiu o manto fotográfico da Bauhaus no design gráfico foi Herbert Matter (1907-1984), um talentoso fotógrafo e designer suíço que usou a cor de modo excepcional, sobretudo em seus pôsteres para o Swiss Tourist Office nos anos 1930, que utilizavam ângulos dinâmicos, perspectivas ousadas, fotomontagem e justaposições de escalas. Matter realizou seu trabalho, especialmente com a cor, por meio de um domínio das técnicas de quartos escuros e retoques manuais. Mudando-se para os Estados Unidos em 1936, Matter conectou-se com Alexey Brodovitch (1898-1971), diretor de arte da *Harper's Bazaar*, que o empregaria como fotógrafo. Brodovitch, junto de seus pares Mehemed Fehmy Agha (1896-1978), Alexander Liberman (1912-99) e Cipe Pineles (1908-91), revolucionaria o design de revistas por meio da introdução da fotografia colorida, comissionando nomes importantes, como Edward Steichen (1879-1973), Richard Avedon (1923-2004), Lisette Model (1901-83) e Irving Penn (1917-2009). Um dos exemplos mais interessantes do design gráfico fotográfico dessa época foi a capa da *Vogue* de 1940 de Horst P. Horst (1906-99), que apresentava um cabeçalho tipográfico criado a partir de fotografias coloridas à mão que retratavam modelos.

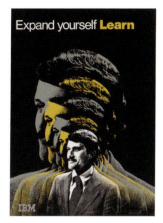

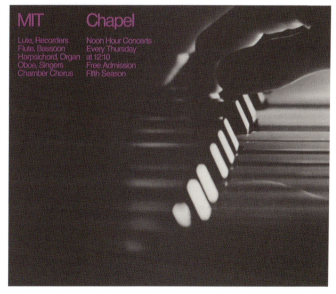

Acima, à esquerda: Pôster "Migränin stillt Schmerzen und macht frisch" ["Migränin acalma a dor e refresca"], Hans Hillmann, 1960.

Acima, centro: Pôster da IBM, Ken White, 1975.

Acima, à direita: Capa da revista *Design 232*, Keith Cunningham, 1968.

Abaixo, à direita: Pôster da "Chapel MIT" ["Capela MIT"], Dietmar R. Winkler, *c.* 1965-1970.

Abaixo, à esquerda: Capa do disco *Smash Song Hits* [*Hits de sucesso*], de Rodgers e Hart, Alex Steinweiss, 1939.

Fotografia 157

Enquanto a nova geração de designers gráficos "diretores de arte" tendia a usar os serviços de fotógrafos freelancers, em meados do século, muitos ainda, como Matter, queriam tirar eles mesmos as fotografias para os seus trabalhos de design. Exemplos de criativos polímatas incluem Lillian Bassman (1917-2012) e William Klein (1926-2022). As revistas de moda dos anos 1930 a 1950 tendiam a preferir fotografia inspirada pelo surrealismo, a qual tinha o poder de surpreender e atrair na mesma medida. Por volta dos anos 1960, a fotografia se tornou mais conceitual e criativa no design e na publicidade, particularmente nos Estados Unidos, como visto no trabalho de George Lois ou Helmut Krone (1925-2006), que utilizavam imagens para fins sofisticados e espirituosos.

Designers gráficos associados ao design suíço e ao estilo tipográfico internacional preferiam uma abordagem mais objetiva da fotografia (tinham essa preferência como uma alternativa anônima à ilustração). Com frequência, ela permaneceu em preto e branco, ou ocasionalmente em uma única cor, de modo a se adequar à preferência por planos de fundo de cor sólida. A preocupação do modernismo com a eficácia e com as técnicas de produção econômicas também significava que as fotografias eram geralmente de meio-tom, com pontos visíveis. Em 1966, Ken Garland (1929-2021) aconselhava que "tentar praticar design gráfico sem um conhecimento prático dos princípios básicos da fotografia é como tentar ser médico sem qualquer formação em anatomia: é possível, porém não é recomendável nem para o profissional, nem para seus clientes em potencial".[19]

A ampla disponibilidade de computadores, softwares de design e câmeras digitais no novo milênio transformaria a relação entre fotografia e design gráfico para sempre, tornando mais fácil que os designers tirassem as próprias fotografias ou encontrassem imagens para usar no próprio trabalho (por exemplo, fotografia de banco de imagens). A fotografia digital popularizou a abordagem *in-camera* no design gráfico, na qual as composições são feitas como construções em 3D e depois capturadas fotograficamente – uma técnica que Moholy-Nagy usou na década de 1920.

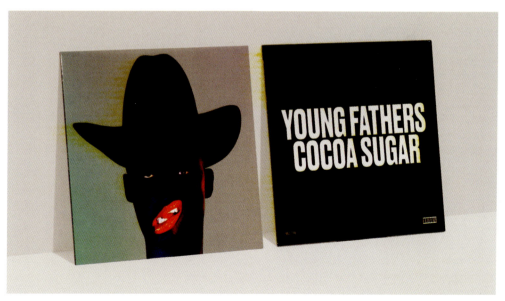

Acima: Capa da revista *Pit*, design de Holly Catford, fotografia e conceito de Robert Billington, 2022.

Abaixo: Capa de álbum, design de Hingston Studio, fotografia de Julia Noni, 2018.

Direção de arte

D&AD, a organização fundada em 1962 como Design e Direção de Arte, define diretores de arte como "narradores visuais que criam o estilo geral de um produto". Também acrescenta que "como diretor de arte, você precisará criar a linguagem visual de um projeto, articular suas ideias com seu time e depois executar sua visão criativa para o produto final – seja um filme, anúncio, capa de revista ou livro".[20] Para designers gráficos, a direção de arte geralmente significa supervisionar ou dirigir um colaborador criativo que trabalhe em um campo diferente, como um ilustrador, fotógrafo, artista ou tipógrafo, cujo trabalho será um elemento utilizado pelo designer em seu projeto. Alguns designers preferem ser autossuficientes generalistas, mas para a maioria há momentos em que é melhor chamar um especialista com o intuito de concretizar determinada visão.

Em um livro sobre direção de arte, Steven Heller (n. 1950) escreveu: "Falando em termos educacionais, a direção de arte é um fenômeno curioso. Embora eu nunca tenha visto uma aula voltada para isso, é uma profissão muito ampla. Toda revista, jornal, editora, gravadora, agência de publicidade, etc. emprega diretores de arte. Mas como você se torna um?".[21] É uma boa pergunta; frequentemente, designers gráficos aprendem direção de arte por necessidade, caindo nisso porque estão em uma função que envolve muita supervisão, sobrando pouco tempo para eles próprios executarem o trabalho criativo.

No mundo da publicidade, o cargo de diretor de arte é de certo modo diferente do de outras áreas do design gráfico. A publicidade foi por muito tempo dominada por times criativos: duos feitos de redator (que escreve as palavras) e diretor de arte (que compõe os visuais). Historicamente, redatores eram vistos como os geradores do conceito e tinham maior probabilidade de crescer na hierarquia da agência, enquanto diretores de arte faziam o trabalho pesado – mas isso mudou muito nas últimas décadas.

Em termos de cargos, diretor de arte pode ser confundido com diretor criativo, uma expressão que implica a supervisão de outros designers gráficos e senioridade ou importância dentro de uma empresa. A diferença entre esses dois papéis é em grande parte semântica, com muitos cruzamentos. A direção de arte é geralmente considerada mais "mão na massa", enquanto a direção criativa é mais estratégica e diz respeito à coordenação, embora ambas envolvam oferecer orientações e devolutiva a outros criativos.

Leituras complementares →

BROWER, Steven. *Inside Art Direction*. London: Bloomsbury, 2019.

HELLER, Steven; VIENNE, Veronique. *Art Direction Explained, At Last!* London: Laurence King, 2009.

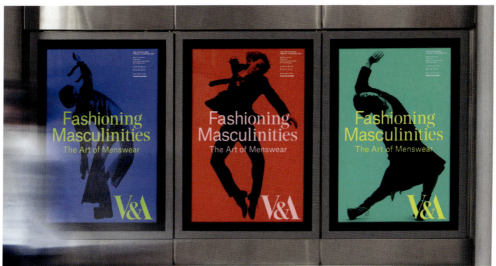

Acima, à esquerda: Embalagem e identidade para a marca de armazenamento de alimentos Inka, design e direção de arte de Elizabeth Goodspeed, fotografia de Ian Shiver, 2020.

Acima, à direita: Imagem de capa da revista *Brain*, Wade & Leta, 2020.

Abaixo: Pôsteres da exposição V&A fashioning masculinities [V&A: masculinidades na moda], design e direção de arte de Hingston Studio, 2022.

Abstração

Uma palavra com muitos significados relacionados, mas diferentes, a definição pertinente de "abstrato" é: "relacionado a ou denotando a arte que não tenta representar a realidade externa, mas, em vez disso, busca atingir seu efeito utilizando formas, cores e texturas".[22] Para designers gráficos, material visual abstrato significa não objetividade; a pura abstração não tem como finalidade oferecer uma representação de uma coisa identificável (pessoa, objeto, animal, etc.). Algo descrito como semiabstrato tem um tema reconhecível para o qual o artista ou designer criou uma versão altamente estilizada, na medida em que não é uma representação realista, mas sim reflexos de algo existente. Por exemplo, o pôster na próxima página, posicionado acima e à direita, de Dietmar Winkler (n. 1938), designer nascido na Alemanha que trabalhou para o Instituto de Tecnologia de Massachusetts (MIT), parece abstrato; a composição contém formas geométricas simples - listras de larguras diferentes e um par de triângulos curvos. No entanto, o texto revela que o pôster é para um concerto de órgão e trompete, com as listras aludindo aos tubos de um órgão e os triângulos fazendo referência às formas do trompete. O resultado é indiscutivelmente mais memorável do que algo apenas representativo ou de todo abstrato.

A abstração pode ser sobre criar algo visualmente intrigante, em particular quando o design é para um tópico que, em si, não possui elementos da vida real a serem usados como indicadores fáceis do assunto. Por meio das escolhas feitas dentro da abstração - como as de quais cores, formas ou texturas usar -, os designers podem evocar o clima ou o sentimento correto, despertando associações na consciência de quem vê e deixando espaço para a interpretação. A semiabstração pode ser uma espécie de quebra-cabeça, encorajando a decifração do significado sobre algo que a princípio parece decorativo.

A abstração é encontrada nas "artes aplicadas" há milênios, mas chegou às "belas-artes" ocidentais no início do século XX, por meio de artistas como Wassily Kandinsky (1866-1944), Hilma af Klint (1862-1944) e Sonia Delaunay (1885-1979). Para alguns, a jornada se passou por meio da semiabstração (por exemplo, com os cubistas), mas, em 1915, Kazimir Malevich (1879-1935) e Piet Mondrian (1872-1944) criaram obras completamente livres de referência ao mundo externo. Kandinsky queria que a arte visual fosse mais como a música - que havia "se devotado não à reprodução de fenômenos naturais, mas à expressão da alma do artista" -, abarcando a emoção e o espírito em vez de simplesmente tentar replicar o que vemos à nossa volta.[23] A ascensão da fotografia, para muitos modernistas, ao menos, tornou a abstração gráfica mais valiosa que a ilustração "representativa".

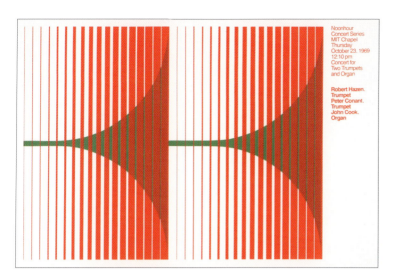

Acima: Pôster "MIT", Dietmar R. Winkler, 1969.

Abaixo, à direita: Pôster "Harvard GSD", The Rodina, 2018.

Abaixo, à esquerda: Capa da edição 2 da revista *Mold*, Eric Hu com Matthew Tsang, 2017.

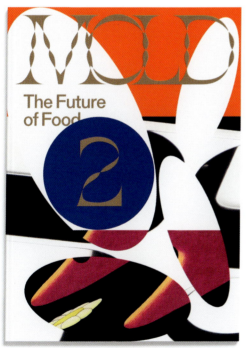

Abstração   163

Colagem

A colagem, utilizada tanto para o trabalho concluído quanto para o método de construção, é um tipo de montagem, tradicionalmente criada com um conjunto de materiais de papel que são arranjados e colados uns nos outros. Também conhecida como fotomontagem ou decupagem, a colagem envolve a combinação de elementos encontrados, cortados ou extraídos de sua fonte, e combinados para criar uma nova composição rica em justaposição.

A colagem tem sido por muito tempo uma forma fácil de criar sem a necessidade de equipamentos caros; muitos vitorianos comuns colavam álbuns de recortes ou cartões comemorativos caseiros. Alguns dos primeiros criativos a explorar formalmente a colagem foram os dadaístas (ver página 23). Hannah Höch (1889-1978), Raoul Hausmann (1886-1971) e Kurt Schwitters (1887-1948) usaram a colagem para combinar fotografias efêmeras encontradas e tipografia variada para expressar dissidência política e satirizar a sociedade burguesa (cujas revistas forneciam o material de origem). O poder político da colagem, mostrado por John Heartfield (1891-1968) em suas obras militando contra o fascismo, seria utilizado no século XX e adiante, como visto na obra do artista Peter Kennard (n. 1949), que atuou como designer para muitas organizações pacifistas e ambientais.

A colagem seria explorada pela maior parte dos movimentos de vanguarda do século XX, como no trabalho dos construtivistas Alexander Rodchenko (1891-1956) e Gustav Klutsis (1895-1938), dos surrealistas - que a viam como uma oportunidade para a livre expressão do inconsciente - e de bauhausianos como Moholy-Nagy e György Kepes (1906-2001). As vanguardas influenciaram os designers gráficos pós-Segunda Guerra Mundial, que encontravam na colagem uma forma conveniente e envolvente de criar imagens, especialmente em novos campos, como capas de discos e de livros de bolso, antes de a fotografia "direta" passar a dominar. Muitos nomes importantes do pós-guerra, como Alan Fletcher, Ivan Chermayeff (1932-2017) e Bruno Munari, deram preferência à colagem, utilizando particularmente papel rasgado, tanto para clientes comerciais como no próprio trabalho artístico.

A colagem também se provou popular com o pós-modernismo: ela se adequava à combinação da cultura "alta" e "baixa", à apropriação e à paródia. A colagem era perfeita para o espírito faça-você-mesmo do movimento punk e a crueza de sua estética. A tipografia estilo nota de resgate, usada em designs de Jamie Reid (n. 1947) para os Sex Pistols, sintetizava a atitude punk. Softwares, em particular o Photoshop, tornaram a combinação de imagens uma tarefa principalmente digital nos tempos atuais, mas o aspecto físico da colagem permanece atraente, e ela é ainda hoje uma técnica popular no design gráfico.

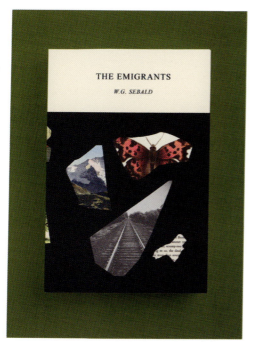

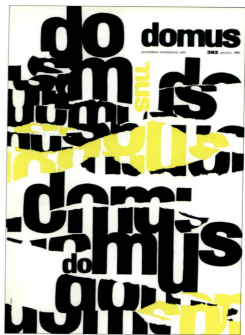

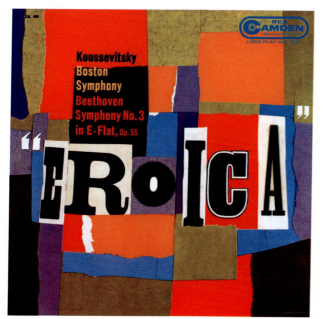

Acima, à esquerda: Capa do livro *The Emigrants* [*Os emigrantes*], Peter Mendelsund, 2016.

Acima, à direita: Capa da revista *Domus*, William Klein, 1960.

Abaixo: Capa de álbum, Ivan Chermayeff, 1959.

Leitura complementar →

DR.ME. *Cut That Out:* Contemporary Collage within Graphic Design. London: Thames & Hudson, 2016.

Acessibilidade

O reconhecimento da importância da acessibilidade e o empenho em reduzir o número de pessoas excluídas de uma atividade têm crescido cada vez mais na sociedade contemporânea. A acessibilidade passou a ser um elemento significativo a ser considerado por designers de diferentes áreas. Um dos objetivos é criar um "design universal", definido como "o design de produtos e ambientes que possam ser usados na maior medida possível por pessoas de todas as condições e idades".[24]

Para os designers gráficos, as principais considerações giram em torno de pessoas com visão reduzida, deficiência visual e daltonismo, ou dificuldades cognitivas visuais, que podem ser causadas por condições como autismo e dislexia. Algumas formas pelas quais designers podem melhorar a acessibilidade é: certificando-se de que o contraste de cores seja alto; evitando o uso de cores isoladas para transmitir significado; tendo cuidado com os esquemas de cores (não se apoiando em vermelho e verde ou em pares de cores claras saturadas); tendo uma hierarquia informativa clara; e escolhendo fontes altamente legíveis (alturas-x maiores ajudam). Há ferramentas disponíveis que possibilitam a designers uma pré-visualização do trabalho para diferentes tipos de deficiência visual, ou a análise de níveis de contraste, assim como consultorias de acessibilidade que podem ser contratadas para oferecer uma perspectiva especializada. Quanto maior o público em potencial, mais urgente se torna a integração dessas questões. Em contextos digitais, designers devem levar em consideração outros pontos, como usuários de leitores de tela e diferentes níveis de destreza para elementos interativos que funcionam com cliques ou navegação.

A acessibilidade no design gráfico é integral em áreas mais centradas no usuário, mas beira o tabu em outras, principalmente naquelas em que a liberdade de preferência pessoal e de expressão estilística é um imperativo criativo ou comercial. O medo, talvez, é de que qualquer forma de direção prescritiva em termos de acessibilidade – por exemplo, aderência a fontes ou cores particulares – levará à homogeneidade. No entanto, o design gráfico sempre evoluiu com a sociedade, transformando-se para se adequar a novas tecnologias e contextos. Sem dúvida, melhorar a acessibilidade é apenas mais uma fronteira a se cruzar, mas temos que ser realistas e aceitar que isso requer pesquisa, tempo, dinheiro e amplo empenho de evolução. Como escrevem os autores do influente livro de 1998, *The Universal Design File*: "É improvável que qualquer produto ou ambiente possa ser usado por todas as pessoas em todas as condições. Por esse motivo, talvez seja mais apropriado considerar o design universal como um processo em vez de uma conclusão".[25]

Acima: Embalagem de Soap Co., Paul Belford Ltd, 2015.

À esquerda: Reformulação do design do "Símbolo Internacional de Acesso". The Accessible Icon Project [Projeto de Ícone Acessível], Tim Ferguson Sauder, Sara Hendren e Brian Glenney, 2011. Este símbolo tem como objetivo combater a passividade do símbolo estabelecido.

Protesto

As batalhas dos subjugados, marginalizados e daqueles com escassa representação na sociedade começam muitas vezes com a luta por uma voz em um sistema injusto. De faixas e cartazes exibidos em protestos a pôsteres e grafites marcados às pressas nas paredes, murais pintados ou adesivos e broches que podem ser afixados em quase tudo - os meios visuais disponíveis para os movimentos de protesto podem ser incrivelmente potentes. Muitas vezes, o design certo pode cristalizar uma causa, provendo uma abreviação visual para um problema e aumentando a conscientização pública.

As técnicas de comunicação daqueles que detêm o poder podem se voltar contra eles próprios, como na ideia situacionista de *détournement* (subverter mensagens existentes para revelar as ideologias escondidas nelas) como na paródia cômica. No entanto, o design de protesto geralmente se opõe aos métodos estabelecidos - ele costuma ser mais cru, mais direto e menos preocupado com caprichos gráficos. A história visual do protesto tem sido dominada pela tipografia - especialmente fontes grandes, em negrito e sem-serifa que gritam suas mensagens sem remorsos. Os aspectos gráficos são no geral reduzidos a símbolos simples que podem ser facilmente aplicados a qualquer coisa - por exemplo, o punho levantado, o símbolo da paz ou a bandeira preta e vermelha do antifascismo. Esquemas de cores são bastante usados, como o verde, branco e roxo das sufragistas, ou o preto e verde do movimento pan-africanista. Por vezes, uma única cor pode simbolizar um protesto inteiro, como a Revolução Laranja de 2004 na Ucrânia.

As imagens fotográficas podem ser particularmente categóricas quando utilizadas em protestos, e os designers não temem aplicar recursos visuais poderosos, até mesmo perturbadores, como forma de abrir os olhos da população. Caveiras, nuvens de cogumelo, mísseis, sangue e morte foram usados ao longo da história. Um exemplo famoso foi o pôster de 1968 da Coalizão dos Trabalhadores da Arte contra a Guerra do Vietnã, que exibia uma fotografia do Massacre de Mỹ Lai sobreposta a um texto vermelho que dizia "P. E bebês? R. E bebês.", advindo de uma entrevista com um soldado dos Estados Unidos que participou das atrocidades. Muitas vezes, os movimentos de protesto requerem mídias e métodos mais extremos em relação aos cenários convencionais. Apesar disso, a estética de protesto foi facilmente apropriada pelo capitalismo como qualquer outra abordagem distintiva, o que levou muitos movimentos contemporâneos a serem mais sagazes em sua arte gráfica, adotando uma abordagem de marca em campanhas coordenadas para se beneficiarem das mesmas vantagens que as empresas multinacionais contra as quais protestam.

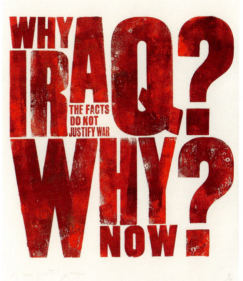

Acima, à esquerda: Pôster "No draft, no war, no nukes" ["Sem rascunho, sem guerra, sem armas nucleares"], designer desconhecido, c. 1969-75.

Acima, à direita: "Why Iraq? Why Now?" ["Por que o Iraque? Por que agora?"], Alan Kitching, 2003. Encomendado por Mark Porter para o *The Guardian*.

Abaixo, à direita: Cartaz vestível "Honor king: end racism!" ["Honrar o rei: fim ao racismo!"], Allied Printing Trades Council, 1968.

Abaixo, à esquerda: Banner "Votes for women" ["Votos para as mulheres"], Allied Printing Trades Council, c. 1897-1919.

Acima, à esquerda: Broche *Atomkraft? Nej Tak* (Poder nuclear? Não, obrigado), Anne Lund, 1975.

Acima, à direita: Broche Poder Negro, CORE (Congresso da Igualdade Racial), *c.* 1966.

À direita: Broche Liga Antinazi, David King, 1978.

Abaixo, à direita: Broche *Antifaschistische Aktion* (Ação antifascista), Bernd Langer, *c.* 1980.

Abaixo, à esquerda: Broche Votos para as Mulheres, Liga da Liberdade das Mulheres, *c.* 1907.

170 Prática

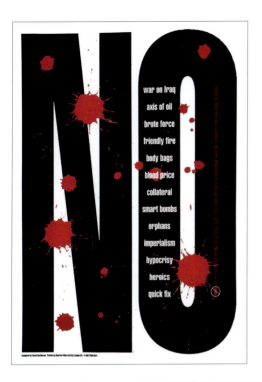

Acima, à esquerda: Pôster "NO" ["NÃO"], da Coalizão Pare a Guerra, David Gentlemen, 2003.

Acima, à direita: "American sampler" ["Amostra americana"], Corita Kent, 1968-9.

Abaixo: Pôster do Movimento Antiapartheid, David King, 1985.

Leituras complementares →
GLASER, Milton; ILIĆ, Mirko. *The Design of Dissent*. Beverly: Rockport, 2017.
MCQUISTON, Liz. *Visual Impact*: Creative Dissent in the 21st Century. New York: Phaidon, 2015.
MUNRO, Silas. *Strikethrough*: Typographic Messages of Protest. San Francisco: Letterform Archive, 2022.
POYNOR, Rick. *David King*: Designer, Activist, Visual Historian. New Haven: Yale University Press, 2020.

Protesto 171

O meio ambiente

Designers gráficos que vivem na "Era do Antropoceno", na qual a atividade humana tem impactado significativamente o ecossistema da Terra, têm a responsabilidade de considerar a ecologia. Para os designers, problemas ambientais têm dois lados: Como podemos tornar nosso trabalho mais sustentável e menos prejudicial? E como nossas habilidades podem chamar a atenção para as mudanças climáticas, salientar evidências e combater a desinformação? Embora nem todos os designers gráficos compartilhem os mesmos pontos de vista - é provável que sejamos tão apáticos em relação ao meio ambiente quanto qualquer outra pessoa -, a natureza do trabalho de um designer pode colocar a ecologia em foco.

O movimento ambientalista surgiu no final dos anos 1960, entre a geração hippie. Embora ele não mencione os problemas ambientais diretamente, o influente manifesto de Ken Garland *First Things First* [*Uma coisa de cada vez*] (1964) ilustra como os designers começaram a se preocupar com seu papel no consumismo desenfreado, pensando em formas de aplicar o design gráfico em "coisas nas quais vale mais a pena usar nossas habilidades e experiência [...] pelas quais promovemos nosso comércio, nossa educação, nossa cultura e uma maior conscientização do mundo".[26] Um texto mais explícito é o do jornalista dos Estados Unidos Vance Packard (1914-96), *The Waste Makers*, que, de maneira muito presciente para os anos 1960, alertava sobre os perigos do consumismo descontrolado e insurgia-se contra a "obsolescência programada" (produtos projetados para ter uma vida útil artificialmente curta), apontando o dedo para a indústria da publicidade, por incentivar as pessoas a comprar mais do que precisam. O designer Victor Papanek (1923-98) continuaria esse pensamento em *Design for the Real World* [*Design para o mundo real*], que contém um capítulo ligando o design ao desastre ecológico. Papanek escreveu que: "Se o design é ecologicamente responsivo, então ele também é revolucionário [...]. Se o design quiser ter responsabilidade ecológica, ele deve atuar de modo independente em relação à preocupação com o produto interno bruto (por mais bruto que seja). Quero enfatizar repetidamente que o designer está mais envolvido na poluição do que a maioria das pessoas".[27]

Um dos primeiros eventos do movimento ecológico foi a fundação, em 1970, do Dia da Terra, concebido como uma oportunidade de elevar a conscientização sobre a necessidade de proteção ambiental. O ano inaugural contou com pôsteres de Yukihisa Isobe (n. 1935), Robert Rauschenberg (1925-2008) e Robert Leydenfrost (1925-87), que criou uma fotomontagem sombria da Terra usando uma máscara de gás. Nos anos seguintes, os pôsteres seriam desenhados por Peter Max (n. 1937), Milton Glaser, Seymour Chwast e Paul Rand. O ano de 1970 também foi marcado pelo lançamento do símbolo de reciclagem utilizado internacionalmente, criado por Gary Anderson (n. 1947), que venceu uma competição organizada pela Container Corporation of America.

Os pôsteres e cartazes permanecem como zonas em que os designers aplicam seu trabalho para aumentar a conscientização sobre as mudanças climáticas, mas, como em qualquer movimento de protesto, alguns dos mais eficazes foram produzidos com urgência por métodos faça-você-mesmo, não por profissionais. Hoje, à medida

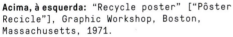

Acima, à esquerda: "Recycle poster" ["Pôster Recicle"], Graphic Workshop, Boston, Massachusetts, 1971.

Acima, à direita: Pôster e símbolo para o primeiro Dia da Terra, Yukihisa Isobe, 1970.

Abaixo, à direita: Pôster "Only one Earth" ["Só uma Terra"], Hirokatsu Hijikata, 1994.

Abaixo, à esquerda: Símbolo da reciclagem com design por Gary Anderson, vencedor da competição organizada pela Container Corporation of America, 1970.

O meio ambiente 173

que a crise se agrava e políticos seguem fazendo muito pouco, as imagens e o design se tornaram menos agradáveis e mais diretos. Um bom exemplo é o trabalho do grupo Extinction Rebellion, que utiliza um símbolo de ampulheta como logotipo e designs tipográficos arrojados. Com o aumento da conscientização pública em torno da ecologia, muitas empresas se envolveram na chamada "lavagem verde" (*greenwashing*), isto é, tentam falsamente parecer mais amigável ao ambiente por meio de marketing, RP ou design gráfico, envolvendo muitas vezes o uso da cor verde em si, bem como de imagens da natureza.

De um ponto de vista prático, os designers gráficos devem manter-se atentos à ecologia ao escolher clientes ou empregadores, considerando o quão cúmplices são ao ajudar indústrias prejudiciais e procurando ser ecologicamente corretos em seu trabalho. Designers que trabalham com impressão podem encontrar caminhos óbvios para isso: os materiais podem ser reciclados ou recicláveis, e papéis com origem ética podem ser usados, assim como materiais naturais (não sintéticos) e impressoras e produtores neutros em carbono. No setor de embalagens, o empenho em reduzir materiais desnecessários e promover embalagens reutilizáveis e retornáveis em vez de descartáveis deve continuar. Muitas vezes, a substituição de acabamentos de luxo e materiais sofisticados por materiais ecologicamente corretos é algo com que os designers que trabalham com impressão precisam contar, mas a responsabilidade também recai sobre os fabricantes, que precisam igualmente aprimorar seus processos.

Designers digitais também devem considerar o impacto ambiental causado, pois, infelizmente, o design digital não é mais sustentável do que o impresso, por exemplo, em termos de uso de eletricidade. Os designers podem procurar melhorar a eficiência energética reduzindo a quantidade que armazenam on-line em centros de dados que consomem muita energia.

Acima, à esquerda: Pôster para Extinction Rebellion, Anthony Burrill, 2019.

Acima, à direita: Pôster em linoleogravura para #NODAPL, Leila Abdelrazaq, 2016.

À esquerda: Capa para *The New York Times Magazine*, Pablo Delcan, 2019.

Leituras complementares →
BOEHNERT, Joanna. *Design, Ecology, Politics*: Towards the Ecocene. London: Bloomsbury, 2021.
FINE, Peter Claver. *Sustainable Graphic Design*. London: Bloomsbury, 2016.
PAPANEK, Victor. *The Green Imperative*. London: Thames & Hudson, 2021.

O meio ambiente 175

Clichês

"Enquanto o clichê é uma palavra depreciativa em círculos literários, o clichê visual é essencial no mundo dos comunicadores gráficos. O clichê visual pode imediatamente dar vida a uma ideia. Ele oferece um significado claro para aquilo que poderia ser uma abstração."

George Lois[28]

Um clichê em geral significa algo – como uma frase, ideia ou imagem – utilizado em excesso ou que não é original. Clichês costumam ser descritos como óbvios, previsíveis, sem sentido ou banais. Enquanto em formas de entretenimento como um filme ou videogame o efeito de *déjà-vu* de um clichê possa ser incômodo, na comunicação visual utilizar algo familiar é muitas vezes eficaz. Isso não quer dizer que não existam muitos tropos visuais que são excessivamente usados até a exaustão, mas, para designers gráficos, o emprego de um clichê tem mais a ver com o contexto e o uso do que com algo a ser completamente evitado.

Philip Thompson, no *The Dictionary of Graphic Images* [*Dicionário de imagens gráficas*], escreveu que os clichês "persistem porque contêm uma verdade essencial que apela ao nosso senso coletivo de mito e forma [...]. A aceitação internacional e transcultural do clichê visual é sua maior virtude. Ela permite que o designer dê uma vida nova a uma casca seca, sabendo que o simbolismo básico está no interior da experiência comum".[29]

A palavra "clichê" era originalmente a versão francesa para o termo, do campo da impressão, "estereótipo", uma placa de impressão durável feita de um tipo de metal fundido. Os clichês permanecem relacionados a estereótipos, os quais têm conotações mais negativas ou pejorativas, significando algo generalizado ou mal concebido (com frequência levando ao preconceito). Designers gráficos podem optar por usar uma imagem clichê de maneira satírica ou irônica para conscientemente destacar estereótipos. Em geral, isso se dá com a certeza de que o público-alvo entenderá a piada.

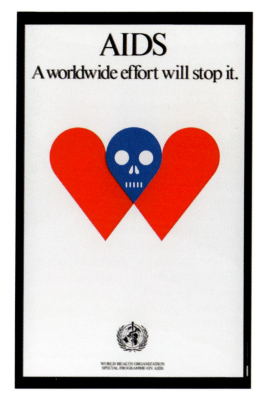

Acima, à esquerda: Pôster "Aids: a worldwide effort will stop it" ["Aids: um esforço global irá acabar com ela"], Milton Glaser, 1987.

Acima, à direita: Capa da revista *Projekt 150*, Hubert Hilscher, 1983.

Abaixo: Pôster "Give" ["Doe"] para a Cruz Vermelha Internacional, Matthew Liebowitz, c. 1952.

Retrô

"Retrô" se refere a algo inspirado ou que imita um estilo de um passado não tão distante. Tendemos a considerar a segunda metade do século XX como retrô. O art nouveau e o art déco (dos anos 1900 e 1920, respectivamente) são talvez ainda considerados retrô, com algum esforço. Se voltarmos muito no tempo, algo deixa de ser retrô para se tornar simplesmente antiquado. Uma década em geral é estilisticamente diversa, mas o retrô tende a se basear em estereótipos: dez anos de moda são reduzidos a tropos - algumas características e maneirismos normalmente extraídos da "cultura pop".

Enquanto há momentos em que designers desejam criar algo que parece autenticamente velho, por exemplo, designers de adereços para um filme histórico, o design gráfico retrô tem mais a ver com inspirações óbvias do passado na criação de algo novo e contemporâneo. O design retrô pode vir de um lugar de homenagem, nostalgia ou ironia, e um designer pode intensificar ou diluir o quão retrô ele deseja que seu trabalho seja.

Algumas vezes, pode ser apenas o caso de que algumas combinações de cores ou fontes confiram a um projeto uma impressão retrô generalizada, sem o designer remontar a uma época em particular; isso pode ocorrer de maneira inconsciente ou acidental. Em alguns casos, o retrô pode ser o motivo para não desenvolver determinado design, caso não seja apropriado ao contexto. Como com qualquer moda, as influências retrô ocorrem em ciclos, com décadas particulares inspirando os designers em períodos breves. Sempre há um espaço entre o fim de uma era e o fato de ela se tornar retrô e ficar pronta para ser explorada, mas o recorte temporal parece encolher à medida que a influência da internet encurta cada vez mais as tendências. O design gráfico retrô pode facilmente se tornar "kitsch" - algo "de mau gosto por conta do excesso de exuberância ou de sentimentalismo, mas às vezes apreciado de maneira irônica ou consciente".[30]

Os designers gráficos modernistas procuraram acabar com o uso de estilos de épocas anteriores em suas obras - trabalhar de modo tão racional a ponto de sequer criar um "estilo" -, mas, ironicamente, o design gráfico modernista viria a se tornar apenas outro momento na história para gerações posteriores tomarem de empréstimo, reduzindo um método a tropos estilístico. Embora o design gráfico retrô tenha vindo à tona no pós-modernismo, quando muitos designers se voltaram a estilos do passado, há exemplos anteriores, como a retomada do uso de fontes vitorianas na Grã-Bretanha dos anos 1950, ou o trabalho eclético do Push Pin Studios na Nova York da década de 1960.

Ao lado: *The Smudge,* volume 2, edição 7, design de capa de Clay Hickson, 2018.

Leituras complementares →
REYNOLDS, Simon. *Retromania*: Pop Culture's Addiction to its Own Past. London: Faber & Faber, 2012.
SEDDON, Tony. *Greetings from Retro Design*: Vintage Graphics Decade by Decade. London: Thames & Hudson, 2015.

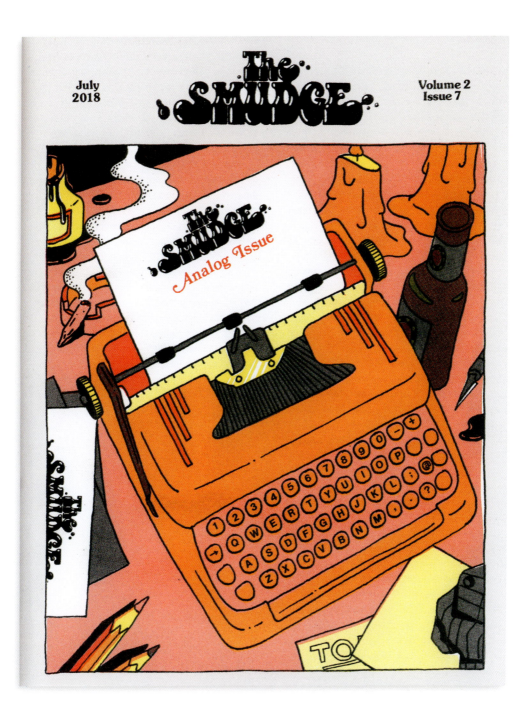

Pastiche

Enquanto o retrô é definido pela inspiração em um estilo geral de uma época passada, o pastiche se refere a um processo similar feito de maneira mais específica com o trabalho de uma pessoa ou uma obra em particular. O pastiche tem que ser feito de maneira voluntária - a referência deve ser evidente. O pastiche é como a paródia, embora esta última em geral parta da zombaria, do humor ou da crítica, e requer que o espectador entenda a referência para gerar a resposta satírica ou cômica correta. O pastiche pode vir de um lugar positivo, por exemplo, como homenagem, e pode ter eficácia mesmo que o público não conheça a fonte.

A distinção entre pastiche e *sampling* é menos clara, mas provavelmente recai na quantidade de vezes que uma obra original é referenciada. Um *sample* pode envolver a extração de um pequeno pedaço de uma obra mais antiga para a criação de algo novo. O pastiche, por outro lado, toma emprestado um trabalho em sua integridade; se você excluir a peça original, não sobra nada. Nesse sentido, para utilizar novamente os termos musicais, um pastiche é mais como um "remix" ou "cover" do que uma música que utiliza *samples* de outra, anterior, como elemento para algo novo.

Para contar como pastiche, um designer deve recriar ele próprio uma obra referenciada. O estilo pode ser mais ou menos o mesmo (ou totalmente diverso), mas deve ser uma nova interpretação ou uma variação do original. Uma cópia exata, é claro, não pode ser vista como algo novo, mas a fronteira entre o pastiche e a apropriação (pegar emprestado sem permissão) e o plágio (cópia pura e simples) é calorosamente debatida, e da perspectiva dos direitos autorais, muito complexa e variada em sua geografia. Um pastiche bem-sucedido normalmente encontra o equilíbrio certo entre as alterações que transformam o original e a certeza de que a referência permanece clara, enquanto ele se mantém respeitoso ao contexto da obra pastichada.

Tanto o pastiche quanto a paródia se tornaram características importantes da cultura pós-moderna, na qual, para muitos, a "originalidade" deixou de ser uma motivação central, parcialmente por causa de um sentimento de que a experimentação eclética do século XX esgotou todas as possibilidades. Como o crítico literário norte-americano Fredric Jameson escreveu: "Em um mundo em que a inovação estilística não é mais possível, o que nos resta é imitar estilos mortos, falar através das máscaras e com as vozes dos estilos no museu imaginário".[31]

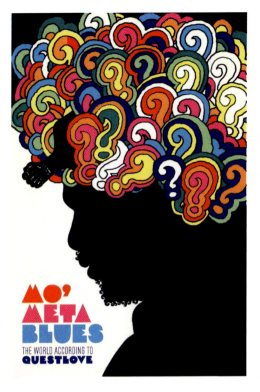

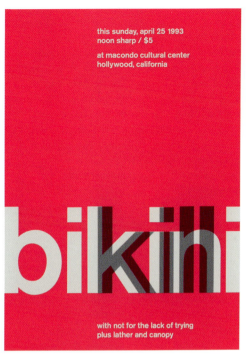

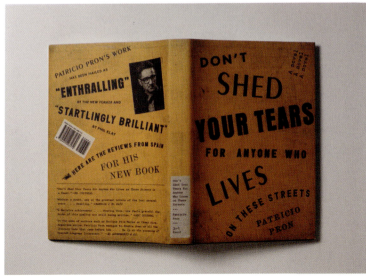

Acima, à esquerda: Capa de livro, design de Gail Anderson e Joe Newton, ilustração de David Cowles, 2013. Referência ao pôster *Dylan*, de Milton Glaser, 1967.

Acima, à direita: Pôster "Bikini Kill", Mike Joyce, 2013. Referência ao pôster *Der Film*, de Josef Müller-Brockmann, 1960.

À esquerda: Capa de livro, Tyler Comrie, 2020. Referência à capa de *Zang tumb tumb*, de Filippo Tommaso Marinetti, 1914 (ver p. 22).

Trompe l'oeil

Termo francês que significa "truque do olho", o trompe l'oeil geralmente se refere à imitação de tridimensionalidade e profundidade em uma obra de arte plana e bidimensional. No entanto, ele também pode ser utilizado como termo guarda-chuva para qualquer ilusão de óptica. Como técnica, ele existe há séculos, aparecendo primeiramente em pinturas, nas quais os artistas queriam criar representações tão realistas que os espectadores não conseguiriam distinguir a realidade da ilusão. Na pintura, a adoção da perspectiva com um ponto de fuga era uma espécie de trompe l'oeil. O surrealismo levaria a ilusão de óptica ainda mais longe, mas foi o advento da abstração que mais influenciou o design gráfico, pois os artistas exploravam como as formas planas poderiam ser usadas para obter efeitos visuais marcantes.

Isso atingiu seu auge com o movimento de arte óptica (op art), termo cunhado na década de 1960, mas com raízes no neoimpressionismo, no cubismo, no futurismo e na Bauhaus. Os artistas da op art, como Bridget Riley (n. 1931) e Victor Vasarely (1906-97), trabalhavam muitas vezes com preto e branco para um impacto visual máximo, criando formas abstratas e padrões que pareciam pulsar, mover-se ou entrar e sair da tela plana, de modo a desorientar quem os visse. Como expresso no catálogo da exposição *The Responsive Eye* [*O Olho Responsivo*], que definiu o movimento no MoMA em 1965, a op art não buscava "a beleza da forma, relações de bom gosto, nem o equilíbrio no sentido antigo, mas a ativação da visão".[32]

Os artistas da op art se inspiravam parcialmente em técnicas de impressão familiares aos designers gráficos. Havia uma relação simbólica entre a arte da op e o design gráfico, muito bem ilustrada pelo artista e designer gráfico Franco Grignani (1908-99). Um dos principais designers da Itália pós-guerra, Grignani usava técnicas de ilusão de óptica na pintura, mas era igualmente adepto de sua aplicação em capas, pôsteres e logotipos para clientes como Penguin, Pirelli e Woolmark.

A ilusão de óptica no design gráfico era popular nos anos 1960 e continuou assim na década de 1970 graças à psicodelia, mas permanece sendo uma técnica que designers podem utilizar para obter efeitos surpreendentes, como forma quase garantida de conquistar a atenção do espectador. O trompe l'oeil pode ser utilizado para além da arte gráfica impressa plana. Há uma forma de criá-lo no espaço físico em que uma imagem é visível somente de um ponto específico por causa da perspectiva - uma técnica "anamórfica" popularizada pelo artista suíço Felice Varini (n. 1952), que também funciona para a tipografia e as artes gráficas e que pode ser capturada pela câmera.

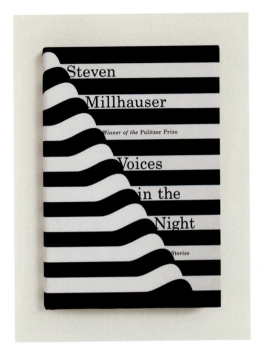

Acima, à esquerda: Capa de livro, Janet Hansen, 2015.

Acima, à direita: Pôster da exposição *Das Plakat*, Fons Hickmann/M23, 2020.

Abaixo, à direita: Publicidade impressa da Pirelli, Alan Fletcher (Fletcher/Forbes/Gill), 1962.

Abaixo, à esquerda: Publicidade de imprensa para uma exposição de têxteis, Franco Grignani, 1957.

Tipo como imagem

"O que é tipofoto? Tipografia é comunicação composta com tipos. Fotografia é a apresentação visual do que pode ser apreendido opticamente. Tipofoto é a representação visualmente mais precisa da comunicação."

László Moholy-Nagy,
Painting, Photography, Film **[Pintura, Fotografia, Filme] (1925)**[33]

À direita: *"Pneumatik"* (pneu), design fotoplástico para uma "foto-pôster", László Moholy-Nagy, c. 1926.

A invenção do tipo móvel e da imprensa desencadeou uma divisão entre texto e imagem – antes, a mesma mão com frequência criava ambos. Em algumas escritas logográficas, que utilizam símbolos para representar uma palavra completa (em oposição aos sistemas que utilizam alfabetos representando sons), a distinção entre imagem e texto é menos clara. A diluição de fronteiras entre texto e imagem por muito tempo foi interesse dos escribas, artistas e designers em todas as culturas. Da caligrafia islâmica e das iluminuras de manuscritos medievais à colagem dadaísta (ver página 23), aos caligramas de Guillaume Apollinaire (ver página 23) e à poesia concreta pós-Segunda Guerra Mundial, a criação de imagens a partir de textos e de textos a partir de imagens tem sido fonte de inspiração em toda a história da comunicação visual.

A invenção da fotografia, que criou mais separações entre texto e imagem (em comparação com a ilustração), também criou, por outro lado, novas possibilidades de combinar tipografia e imagem. Essas novas possibilidades foram particularmente exploradas pelos designers modernistas do entreguerras, como Herbert Matter e László Moholy-Nagy, que cunhou o termo "tipofoto" para descrever a técnica em 1925. A guinada pós-Segunda Guerra Mundial em direção ao design gráfico conceitual e baseado em ideias fez uso das possibilidades da configuração da fotocomposição para distorcer e manipular o texto em composições expressivas, como visto no trabalho de norte-americanos como Robert Brownjohn, Bob Gill e Louis Danziger (n. 1923).

Desde a integração do texto em imagem de maneira digital até a transformação da tipografia em uma imagem illustrativa expressiva, o "tipo como imagem" é ainda popular no design gráfico contemporâneo, particularmente na publicidade e no design editorial e de capa de livros. O importante designer de livros britânico David Pearson (n. 1978) até nomeou seu estúdio como Type as Image, em homenagem a essa técnica apreciada.

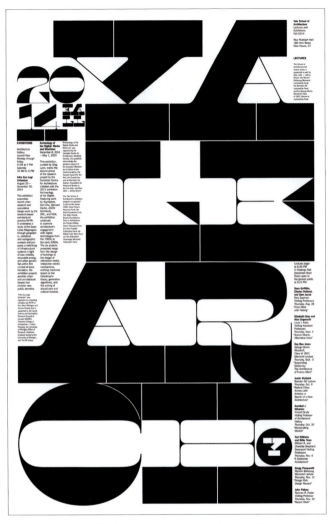

Acima, à esquerda: Pôster para a Escola de Arquitetura de Yale, Jessica Svendsen e Michael Bierut, Pentagram, 2014.

Acima, à direita: Capa do livro *Fascism: History and Theory* [*Fascismo: história e teoria*], David Pearson, 2020.

Abaixo: Anúncio publicitário da Planet Displays, Bob Gill, 1965.

Leituras complementares →

CHERMAYEFF, Ivan; GEISMAR, Tom. *Watching Words Move*. San Francisco: Chronicle Books, 2016.

MASSIN, Robert. *Letter and Image*. London: Studio Vista, 1970.

Tipo como imagem **187**

JONATHAN SWIFT

A TALE OF A

TUB

'It is a fatal MISCARRIAGE,

SO ILL TO ORDER AFFAIRS,

as to pass for a

FOOL

IN ONE COMPANY,

when in another you might be treated as a

PHILOSOPHER'

Penguin Books .... Great Ideas

Capítulo 4:
Tipografia

Léxico tipográfico

A tipografia tem seu próprio conjunto de termos e jargões, alguns dos quais se tornaram bem conhecidos na era digital, enquanto outros se mantêm misteriosos para os não iniciados. A seguir, um glossário de alguns termos centrais.

FAMÍLIA TIPOGRÁFICA: Família tipográfica se refere a um conjunto projetado de caracteres alfanuméricos, que podem ter diferentes pesos e estilos, mantendo a consistência do conjunto. A Helvetica, por exemplo, é uma família tipográfica - nome abrangente que se refere a todos os pesos e estilos diferentes.

FONTE: Muitas vezes utilizada de maneira intercambiável com "família tipográfica" na era digital, fonte se refere a um estilo específico de família tipográfica. Helvetica é uma família tipográfica; Helvetica Bold Italic é uma fonte. Na era dos tipos de metal, uma fonte individual também era definida por seu tamanho. Uma forma de distinguir entre família tipográfica e fonte é que a família tipográfica é o design geral, enquanto a fonte é o que os designers usam.

FAMÍLIA: Enquanto a família tipográfica é o design dos caracteres, família se refere à coleção de fontes em diferentes pesos e estilos que compartilham um nome. Novamente, "família tipográfica" e "família" se tornaram sinônimos na era digital, embora a família tenda a implicar que uma família

tipográfica contenha diferentes pesos e estilos. Uma superfamília é aquela que contém uma extensa variedade de estilos, pesos e larguras. "Sistema de tipos" é utilizado por vezes para se referir a uma coleção de famílias relacionadas que cruzam categorias - por exemplo, serifadas e sem-serifa.

PESO: Peso se refere à intensidade dos traços de uma fonte e é uma das características comuns para se distinguirem as fontes dentro de uma família. Fontes com traços mais finos são geralmente classificadas como light, com a mais fina sendo conhecida como extra-light ou hairline. No extremo de maior espessura da escala, há bold, extra-bold, black e extra-black. O termo "black" advém do fato de que quanto mais grosso o traço, mais preto será o efeito visual geral do texto impresso em preto. "Heavy" é por vezes utilizado no lugar de bold. No meio da escala, há uma variedade de termos, como regular, standard ou normal. Medium é utilizado frequentemente como um meio-termo do peso entre regular e bold, enquanto "book" pode servir à mesma função entre light e regular. Para evitar confusão, alguns designers de tipos favoreceram a inclusão de números para designar os pesos. As larguras de fonte, que vão de condensed a extended, geralmente vêm nos mesmos pesos que a largura "regular".

GLIFO: Glifos são os caracteres individuais de uma fonte, seja um número, letra ou símbolo. Ele é utilizado no lugar de "caractere" pelo fato de que uma fonte pode ter vários glifos do mesmo caractere. Esses glifos extras para o mesmo caractere são conhecidos como "alternativos".

Página anterior: Capa de livro para *A Tale of A Tub* [*A história de um tonel*] de Jonathan Swift, Penguin Great Ideas, David Pearson, 2004.

190   Tipografia

CAIXA: Caixa-alta se refere a letras maiúsculas, enquanto caixa-baixa se refere a letras minúsculas. Esses termos advêm da era pré-digital, quando as caixas físicas de tipos eram divididas, com as maiúsculas no topo e as minúsculas embaixo. Caixa também pode se referir ao uso de maiúsculas: colocar em maiúscula a primeira letra de cada palavra é a "caixa de título", enquanto o uso de maiúsculas para significar o início de uma frase é a "caixa de frase".

ITÁLICO: Itálico se refere ao tipo que é inclinado para a frente, baseado em estilos tradicionais de caligrafia, e geralmente é usado para dar ênfase ou diferenciar textos, por exemplo, o título de um livro. As fontes em itálico tendem a ser mais estreitas do que suas contrapartidas "romanas" (redondas, ou seja, não itálicas ou verticais). Algumas fontes, especialmente sem-serifas, tem "oblíquas", em que as letras são mecanicamente inclinadas, em vez de "itálicas verdadeiras", em que as letras são redesenhadas em versões inclinadas e, muitas vezes, mudam completamente.

LINHA DE BASE: A linha de base é a linha sobre a qual os glifos se assentam, embora somente aqueles com bases planas se assentem com precisão sobre ela; elementos curvos transbordam ligeiramente a linha.

ALTURA-X: A altura-x é a distância entre a linha de base e o topo de uma minúscula "x". O x é escolhido porque normalmente ele é reto no topo e na base, mas muitas letras minúsculas compartilham a mesma altura, como v, w e z. Novamente, letras curvas no topo, como a, c, e, m, n, o, r e s podem transbordar ligeiramente a linha da altura-x (geralmente conhecida como linha média, ou linha mediana). O termo "cap-height" (altura do cap) é utilizado para a altura de letras maiúsculas. A altura-x é uma característica fundamental de identificação que varia muito entre as famílias tipográficas: alturas-x mais altas fazem que as fontes pareçam maiores, mesmo que a altura do cap seja a mesma de uma fonte com altura-x menor. Alturas-x mais altas tornam as famílias tipográficas mais legíveis em tamanhos menores.

ASCENDENTE: Ascendentes são as partes de uma letra minúscula que se estendem acima da altura-x.

DESCENDENTE: Descendentes são as partes de uma letra minúscula que ficam abaixo da linha de base. Algumas têm nomes específicos: por exemplo, a "cauda", que é a parte inferior de um y, ou o "laço", que é a parte inferior de um g.

CONTRAFORMA: Contraformas são o espaço interno fechado ou parcialmente fechado encontrado em muitas letras. Alguns têm nomes específicos – por exemplo, o "olho", que é a parte superior do "e" minúsculo. A abertura se refere à entrada das contraformas que não são totalmente fechadas.

DOIS ANDARES: Expressão utilizada para descrever um "a" ou "g" minúsculo que tem duas contraformas em vez de apenas uma. A Gill Sans, por exemplo, tem um "a" de dois andares, enquanto a Futura tem o "a" com apenas um andar.

SWASH: Um swash é uma adição ornamental a um glifo. Às vezes, isso significa uma extensão ou um floreio de uma parte existente de uma letra – por exemplo, a

Léxico tipográfico **191**

perna de um "K", ou uma adição direta de um elemento extra. Os swashes são mais comumente encontrados em fontes cursivas e de script, que imitam estilos de caligrafia antigos e elaborados, mas às vezes aparecem em fontes com serifa, especialmente em itálico.

LIGADURA: Uma ligadura é quando dois caracteres estão conectados e unidos em um único glifo. Na maioria dos casos, elas existem quando dois caracteres adjacentes iriam se encostar ou ficam muito próximos um do outro, de modo que as ligaduras ajudam a resolver problemas de espaço. Pares comuns de ligadura incluem fi, fl e ff. "Gadzook" se refere a uma ligadura em que a junção não é parte de nenhuma das duas letras originalmente, com a mais comum sendo o laço entre "c" e "t" (ɕt) ou "s" e "t" (ſt). O símbolo do e comercial (&) é baseado em uma ligadura entre o "e" e o "t", do latim *et*, significando "e".

PONTO SOBRESCRITO (OU PINGO): É o ponto encontrado no topo dos caracteres "i" e "j", que usualmente se posiciona acima da altura-x e é separado do resto da letra.

ALGARISMOS: Algarismos são os caracteres numéricos de uma fonte e vêm em múltiplas variedades, com designs para diferentes usos. Algarismos de linha são números que ficam na linha de base e geralmente têm o mesmo tamanho da altura do cap. Os algarismos de estilo antigo têm alturas diferentes, algumas correspondendo à altura do cap, enquanto outras ficam abaixo da linha de base. Ambos os tipos vêm em duas variedades: proporcional – na qual os números têm larguras diferentes e se encaixam perfeitamente - e tabular - em que os números são monoespaçados e têm larguras consistentes (ideal para uso em tabelas).

DINGBATS: Historicamente, esses símbolos tipográficos ou ornamentos eram com frequência usados para quebras de seção em livros ou para criar bordas ornamentais. Estão disponíveis fontes dingbat completas que contêm apenas símbolos úteis ou ornamentais, não letras ou números.

KERNING: Refere-se ao espaço entre as letras. Os designers de fontes criam pares de kerning como forma de se certificar de que o espaço entre as letras pareça opticamente uniforme; senão, precisam fazer isso de modo manual para evitar que a configuração fique muito frouxa ou muito estreita. O kerning é diferente do tracking, que os designers usam para aumentar ou diminuir o espaçamento entre uma sequência completa de caracteres de uma só vez.

MONOESPAÇO: Uma fonte monoespaçada é aquela em que os caracteres têm todos a mesma largura, ignorando as proporções usuais, e têm espaço uniforme em vez de precisarem de pares de kernings. As fontes de máquina de escrever geralmente são monoespaçadas e populares na era digital para códigos de computador.

VERSALETE: Versalete, também conhecido como small caps (SC), são letras maiúsculas que têm praticamente a mesma extensão da altura-x. Enquanto isso pode ser obtido digitalmente ao reduzir o tamanho das letras maiúsculas, um verdadeiro versalete é projetado de modo que o peso e a proporção sejam consistentes com as letras minúsculas. Versaletes são projetados para ter exatamente a altura-x e podem ser utilizados para configurações "unicase", em que as letras maiúsculas e minúsculas têm a mesma altura.

TAMANHO DO PONTO: Pontos são as unidades de medida na tipografia. Um ponto é 1/12 de uma paica - outra unidade tipográfica, que é 1/6 de uma polegada, o que faz que um ponto seja 1/72 de uma polegada. No tipo físico, o tamanho do ponto se referia à altura do retângulo de metal no qual a letra se assentava, e não à altura da letra em si. Essa convenção continuou com as mídias digitais, em que cada glifo se assenta em uma caixa invisível conhecida como "*em square*". Em razão de fatores como a altura do cap e a altura-x, as fontes parecem ter diferentes tamanhos quando configuradas com o mesmo tamanho de ponto.

LEADING: O leading se refere ao espaço vertical entre as linhas do tipo, historicamente obtido pela inserção de listras entre as linhas do tipo de metal. Ele é medido de linha de base a linha de base e também é conhecido como "espaçamento entre linhas".

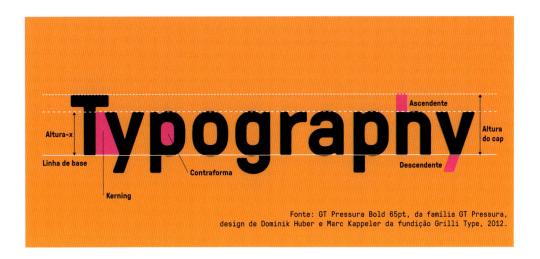

Fonte: GT Pressura Bold 65pt, da família GT Pressura, design de Dominik Huber e Marc Kappeler da fundição Grilli Type, 2012.

Origens tipográficas

"O caractere escrito é e permanece sendo a base de cada atividade tipográfica. Não é uma criação de nosso século. O caractere escrito remonta a tempos muito remotos, abrangendo uma vasta distância desde os primeiros hieróglifos até os símbolos abstratos escritos de hoje e envolve muitas contradições." Emil Ruder, *Typography, A Manual of Design* (1967)[1]

A tipografia como disciplina (distinta da escrita) começou com a invenção do tipo "móvel", que permitia que o texto fosse mecanicamente produzido por uma prensa tipográfica. No entanto, ela está intrinsecamente vinculada à história mais longa dos sistemas de escrita e da própria linguagem. As primeiras formas de escrita, criadas para fornecer um equivalente permanente e transferível da comunicação verbal, eram baseadas em pictogramas - imagens simplificadas de coisas que representavam a palavra para a coisa em si. O que diferenciava a escrita antiga "pictográfica" dos "desenhos" era a simplificação da forma, significados compartilhados e consensuais e o desenvolvimento de "ideogramas" adicionais - símbolos arbitrários que representam uma ideia ou um conceito em vez de um objeto físico. De modo geral, para um sistema de escrita florescer, qualquer ambiguidade tinha que ser removida; a escrita precisava ser amplamente compreendida.

Talvez o melhor exemplo de escrita baseada em pictogramas são os antigos hieróglifos egípcios, mas mesmo esse sistema usava uma combinação de pictogramas, ideogramas, símbolos para palavras inteiras (logografias), caracteres de uma única consoante, elementos fonéticos (baseados no som) e determinantes que marcavam a categoria semântica de uma palavra para evitar ambiguidades. O que, à primeira vista, parecia um sistema primitivo era altamente complexo e evoluiu para os sistemas cursivos simplificados. Primeiro, a escrita hierática e, depois, a demótica, ambas mais alfabéticas do que suas predecessoras, usando signos que representavam fonemas individuais (a menor unidade do discurso). Outra forma de escrita primitiva foi a cuneiforme, do antigo Oriente Médio, que evoluiu de uma protoescrita pictográfica para uma que usava principalmente silabogramas (sinais para sílabas inteiras) em um sistema que empregava traços em forma de cunha criados por um estilete.

Não se sabe ao certo como se desenvolveram os sistemas de escrita verdadeiramente alfabéticos (aqueles que utilizavam somente um conjunto padronizado de letras para os fonemas - sem pictogramas, ideogramas ou silabogramas), mas é amplamente aceito que o primeiro foi em uma língua semítica, desenvolvida nas proximidades da península do Sinai e de Canaã, ao leste do Egito. O que é conhecido como alfabeto semítico do norte tinha 22 letras, representando apenas consoantes, e era escrito da direita para a esquerda (como o hebraico e o árabe ainda são). Esse alfabeto original logo se espalhou para os fenícios do Mediterrâneo oriental, por volta do século XI a.C., e seguiu evoluindo, antes de se tornar o ancestral do alfabeto grego, do qual muitos alfabetos europeus derivaram. Por fim, os gregos começaram a escrever da esquerda para a direita e desenvolveram vogais, mas, como na maioria dos primeiros sistemas de escrita, o

Acima, à esquerda: Tabuleta cuneiforme da Anatólia, *c.* séculos XX-XIX a.C.

Abaixo, à esquerda: Fragmento de diploma militar em bronze do reinado do imperador romano Trajano, 113/14 d.C.

Acima, à direita: Fragmento de bronze de uma inscrição em escrita dórica grega, *c.* 490-480 a.C.

Centro: Fólio de um manuscrito do Alcorão em caligrafia cúfica, séculos VIII-IX d.C.

Abaixo, à direita: Escrita demótica do Egito Antigo, inscrita na Pedra de Roseta, 196 a.C.

Origens tipográficas **195**

Acima, à esquerda: Reprodução do texto da Bíblia de Gutenberg, originalmente impressa em 1455.

Acima, à direita: Saltério holandês (Livro de Salmos), escrito c. 1400-1500.

Abaixo, à direita: Edição italiana das *Metamorfoses*, de Ovídio, impressa em 1499.

Abaixo, à esquerda: *Hypnerotomachia Poliphili*, Aldus Manutius, Veneza, impresso em 1499.

alfabeto grego antigo era composto apenas com letras maiúsculas, não usava espaços para palavras e não tinha pontuação. Os romanos estavam cercados por povos que usavam o alfabeto grego, e seu alfabeto latino evoluiu absorvendo algumas letras do grego e do etrusco, criando algumas letras próprias para formar um alfabeto de 23 letras. Com a adição do J, U e W, o alfabeto latino se tornou o mais utilizado entre as línguas da Europa Ocidental.

Na Europa medieval, um estilo de escrita com letras minúsculas, conhecido como minúscula carolíngia, surgiu a partir das escritas uncial (um estilo cursivo com letras maiúsculas usado pelos escribas europeus por volta de 400 a 800 d.C.) e meio uncial (outra uncial menor que tinha ascendentes e descendentes), além do desejo de ter letras menores que fossem mais rápidas de escrever. As exigências dos escribas de livros conduziram a um novo estilo de escrita, a escrita gótica, cujas letras pesadas e estreitas, bem como cheias de ligaduras, tornaram a escrita mais rápida e eficiente em termos de espaço – o que era desejável à medida que a demanda por livros crescia. O tipo gótico foi usado por Johannes Gutenberg em 1439 em sua Bíblia, a primeira a ser mecanicamente produzida com tipos móveis de metal na Europa Ocidental (embora o tipo móvel tenha sido utilizado na China *c.* 1040 d.C.).

No Renascimento, muitos impressores achavam que a letra gótica era grosseira e buscaram inspiração no passado, estabelecendo o que é conhecido variavelmente como minúscula humanista ou antiga, combinando maiúsculas latinas com minúsculas carolíngias. Esse estilo de tipografia – pioneiro sobretudo em Veneza, por tipógrafos como Aldus Manutius (1449-1515), Nicolas Jenson (*c.* 1420-80)

e Francesco Griffo (1450-1518, criador da primeira fonte itálica por volta de 1500) – teria uma vida longa, permanecendo até hoje como o estilo convencional para a configuração de tipos de livros em idiomas latinos. Foi também por volta desse período que os algarismos arábicos (que usam 0-9, um sistema com raízes na Índia) começaram a substituir os numerais romanos.

É importante observar que as inovações na produção de papel, que se espalharam para o Ocidente a partir da China através do mundo árabe, chegaram à Europa a tempo das inovações de Johannes Gutenberg (*c.* 1400-68), que exigiam um papel mais liso para serem de fato eficazes.

Leituras complementares →

BIGGS, John R. *Letter-forms and Lettering.* London: Blandford, 1977.

DRUCKER, Johanna. *Inventing the Alphabet.* Chicago: University of Chicago Press, 2022.

Serifas

As serifas são pequenos traços - geralmente na forma de linhas alargadas ou de movimentos elegantes e nítidos - que se projetam dos terminais de traços maiores em algumas famílias tipográficas. Com variações históricas do termo tais quais *surripses*, *syrifs*, *cereps*, *ceriphs* e *surryphs*, a questão de como denominar as serifas veio à luz quando as famílias tipográficas sem-serifas apareceram no século XIX, e os tipógrafos precisavam de um termo comum para rotular o que estava faltando. No Japão, o equivalente às serifas nas formas das letras *Kanji* e *Kana* é conhecido como *uroko* (que significa "escamas de peixe"), por causa da forma como elas passam de grossas para finas em direção a um ponto.

Há muitos tipos de serifa e categorias de famílias tipográficas com serifa, mas a principal distinção se dá entre serifas adnatas (ou humanistas) e abruptas (ou modernas). As serifas adnatas se ligam de maneira suave e orgânica à haste da qual provêm - às vezes, isso também é conhecido como serifa bracket, e o "*bracket*" se refere à transição curva. As serifas abruptas (também conhecidas como modernas) são repentinas e se prendem diretamente ao traço principal sem transição ou fluxo, geralmente em um ângulo reto. As formas das serifas e como elas se ligam são fatores particularmente importantes na construção e na categorização da grande quantidade de famílias tipográficas serifadas que se desenvolveram com o surgimento dos tipos móveis na Europa.

A origem das serifas data de antes de Gutenberg. As famílias tipográficas serifadas também são conhecidas como "romanas". As serifas na era pré-impressão eram um resultado das mãos que as escreviam e das ferramentas utilizadas; alguns dos primeiros instrumentos de escrita eram canetas anguladas ou de ponta larga, esculpidas em bambu ou junco (posteriormente, penas), ou pincéis de pelos de animais. Essas ferramentas eram flexíveis o suficiente para permitir movimentos modulados no ângulo em que eram seguradas, bem como a direção dos movimentos, afetando a variação entre grosso e fino. Ferramentas pontiagudas tendiam a produzir linhas finas em ambas as extremidades dos traços, com a ferramenta se movendo horizontalmente na direção da escrita, e depois para baixo ao longo da letra - a origem das serifas bracket pode ser situada aí. O entalhe é um processo muito diferente da escrita, criado de maneira lenta e vigorosa com cinzel e martelo. Algumas das primeiras inscrições alfabéticas são gregas e, em geral, não têm serifas, embora o método de inscrição muitas vezes resultasse em terminais alargados, que lembravam serifas.

Na Roma Antiga as serifas gradualmente viriam a se tornar mais pronunciadas. Durante muito tempo, pensava-se que essas pequenas serifas triangulares eram um resultado natural das formas do cinzel. No entanto, os historiadores da tipografia hoje concordam que as inscrições eram primeiro pintadas por um escriba, com um pincel plano erguido em um ângulo determinado, como uma caneta de bico largo, seguido por um entalhador que trabalhava nesses contornos para criar uma versão permanente. A importância monumental dessas inscrições, combinadas com a paixão romana por engenharia precisa, pode explicar por que se desenvolveram detalhes ornamentais que nem sempre eram encontrados na caligrafia geral. Harmonia, geometria e

THE ARGUMENT.

LUCIUS Tarquinius (for his excessive pride surnamed Superbus) after hee had caused his owne father in law Servius Tullius to be cruelly murd'red, and contrarie to the Romaine lawes and customes, not requiring or staying for the people's suffrages, had possessed himselfe of the kingdome: went accompanyed with his sonnes and other noble men of Rome, to besiege Ardea, during which siege, the principall men of the Army meeting one evening at the tent of Sextus Tarquinius the king's sonne, in their discourses after supper every one commended the vertues of his owne wife: among whom Colatinus extolled the incomparable chastity of his wife Lucretia. In that pleasant humor they all posted to Rome, & intending by theyr secret and sodaine arrivall to make triall of that which every one had before avouched, onely Colatinus finds his wife (though it were late in the night) spinning amongest her maides, the other ladies were all found dauncing and revelling, or in severall disports: whereupon the noble men yeelded Colatinus the victory, and his wife the fame. At that time Sextus Tarquinius being enflamed with Lucrece beauty, yet smoothering his passions for the present, departed with the rest backe to the campe:

Acima, à esquerda: Fotografia de uma inscrição na Coluna de Trajano, Roma, 113 d.C.

Acima, à direita: Serifas, destacadas em laranja, em letras maiúsculas da fonte Times New Roman.

Abaixo, à direita: *Divina proportione*, Luca Pacioli, ilustração de Leonardo da Vinci, 1509.

Abaixo, à esquerda: Fonte Golden Type, de William Morris, 1890, em um livro impresso pela Kelmscott Press.

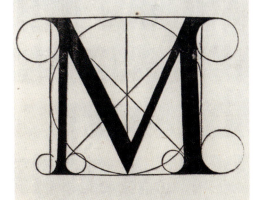

Serifas 199

Fette Fraktur

Alte Schwabacher

Clemente Rotunda

English Textura

Old English

Escrita Gótica

Garamond

Bembo

Poliphilus *& Blado*

Caslon

Janson

Humanista

Baskerville

Fournier

Bulmer

Times New Roman

Caledonia

Transicional

Didot

Bodoni

Walbaum

Modern No. 20

Century

Moderna

Clarendon

Playbill

Calvert

Rockwell

Courier

Serifa Slab

Albertus

ITC Elan

PL Latin

ITC Barcelona

Friz Quadrata

Glífica

equilíbrio eram essenciais, e há óbvias comparações entre a forma serifada de uma letra I esculpida e a forma de uma coluna romana. O ápice das maiúsculas inscritas em latim é geralmente considerado a Coluna de Trajano (113 d.C.).

Na época da Bíblia de 42 linhas de Gutenberg, as escritas góticas dominavam a Europa do final da Idade Média, e o primeiro tipo móvel usado foi no estilo Textura. A escrita gótica, como categoria, tinha muitas variações, como Rotunda, Bastarda, Schwabacher e Fraktur. No entanto, todas as suas formas mostravam origens caligráficas compartilhadas, principalmente as serifas que, com seus frequentes formatos angulares de diamante, apontam para o uso de uma caneta de ponta chata em seus desenhos. As primeiras fontes tipográficas de metal foram projetadas por entalhadores, que esculpiam manualmente as letras a partir das quais os tipos eram fundidos. Assim como Gutenberg, a maioria tinha histórico na metalurgia, de modo que era possível obter os detalhes finos das serifas. A escrita gótica caiu em desuso em muitas regiões da Europa no Renascimento, época em que muitos campos criativos buscavam inspiração na Roma Antiga, particularmente na Itália.

O que emergiria seria um estilo de fonte serifada - hoje conhecida como Humanista, Old-Style, Garalde ou simplesmente "romana" - que combinava as formas das letras maiúsculas das inscrições latinas com as letras minúsculas das escritas carolíngias elaboradas no século VIII pelo imperador Carlos Magno (747-814). Os entalhadores renascentistas aplicavam algumas das características das maiúsculas romanas, como traços modulados, um eixo ligeiramente diagonal e serifas angulares em forma de cunha, a letras minúsculas que não existiam

nas inscrições em latim. Entre as primeiras fontes tipográficas antigas, destacam-se a Garamond (Claude Garamond [c. 1510-61], c. 1540), a Jenson (Nicolas Jenson, c. 1470-80) e a Caslon (William Caslon [1692/93-1766], 1722). Algumas das primeiras fontes romanas mais importantes surgiram em Veneza e foram obra do gravador Francesco Griffo (1450-1518), trabalhando com o tipógrafo Aldus Manutius (de onde vem o nome Aldine) por volta de 1495-1505. Famílias tipográficas que posteriormente se basearam em seu trabalho juntos incluem Bembo (Monotype, 1929) e Poliphilus (Monotype, 1923) com sua contrapartida itálica, Blado - baseada no tipo itálico pioneiro de Griffo (c. 1501). O movimento Arts and Crafts motivou alguns designers a olhar para trás, para estilos de tipografia antigos, e muitas fontes tipográficas novas de estilo antigo foram desenhadas nos séculos XIX e XX (embora muitas vezes baseadas em fontes renascentistas), como a Golden Type (1890) de William Morris (1834-96), a Centaur (1914) de Bruce Rogers (1870-1957), a Plantin (1913) de Frank Hinman Pierpont (1860-1937), a Palatino (1948) de Hermann Zapf (1918-2015) e a Sabon (1967) de Jan Tschichold (1902-74).

O grande desenvolvimento seguinte nas fontes serifadas estaria associado à era do Iluminismo (quando a racionalidade e a ciência predominavam), que começou no final do século XVII. Essas serifas "transitórias" se distanciaram um pouco mais de suas origens humanistas e caligráficas rumo a algo mais analítico e estruturado, com ênfase vertical nas contraformas, mais contraste entre grosso e fino e serifas mais retas com brackets reduzidos. Um exemplo importante é a Romain du Roi (romana do rei), uma comissão para desenvolver uma nova família tipográfica que somente a equipe real francesa poderia usar, lançada pelo rei Luís XIV (1638-1715) em 1692. A tarefa foi atribuída a um comitê da Academia de Ciências, cujo membro Jacques Jaugeon (*fl.* 1690-1710) desenhou cada letra com precisão em uma grade consistente de quadrados (8 × 8 para maiúsculas, 8 × 9 para minúsculas), com cada quadrado contendo uma grade menor de 6 × 6. Em seguida, foram gravadas em cobre por Louis Simmoneau (1645-1728) e cortadas por Philippe Grandjean (1666-1714). A conclusão do tipo Romain du Roi levaria décadas, mas ele era enormemente inovador, em particular suas serifas horizontais.

A serifa transicional mais famosa é a Baskerville, desenhada pelo tipógrafo e impressor britânico John Baskerville (1707-75) na década de 1750. É uma fonte muito legível e espaçada, com proporções generosas, serifas quase horizontais, eixo vertical e contraste nítido. As inovações tecnológicas de Baskerville, com as melhorias contínuas na qualidade do papel, viabilizaram esses finos detalhes. Por muito tempo, as serifas de transição têm sido a escolha favorita para tipos textuais. Provavelmente a fonte mais utilizada no mundo, a Times New Roman, desenhada em 1932 para o jornal *The Times* por Stanley Morrison (1889-1967), da Monotype, pode ser classificada como transicional, pois utilizava as proporções e formas do estilo antigo Plantin, mas tinha mais contraste e serifas retas.

No final do século XVIII, o desenvolvimento dos tipos transicionais chegaria à sua conclusão lógica nas serifas "modernas", que apresentavam um contraste ainda maior e serifas finas abruptas, que eram completamente planas nas partes superior e inferior. Nessas famílias tipográficas, os traços verticais (que estão perfeitamente alinhados) são grossos e os horizontais são muito finos, de modo que a construção é bastante utilitária. As serifas modernas são por vezes conhecidas como "Didone", um termo que combina os sobrenomes dos dois pioneiros mais importantes desse estilo e suas fontes homônimas – a francesa Didot (1784) e a italiana Bodoni (1798), projetadas respectivamente por Firmin Didot (1764-1836) e Giambattista Bodoni (1740-1813). As fontes Didone geralmente não são adequadas para grandes quantidades de texto ou tamanhos pequenos, pois suas verticais grossas podem distrair, ao passo que não têm as qualidades humanísticas e ópticas que tornaram as serifas tradicionais mais suaves para o olho. As serifas modernas são melhores em tamanhos maiores, em que suas formas elegantes podem ser apreciadas. Por ter sido utilizada em revistas como *Harper's Bazaar* e *Vogue*, além de marcas como Armani e Dior, a Didone passou a ser associada à moda e ao luxo. No entanto, elas também seriam usadas por designers, incluindo Herb Lubalin (1918-81) e Georg Olden (1920-75), da CBS Television, que buscavam fontes distintivas, que pudessem se destacar em campos cada vez mais dominados por fontes sem-serifa simples.

Com a expansão da publicidade de pôsteres no século XIX, os designers de fontes experimentavam com estilos que funcionariam melhor em tamanhos grandes de "exibição". Entre eles, a "*fat face*", que levava o contraste a extremos ousados, fundada pelos pioneiros ingleses Vincent Figgins (1766-1844) e Robert Thorne (1754-1820). Também foram desenvolvidas as serifas slab, que eram como as Didones, sem o contraste e com serifas quadradas e pesadas, e as bizarras "Italianas", de contraste reverso, que invertiam a ênfase das "Modernas" com horizontais pesadas e

The quick brown fox jumps over the lazy dog. **В чащах юга жил бы цитрус? Да, но фальшивый экземпляр!** Ζαφείρι δέξου πάγκαλο, βαθῶν ψυχῆς τὸ σῆμα. 色は匂へど 散り ぬるを 我が世誰ぞ 常ならむ 有為の奥山 今日越えて 浅き夢見じ 酔ひもせず(ん).

Acima: Noto Serif; exibida em scripts latinos, cirílicos, gregos e japoneses. A Noto Serif era originalmente conhecida como Droid Serif e foi desenhada por Steve Matteson (n. 1965) na Ascender Corporation em 2008 para o Google.

verticais finas. Em meados do século XIX, desenvolveu-se uma abordagem mais elegante das serifas slab, geralmente conhecida como Clarendons, em homenagem à família tipográfica de mesmo nome de Robert Besley (1794-1876) da Thorowgood Foundry de Londres, por vezes também chamada de Ionics. As Clarendons apresentam características compartilhadas pelas famílias tipográficas de texto romanas anteriores: grande altura-x, leve contraste de traço e serifas bracket, mas elas também têm serifas slab, uma aparência geralmente pesada e terminais esféricos nas extremidades de algumas letras. As Clarendons eram fornecidas em uma variedade de pesos e larguras, tornando-se uma fonte muito usada para publicidade, pois era forte, porém perfeitamente legível.As serifas slab se mantiveram populares em muitos

contextos, e alguns exemplos sólidos foram desenhados no início do século XX, como Rockwell (Monotype, 1934), Memphis (Rudolf Wolf [1895-1942], 1929), Beton (Heinrich Jost [1889-1964], 1929) e Stymie (Morris Fuller Benton [1872-1948], 1931), e, mais tarde, Lubalin Graph (ITC, 1974), Calvert (Margaret Calvert [n. 1936], 1980) e Archer (Hoefler & Frere-Jones, 2001). As serifas slab também estão associadas às máquinas de escrever, pois, no início do século XX, essas fontes se adequavam perfeitamente às máquinas, por sua capacidade de ser monoespaçadas e ao fato de suas serifas proeminentes facilitarem a distinção entre as letras em tamanhos pequenos. Os fabricantes de máquinas de escrever tinham suas próprias fontes, mas as fundições também lançaram fontes com serifas slab no estilo máquina de escrever, como a Courier

Serifas 203

MORT AU ROI VIVE LA RÉPUBLIQUE

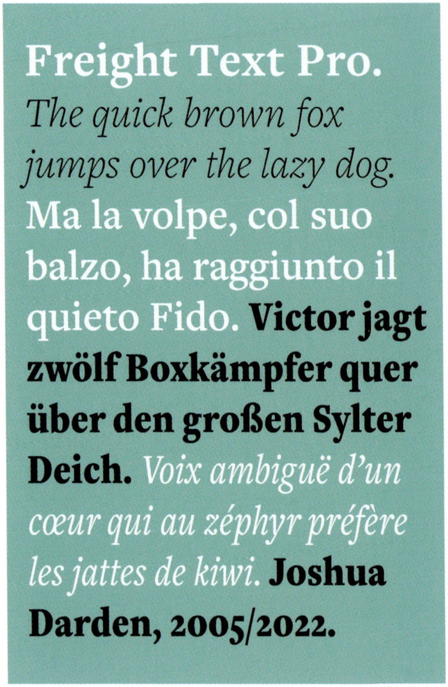

GT Super Display Super Italic, 130 pt, Polish

Morfina

GT Super Display Super Italic, 80 pt, Polish

KONSTANTY WILLEMANN, warszawiak, lecz syn

GT Super Display Super Italic, 40 pt, Polish

Jest cynikiem, lajdakiem i bon-vivan-tem. Niewiernym mężem i złym ojcem. Konstanty niechętnie bierze udział

Paulette
Jean-Jacques
Marie-Françoise
Pierre-Yves

Freight Text Pro. *The quick brown fox jumps over the lazy dog.* Ma la volpe, col suo balzo, ha raggiunto il quieto Fido. **Victor jagt zwölf Boxkämpfer quer über den großen Sylter Deich.** *Voix ambiguë d'un cœur qui au zéphyr préfère les jattes de kiwi.* **Joshua Darden, 2005/2022.**

⟫→ **Galaxy Stars** ←⟪

GEÓLOGOS ACHAM METEORITO *MAIS VELHO QUE A TERRA*

La plus jolie fleur du jardin

autrichien

½ *Papaye & Rhum*

LA LUNE RENVOIE LA LUMIÈRE DU SOLEIL. SON SPECTRE LUMINEUX EST PROCHE

ÉCLIPSE

→ *Orion, La Osa, las Pléyades* (en Tauro) y **El Boyero** (Boötes) ←

„*Aber woher weißt du das?*"

◆◆◇◇◇△⌒⌒○○●●◼◼▥▥▥◼◆◆◇◇◇△⌒⌒○○

La Vía Láctea es una galaxia espiral donde se encuentra el sistema solar

JULES VERNE, 1865

Acima, à esquerda: Injurial, Sandrine Nugue, 205TF, 2019.

Acima, à direita: Freight Text Pro, Joshua Darden, 2005/2022.

À direita: Bely, Roxane Gataud, 2016.

Acima: Romain 20, Alice Savoie, 205TF, 2020.

Centro, à esquerda: GT Super, Noël Leu, 2018.

(Howard Kettler [1919-99], 1955) e a American Typewriter da ITC (1974).

Uma variedade final de fontes serifadas é a "glífica". Essas fontes não se enquadram nas categorias mencionadas até aqui, pois se baseiam em técnicas de gravura em vez de tradições caligráficas. Elas geralmente têm serifas minúsculas e extremidades de traços cônicos, em vez de serifas convencionais ou serifas uniformemente triangulares, ou ainda em forma de cunha. As fontes com serifas em forma de triângulo são geralmente conhecidas como "latinas" por causa da conexão com as antigas inscrições romanas, o que também explica por que algumas fontes glíficas não têm minúsculas.

Apesar do surgimento das sem-serifas, as fontes serifadas permanecem sendo muito utilizadas, sobretudo como fontes de texto, em que sua legibilidade supera a das sem-serifas, e novas fontes serifadas continuaram a ser desenhadas na era do "cold-type" (tipos frios) e na era digital, uma vez que os designers ainda encontram caminhos interessantes para explorar. As serifas históricas estão constantemente sendo revividas, com ajustes e otimizações feitos para acompanhar os desenvolvimentos tecnológicos e os requisitos de uso de telas digitais. As tendências tipográficas mudam rapidamente, o que significa que os designers gráficos estão sempre em busca de uma serifa que ofereça algo interessante ou novo, ou legibilidade excepcionalmente eficaz.

Leituras complementares →

BAINES, Phil. *Type and Typography*. London: Laurence King, 2005.

DAWSON, Peter. *Type Directory*. London: Thames & Hudson, 2019.

MCLEAN, Ruari. *Manual of Typography*. London: Thames & Hudson, 1980.

Sans-serif

O termo "sans-serif" se refere a famílias tipográficas sem-serifa. Muitas vezes consideradas mais modernas visualmente - muitos modernistas consideravam que as serifas eram ornamentos desnecessários e queriam que a tipografia deixasse seu passado caligráfico para trás -, a primeira família tipográfica sem-serifa, a fundição Caslon, com sede em Londres, inaugurou em 1816 a "Two-Line English Egyptian", totalmente em caixa-alta.

Embora a Caslon tenha usado a Egyptian para o primeiro tipo sem-serifas, o termo (cuja conexão com o Egito, o país, não é clara) geralmente se referia a uma serifa slab quadrada com uma largura consistente e pesada. A falta de variedade na largura da linha dessas serifas slab viabilizava o abandono total da serifa pelos gravadores, uma decisão provavelmente motivada pelo desejo de novidade e pela atenção que isso poderia trazer. Em vez do Egito, a fonte de inspiração para as primeiras fontes sem-serifa veio das antigas inscrições romanas, nas quais as maiúsculas latinas eram monolíneas e geométricas em sua construção e tinham serifas pouco visíveis, especialmente de longe. As fontes sem-serifa se tornaram uma escolha ocasional para as letras arquitetônicas esculpidas no início do século XIX (embora o arquiteto inglês John Soane [1753-1837] já sugerisse letras sem-serifa e maiúsculas para inscrições em 1779), antes de serem copiadas por pintores de placas e, por fim, serem disponibilizadas como fontes.

A English Egyptian da Caslon, embora a primeira de seu tipo, foi lançada com pouco alarde e poucos exemplos de seu uso sobreviveram. Doze anos depois, em 1828, Vincent Figgins (1766-1844) lançou sua versão da inovação da Caslon - a segunda fonte sem-serifa criada, cunhando o termo "sans-serif" para descrevê-la. Essa "Sem-Serifa de 8 Linhas" era mais pesada que a sem-serifa da Caslon, mas igualmente deselegante em alguns momentos e exclusivamente em maiúsculas. Ela tinha muito da Antique de Figgins, a primeira família tipográfica com serifas slab. Figgins chamou sua serifa slab de "Antique"; no entanto, o mesmo termo foi adotado na França para se referir às sem-serifas, que, na Alemanha, eram conhecidas como grotesks e, nos Estados Unidos, como góticas (outro termo usado no inglês para descrever as fontes góticas é blackletter). Doric ou grotesque também foram termos úteis na Grã-Bretanha, mas foi a cunhagem de Figgins, "sans-serif", que se tornou amplamente aceita.

A fundição de Figgins lançaria outras famílias tipográficas sem-serifa em uma variedade de tamanhos (incluindo uma versão condensada em 1845), assim como fizeram suas rivais Caslon, que criou a primeira sem-serifa em itálico em 1833, e Thorowgood, cuja sem-serifa Grotesque foi a primeira a incluir letras minúsculas em seu lançamento, por volta de 1834-5. Em meados do século XIX, as sem-serifa eram raras, destinadas principalmente aos títulos; eram tipos de exibição ousados, para serem usados da mesma forma que outros estilos populares da época, em tamanhos que seriam facilmente vistos em pôsteres e cartazes de teatro. O potencial das sem-serifa como tipos de "exibição" se desenvolveu por meio da criação de versões com contorno, sombreadas e reversas, e até mesmo de uma família tipográfica extremamente refinada, que dava a ilusão de dimensionalidade - a "Ten Lines Sans-Surryphs Ornamented" de Stephenson Blake, lançada por volta de 1839.

Two line English Egyptian

W CASLON JUNR   LETTERFOUNDER

Two line nonpareil, Sans-serif

A LARGE, AND ELEGANT
ASSORTMENT, OF THE MOST
MODERN JOB LETTER.
ABCDEFGHIJKLMNOPQRSTUVWX

Seven line Grotesque

MENINGHURNE
mountainous

Acima: Two Line English Egyptian, de William Caslon, 1816, e Two Line Nonpareil, de Vincent Figgins, Sans-serif, 1833.

Abaixo: Seven Line Grotesque, de Thorowgood, 1834.

Na segunda metade do século XIX, finalmente surgiram as fontes sem-serifa que eram apropriadas em peso e estilo para uso como fontes de texto, não apenas para títulos. Foram fundições alemãs, como Bauer & Co. e Theinhardt, que progrediram enormemente nessa frente, lançando fontes grotesk que eram mais leves que as versões inglesas anteriores, tinham duas caixas e estavam disponíveis em tamanhos de texto.

Essas inovações iriam mais tarde se disseminar novamente pela Grã-Bretanha, onde, no início do século XX, grotesques numeradas de fundições como Stephenson Blake e Miller & Richard eram usadas para aplicações em texto, assim como a Doric da Caslon — mesmo se puristas sustentassem que as sem-serifa eram vulgares e menos legíveis, e que nunca seriam apropriadas para aplicações em livros.

```
ABCDEFGHIJKLMNOPQRSTUVWXYZ
abcdefghijklmnopqrstuvwxyz
&ÆŒ£1234567890.„;:-!?"()
```

Acima: Akzidenz-Grotesk, Berthold Type Foundry, 1898.

Um dos últimos lançamentos sem-serifa do século XIX estabeleceria as bases para o futuro. A Akzidenz-Grotesk, lançada em 1898 pela Berthold Type Foundry em Berlim, usou proporções inspiradas em serifas clássicas como Walbaum e Didot para obter um resultado legível e neutro. Ajudava o fato de ela vir em múltiplos tamanhos e pesos, e que tivesse cortes "oblíquos" correspondentes. Conhecida como "Standard" no mundo anglófono, Akzidenz-Grotesk (cuja tradução seria algo como "trabalhando sem-serifa") foi um sucesso imediato. Mas, graças à sua sensação utilitária, anônima e despretensiosa, ela viria a se tornar especialmente popular entre designers modernistas da Suíça e da Alemanha ao longo dos anos 1950, antes do lançamento das famílias sem-serifa maiores. Na Grã-Bretanha, em que a Akzidenz era rara, designers que procuravam subverter o *status quo* tipográfico tradicional tinham que se contentar com o Monotype Grotesque, muito mais característico.

O início do século XX acompanharia uma série de novas famílias tipográficas sem-serifa, como a Franklin Gothic (1904-1903) e a News Gothic (1908), do designer norte-americano Morris Fuller Benton, a Metro (1929), de William Addison Dwiggins (1880-1956), a Erbar Grotesk (1926), de Jakob Erbar (1878-1935) e a Kabel (1927), de Rudolf Koch (1876-1934). A Metro, a Kabel e a Erbar eram exemplos de princípios modernistas aplicados ao design de tipos: eram geométricas na construção, tomando o círculo, o quadrado, o triângulo e as linhas retas como os blocos de construção de suas formas. De longe a mais bem-sucedida entre as novas sem-serifa geométricas era a Futura (1927), de Paul Renner (1878-1956). Com sua altura-x pequena e alterações ópticas que significavam que não era verdadeiramente geométrica (o "O", por exemplo, é levemente ovoide, mas parece um círculo perfeito) ou completamente monolínea, a Futura era muito legível, ainda que incrivelmente moderna. Certas alternativas experimentais anteriores de Renner para algumas letras nunca passaram da fase de esboço inicial, da mesma forma que muitas das ideias radicais de sem-serifa provenientes de designers da Bauhaus, como Albers e Bayer, nunca foram lançadas.

Uma alternativa ao grotesque do século XIX ou ao geométrico inspirado no modernismo veio na forma de sem-serifas "humanistas", que estavam mais intimamente vinculadas ao passado manuscrito da tipografia. Elas geralmente compartilhavam características e proporções com as serifas clássicas, tinham itálico "verdadeiro" e algum contraste em seus traços. Um dos primeiros exemplos foi a Johnston Sans, do calígrafo Edward Johnston (1872-1944),

Acima, à esquerda: Stephenson Blake Grotesque n. 8, Elisha Pechey, 1863.

Acima, à direita: Gill Sans Medium e Medium Italic, Eric Gill, 1928.

encomendada em 1913 por Frank Pick para ser usada no sistema ferroviário do metrô de Londres. Como ela não estava disponível comercialmente, uma alternativa adveio de um dos alunos de Johnston, Eric Gill (1888-1940), lançando a Gill Sans em 1927 pela Monotype. Menos obviamente "moderna" que suas concorrentes, a Gill Sans nunca encontrou real proeminência fora da Grã-Bretanha.

As sem-serifas "geométricas" eram, em teoria, mais modernistas em princípio, mas os designers altamente modernistas do pós-Primeira Guerra Mundial tendiam a preferir as grotesques mais utilitárias do século XX em seus trabalhos. Em 1928, Jan Tschichold declarou que "entre todos os tipos disponíveis, a chamada 'Grotesque'

é a única em harmonia espiritual com nosso tempo", acrescentando que "os tipos sem-serifas disponíveis hoje não são ainda inteiramente satisfatórios como tipografias para todos os propósitos […] em particular os mais novos designs, como Erbar e Kabel, são inferiores às antigas sem-serifas anônimas".[2] A Akzidenz-Grotesk era em especial popular entre designers suíços, que espalharam sua fama ao redor do mundo.

As novas tipografias sem-serifa, com frequência descritas como "neo-grotesques" e produzidas em famílias estendidas com uma gama de pesos e tamanhos, logo limitaram a proeminência da Akzidenz. A mais conhecida é a Helvetica, projetada pelos tipógrafos suíços Max Miedinger (1910-80) e Eduard Hoffmann (1892-1980), e lançada pela

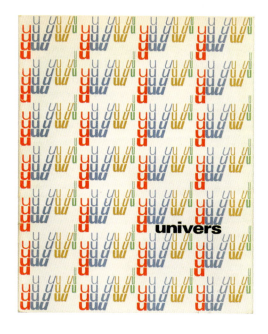

Acima, à esquerda: Espécime tipográfico para Futura Light, família tipográfica com design de Paul Renner, 1927.

Acima, à direita: Capa de um espécime tipográfico de D. Stempel AG para Helvetica, família tipográfica com design de Max Miedinger e Eduard Hoffmann, lançada em 1957.

Abaixo: Capa de um espécime tipográfico de Deberny & Peignot para Univers, design de Bruno Pfäffli, Rémy Peignot e Adrian Frutiger, 1964. Univers, com design de Adrian Frutiger, 1957.

Leituras complementares →

JONG, Cees W. de. *Sans Serif*. London: Thames & Hudson, 2006.

EISELE, Petra (ed.). *Futura*: The Book. London: Laurence King, 2017.

MÜLLER, Lars. *Helvetica*: Homage to a Typeface. Baden: Lars Müller Publishers, 2005.

Haas Type Foundry em 1957 como "Neue Haas Grotesk". A Helvetica surgiu de um desejo de ter uma fonte extremamente neutra que pudesse competir com a Akzidenz de Berthold. Lançada no mesmo ano, dessa vez pela fundição francesa Deberny & Peignot, a família tipográfica suíça Univers, do designer Adrian Frutiger (1928-2015), veio surpreendentemente com 27 estilos, cada um numerado em um sistema lógico de códigos.

As qualidades científicas da Univers foram acentuadas pela publicidade, que utilizou layouts inspirados em tabelas periódicas e grids de letras, mostrando como a família tipográfica mantinha a consistência dentro de seus estilos, pesos e larguras. As Neo-grotesques tornaram-se sinônimo do estilo tipográfico internacional (ver páginas 46-9) e dominaram o design gráfico na segunda metade do século XX, principalmente para uso em sinalização e identidades de marca.

Embora a Helvetica e a Univers continuassem extremamente populares, havia também outras tendências e elaborações. Grotesques pesadas e condensadas com grandes alturas-x estavam em voga, especialmente como fontes de títulos. Entre elas, a Schmalfette Grotesk (1954), de Walter Haettenschweiler (1933-2014), a Compacta (1963), de Fred Lambert, a Helvetica Inserat (1966) e a Impact (1965), de Geoffrey Lee (1929-2005). A Impact, graças à sua aparência como fonte-padrão da Microsoft, é muito usada no século XXI, mas foi o desenvolvimento da fototipia (ver página 186) e das letras de transferência a seco (por exemplo, a Letraset) que ajudou a disseminar a popularidade dessas famílias tipográficas pesadas e com kerning justo.

Outras fontes sem-serifa notáveis na segunda metade do século XX incluem a Optima (1958), de Hermann Zapf, uma fonte humanista inspirada em esculturas de pedra do Renascimento, cujos traços ficam mais grossos perto das extremidades, dando um efeito visual semelhante ao das serifas. Seguindo seu sucesso com a Univers, Adrian Frutiger projetou uma sem-serifa humanista - Frutiger (1974) - e mais tarde uma geométrica também - Avenir (1988) -, que aplicavam com sucesso princípios humanistas ao gênero. A sem-serifa geométrica mais conhecida do final do século XX foi a ITC Avant Garde Gothic, projetada por Herb Lubalin e Tom Carnase (n. 1939) em 1970, mas baseada no logotipo de Lubalin para a revista *Avant Garde*, de 1968. A Avant Garde é mais conhecida pela variedade de ligaduras complexas e letras alternadas que apareciam em suas maiúsculas, permitindo configurações extremamente justas, como visto no cabeçalho original da revista. Esses espaços minúsculos entre as letras só foram possíveis graças à mudança do tipo de metal para o chamado "tipo frio" (como a fotocomposição) - a Avant Garde nunca foi lançada como uma família de fontes "fundida".

Empresas como Photo-Lettering Inc., Letraset e ITC (cofundada por Lubalin, Edward Roundthaler e Aaron Burns) atenderam à demanda de fontes mais variadas e expressivas, já que muitos designers se cansaram da onipresença de famílias tipográficas como a Helvetica. Além de lançarem *revivals* de sem-serifas peculiares do século XIX, essas empresas também deram aos designers a chance de projetar fontes tipográficas, o que não exigia tantos gastos iniciais como na época do "metal quente". Entre esses designers estava Milton Glaser, cuja fonte Baby Teeth foi lançada em 1964 e se tornou célebre depois de usada no icônico pôster de Bob Dylan, de Glaser, em 1967. A revolução

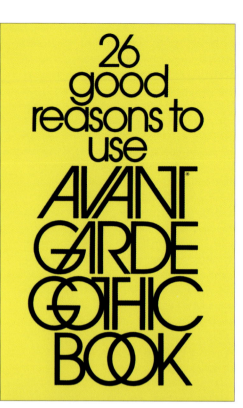

Acima, à esquerda: ITC Avant Garde Gothic Book, design de Herb Lubalin e Tom Carnase, 1970.

Acima, à direita: Amareddine, de Nadine Chahine/Arabic Type, 2020.

Abaixo, à direita: Espécime de Druk, família tipográfica com design de Berton Hasebe para Commercial Type, 2014.

Abaixo, à esquerda: IBM Plex®, família de fontes desenhada para a IBM por Mike Abbink e equipe, incluindo a fundição holandesa Bold Monday, 2017.

digital acelerou as tendências que haviam começado com a fotocomposição – uma miríade de ressurgimentos de fontes antigas e uma variedade vertiginosa de novas fontes, oferecendo aos designers uma vasta seleção para escolher. No entanto, as sem-serifas continuaram mais populares que as serifas entre designers gráficos em muitos contextos, por causa de seu espírito moderno e sua legibilidade. As fontes sem-serifa geométricas têm sido particularmente populares na última década entre as empresas de tecnologia que buscam um efeito *hi-tech*, mas amigável. Muitas marcas globais encomendaram as próprias fontes sem-serifa personalizadas, em razão do desejo de propriedade, da necessidade de compatibilidade com várias línguas e do custo crescente das licenças de fontes para vários usuários.

Fontes de exibição

"Exibição" é uma categoria ampla de fontes que abrange tudo o que não é destinado à tipografia de texto: elas não precisam funcionar para a configuração de blocos de texto ou em tamanhos pequenos, mas sim para uso em títulos (quantidades limitadas de texto em escalas maiores). Isso confere às fontes de exibição a possibilidade de ter características que causariam problemas de legibilidade em tamanhos menores. Qualidades que chamam a atenção são muitas vezes mais importantes que a clareza. Nem exclusivamente sem-serifa nem serifada, as fontes de exibição não são necessariamente ornamentais ou decorativas, mas todas as fontes ornamentais ou decorativas são fontes de exibição por natureza. Em geral, a ausência de letras minúsculas indica uma fonte de exibição. Da mesma forma, a disponibilidade de pouquíssimos glifos, além de um alfabeto básico, sinaliza que a fonte não é adequada para textos extensos.

Tradicionalmente, a definição de "exibição" se relacionava ao tamanho do ponto. O designer de tipos inglês Walter Tracy (1914-95) sustentava que tamanhos superiores a 14 pontos seriam "tamanhos de exibição", acrescentando que "quando usada em relação a design de tipos, significa uma fonte que não seja de texto tradicional, uma fonte com alta individualidade, ou uma versão sublinhada ou sombreada de uma fonte básica, destinada ao uso publicitário".[3] Tracy, designer de tipos na Linotype por três décadas, oferece uma máxima que ajuda a explicar a diferença entre fontes de texto e de exibição: "os tipos de texto, quando ampliados, podem ser usados para títulos; os tipos de exibição, se reduzidos, não podem ser usados para configuração de texto".[4] As famílias tipográficas grandes acabam apresentando um "corte de exibição" com pesos e tamanhos das fontes de texto, e geralmente isso significa que alguns dos detalhes mais finos se perdem em tamanhos "ópticos" menores. Em alguns raros casos, como a Futura, de Paul Renner, a versão de exibição de uma fonte pode ser muito diferente de suas homônimas, mas em geral está relacionada a elas de alguma forma. Algumas fontes podem ser fornecidas em pesos que, por serem muito grossos (por exemplo, Gill Sans Kayo) ou leves, destinam-se à exibição, embora elas não sejam rotuladas dessa forma. A mesma regra se sustenta para os tamanhos: condensação ou extensão, quando levadas ao extremo, podem fazer que uma fonte não seja mais apropriada para uso textual, mas ideal para tamanhos de exibição, nos quais pode ter mais impacto e eficácia em termos de espaço.

As fontes de exibição incorporaram um extenso leque de propriedades, ornamentos, efeitos e métodos de construção, muitos dos quais são absorvidos das tradições da pintura de sinalização, lettering ou entalhe em pedra. Quase todos os ornamentos e abordagens em potencial já foram experimentados, mas alguns aparecem repetidamente em diferentes fontes de exibição históricas. O mais comum é o acréscimo de detalhes ou decorações extras a um tipo de fonte mais padrão, como uma sombra projetada, um traço interno, um contorno, efeitos de gravura, sombreamento ou floreios ornamentais no interior das letras. Muitas vezes, essas características são projetadas para imitar a tridimensionalidade ou atingir um resultado mais chamativo para quem vê. Também há a remoção de partes das letras, para criar um visual desgastado ou um corte de estêncil – muitos designers de tipos modernistas

Fontes de exibição

atingiram um efeito de estêncil por meio do uso de elementos geométricos básicos.

Explorar os extremos era outra abordagem adotada pelos designers que criaram fontes de exibição. Ao longo do século XIX, na era dos pôsteres e cartazes de teatro, as fundições competiam para superar umas às outras, seja por pesos extremos (por exemplo, a fat face), contraste extremo, serifas extremas (por exemplo, serifas slab) ou larguras extremas, especialmente a condensação que resultava em letras altas e finas. Talvez as mais excêntricas dessa época tenham sido as fontes de "contraste reverso", por vezes conhecidas como "italianas", em homenagem à primeira fonte desse tipo, a Caslon Italian (1821). Essas fontes inverteram as convenções de contraste, resultando em um efeito estranho, mas impactante. Muitas fontes se tornaram "de exibição" por sua construção, como as "Tuscans", que apresentam serifas divididas bifurcadas ou trifurcadas, ou pelo acréscimo de pontas extras, geralmente no centro vertical dos glifos ou nas serifas. Diversas fontes de exibição remetem ao século XIX - elas são geralmente conhecidas como fontes "Circus" ou "Western", por causa de associações históricas específicas.

Ao longo do início do século XX, os tipos de exibição evoluíram, seguindo a tendência do art nouveau e tornando-se orgânicos e fluidos, e depois se transformando com o art déco em algo mais refinado e elegante - a Bifur de Cassandre (Deberny & Peignot, 1929) talvez seja o melhor exemplo deste último. O modernismo iria se rebelar contra os extremos estéticos das fontes de exibição em sua recusa ao ornamento. Mas, nos anos 1960, em um processo acelerado pelo desenvolvimento da fotocomposição, à medida que as limitações do tipo de metal foram superadas, muitos designers se voltaram à exuberância dos tipos de exibição e buscaram inspiração no século XIX. A maioria das famílias tipográficas pós-modernas, que com frequência forçavam a legibilidade, poderia ser classificada como fontes de exibição. O advento dos softwares baratos de design de fontes impeliu o crescimento exponencial do número de fontes de exibição, com uma enorme quantidade disponível gratuitamente on-line, embora sua qualidade varie.

Leituras complementares →

MCNEIL, Paul. *The Visual History of Type*. London: Laurence King, 2017.

THOLENAAR, Jan. *Type*: A Visual History of Typefaces & Graphic Styles, volume 1: 1628–1900. Cologne: Taschen, 2022.

Acima, à esquerda: Espécime tipográfico para Caslon Italian, *revival* da fonte por Paul Barnes, Tim Ripper e Christian Schwartz para Commercial Classics, 2019.

Acima, à direita: Trade Gothic Display, com design de Lynne Yun para Monotype, 2017.

Abaixo, à direita: Espécimes de fontes de exibição, 1856.

Página anterior: Exemplos de fontes de exibição do próprio autor.

Fontes de exibição 217

Scripts

Scripts, ou fontes cursivas, são fontes desenhadas para mimetizar a escrita à mão. Há várias categorias para abarcar as diferentes formas como as pessoas escreveram ao longo da história. A maioria das fontes encontradas nessa categoria exibe elementos de conexão que unem a escrita e a inclinam ligeiramente para a direita. Muitas fontes de script têm raízes na era pré-tipográfica, quando os escribas eram treinados em estilos de escrita específicos, como a escrita uncial, a minúscula carolíngia (ver página 197) ou a escrita chanceleresca (assim chamada por ter sido desenvolvida como a caligrafia oficial para registros eclesiásticos, legais, comerciais e diplomáticos produzidos para chanceleres medievais), a fim de manter a consistência e a legibilidade de livros e documentos importantes. Com o crescimento da produção de livros e da alfabetização na segunda metade da Idade Média, elaborou-se um novo estilo de escrita no norte da Europa chamado escrita gótica. Esse estilo era pesado, angular e compacto, abarcando mais palavras por página. Embora a escrita gótica e suas diversas subcategorias sejam verticalizadas e não unidas (exceto por pares de ligaduras ocasionais), elas ainda são consideradas fontes de script, pois derivam de um estilo de caligrafia. As primeiras fontes de impressão na Europa eram góticas (ver páginas 197-201) e continuaram populares em muitos países, especialmente na Alemanha. Em outros lugares, no entanto, o estilo antiqua (que reunia maiúsculas latinas e minúsculas carolíngias) as substituiu.

O tipo móvel não substituiu a caligrafia em muitas áreas, e estilos de escrita caligráficos, particularmente cursivos, continuaram a ser desenvolvidos pelo trabalho de vários gravadores e mestres da escrita. Os principais estilos incluíam copperplate, English round hand e Spencerian scripts. Essas "mãos" eram vistas como ideais para a escrita e eram elegantes, ornamentadas e inclinadas. Seus floreios, traços finos e natureza conjunta tornaram quase impossível qualquer equiparação por uma fonte de metal. Um dos poucos tipos de metal iniciais baseados em caligrafia foi o Grecs du Roi, de Claude Garamond, desenvolvido em meados do século XVI. Tratava-se de uma escrita grega baseada no estilo de um escriba cretense, mas a variedade de ligaduras envolvidas era cara e demandava muito tempo dos impressores.

O fim da era dos tipos de metal, graças à invenção da fotocomposição e eventualmente da tecnologia digital, levou a um *boom* no design de fontes de script, já que as letras conectadas de repente se tornaram viáveis. Populares na era do estilo mid-century modern, algumas das primeiras fontes de script bem-sucedidas foram a Brush Script, criada por Robert E. Smith (1910-desconhecido) para a American Type Founders em 1942, e a Mistral, criada por Roger Excoffon (1910-83) para a fundição de tipos francesa Fonderie Olive em 1953. Ambas são exemplos da categoria de fontes "scripts casuais", que são enérgicas e cheias de personalidade, geralmente baseadas em técnicas de pintura de sinalização e parecendo desenhadas com um pincel. A outra categoria principal, "scripts formais", baseia-se nas "mãos" dos mestres da escrita dos séculos XVII e XVIII, que usavam uma pena ou caneta de ponta metálica para obter contraste de traços elegantes. Elas tendiam a ser escolhidas para aplicações importantes, como convites formais ou certificados oficiais.

Acima, à esquerda: Girard Script, House Industries, 2009.

Acima, à direita: Carta Nueva, de My-Lan Thuong para Sharp Type, 2020.

Abaixo, à direita: Snell Roundhand, Matthew Carter, 1965.

Abaixo, à esquerda: Mistral por Roger Excoffon para Fonderie Olive, 1953.

Leituras complementares →

FAIRBANK, Alfred. *A Book of Scripts*. London: King Penguin, 1949.

HONG, Geum-Hee. *Script Fonts*. London: Laurence King, 2016.

LEARNING.

The Design of Learning, is either to render a Man an agreeable Companion to himself, and teach him to support Solitude with Pleasure; or, if he is not born to an Estate, to supply that Defect, and furnish him with the Means of getting one.

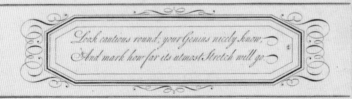

Look cautious round, your Genius nicely know, And mark how far its utmost Stretch will go.

Nobility, Riches, State, and Supremacy can procure us a customary Respect, & make us the Idols of an unthinking Croud; but Knowledge and Learning alone recommend us to the Love of those in a superior Class, who admire more the Merits of our Understanding, than the Advantages of our Birth & Fortune.

Samuel Vaux script.

> HANDWRITTEN LETTERING DEFINES THE **LUSH BRAND,** ENDOWING IT WITH AN **ENERGETIC & DISTINCT** PERSONALITY.

Acima: Fonte customizada Lush Handwritten, Dalton Maag, 2015.

Ao lado: Publicada como a edição 27 de *The Universal Penman*, de George Bickham, o Velho, 1743. Um exemplo do tipo do século XVIII "à mão" retomado em scripts formais do século XX.

Uma terceira categoria é a de "scripts caligráficos", que se enquadram mais ou menos entre "formal" e "casual". Eles são inspirados em estilos de caligrafia, geralmente com letras que não se ligam e, às vezes, com estilos de traço que se assemelham às irregularidades e imperfeições da caligrafia em tinta ou pintura.

A energia e o toque humano das fontes script as tornaram uma escolha popular para diversas áreas do design gráfico, embora muitas vezes sejam mal utilizadas, e opções outrora populares, como Mistral ou Brush Script, hoje não são mais tão aplicadas. Na era digital, os novos recursos disponíveis para os designers de tipos, como "alternativas contextuais", larguras variáveis e glifos alternativos, ajudaram a otimizar o realismo das fontes que imitam a caligrafia, reduzindo a repetição de letras idênticas, que são um sinal de que você está olhando para uma fonte e não para uma caligrafia real.

Fontes não latinas

A tipografia, como disciplina, é historicamente centrada em raízes latinas, dominada pela criação e pela discussão de fontes projetadas para idiomas com alfabeto latino, em detrimento dos scripts alternativos usados em todo o mundo e lidos por bilhões de pessoas.

As categorizações históricas que dominam a tipografia geralmente se fundamentam em famílias tipográficas do alfabeto latino e envolvem distinções que nem sempre são aplicáveis além desse estreito limite - por exemplo, serifada e sem-serifa, ou romana e script. As convenções da tipografia latina ocidental não são, de modo algum, universais. Todo alfabeto e sistema de escrita tem uma história e um legado ricos, mas muitos foram ignorados pelas fundições de tipos, cujo foco no latim gera desigualdade tipográfica.

Hoje, há esforços no sentido de resolver esse problema, como parte de uma iniciativa mais ampla de descolonização cultural, com designers se empenhando na criação de fontes para scripts pouco atendidos ou fontes multilíngues, que possam ser usadas por um público mais amplo, graças a um suporte a idiomas otimizado e conjuntos de glifos maiores. É cada vez mais comum as fundições lançarem versões não latinas de suas fontes mais importantes. Geralmente, elas são criadas em colaboração com um designer de tipos, para o qual o script não latino é o idioma nativo ou sua área de especialização. Contudo, muitas vezes isso ocorre tempos depois do lançamento da fonte original latina, em geral por causa do número elevado de glifos encontrados na maior parte dos scripts mais utilizados, o que torna o processo mais longo. Razões sociopolíticas de lado, esse é um fator central para o baixo número de famílias tipográficas criadas para muitas línguas e scripts - o número de glifos exigidos pode ser exponencialmente maior. Tomemos o exemplo da Ming Romantic. Trata-se de uma fonte que está sendo criada pelo estúdio de design Synoptic Office para o script chinês, com base em uma "interpretação moderna de um estilo de tipo impresso originário das dinastias Song e Ming". Em uma entrevista de 2018 com a AIGA, seus designers, Caspar Lam e YuJune Park, destacam que: "uma fonte ocidental mínima usa o conjunto Adobe Latin 2 de 250 glifos. Para uma fonte chinesa, assumiremos um conjunto mínimo de 2-3 mil glifos para uma fonte de exibição, ou 7-8 mil glifos para uma fonte de texto. Para que isso seja concluído, seria necessário um número dez vezes maior que o de glifos de uma fonte de texto para uma fonte que englobasse todo o conjunto de caracteres chineses."[5] A economia também é levada em consideração: scripts utilizados por populações menores costumam ser menos contemplados, uma vez que as fundições não podem contar com clientes suficientes.

Como muitas das indústrias criativas, o design de fontes é uma área com problemas de diversidade. Os designers de fontes cuja formação é em línguas "latinas" geralmente ficam fascinados com a grande quantidade de outros scripts globalmente encontrados. No entanto, o design de uma família tipográfica em um script que você não sabe ler ou que não cresceu usando deve ser feito com sensibilidade e, muitas vezes, requer um estudo aprofundado para ser projetado corretamente. As convenções de composição tipográfica, construção de letras e uso podem variar enormemente entre scripts e línguas, e nem sempre os princípios que servem para uma fonte latina

一丁七丈三上下不丐丑且世丘丟並中串
丹主乃久之乎乏乘乙九也乾亂企伊伍伏
休伙伯估伴伸似但位低住佔何四回因困
固圈國始姐姑姓委姥姻姿威娃娘娜婆婚
撞撤撥撫播撲擁擇擊擋操擔據擠擦擬擲
請諒論諸諾謀謂講謝謹證識譜警譯議護
譽讀變願顛類顧顥顯風飄飛食飾養餐餓
館饒香馬馮馳駐駕駛騎騙騰驅驗驚髒體

Разнообразный
и богатый опыт
новая модель
организационной
деятельности
обеспечивает
широкому кругу
(специалистов)
участие в
формировании
позиций, занимаемых
участниками
в отношении
поставленных задач.

ลักษณะของตัวพิมพ์
แต่ละตัวสามารถ
แสดงออกได้ถึง
ระดับเสียง

Topo: Ming Romantic, fonte de script chinesa, Synoptic Office, 2018.

Acima: Thonglor Bold, fonte de script vietnamita, Cadson Demak, 2016.

À esquerda: Fonte Steinbeck exibida em cirílico, Roman Gornitsky, The Temporary State, 2018.

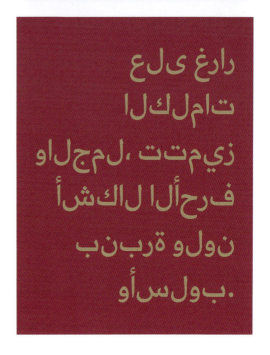

Acima, à esquerda: WanpakuRuika, fonte de script japonesa, que utiliza caracteres *kana* e *kanji*, Yutaka Satoh, Type Labo, 2013.

Acima, à direita: ITF Devanagari Marathi, Satya Rajpurohit, Indian Type Foundry, 2011.

À direita: Amariya Bold, fonte de script árabe, Nadine Chahine, Monotype, 2017.

Leituras complementares →

A RESOURCE Hub for Decolonizing Typography. *Futuress*, set. 2022. Disponível em: www.futuress.org/stories/decolonizing-typography-resources/. Acesso em: 27 jun. 2024.

WITTNER, Ben; THOMA, Sascha; HARTMANN, Timm. *Bi-Scriptual: Typography and Graphic Design with Multiple Script Systems.* Salenstein: Niggli, 2018.

224 Tipografia

podem ser aplicados sem erros a uma escrita não latina.

Os designers precisam ter cautela para não aplicar de modo irracional formas e ideais da tipografia ocidental, latina, a scripts globalmente diversos. Embora criar um mundo com vários scripts e fontes com suporte a diversos idiomas constitua um empenho fundamental, isso não deve ser feito simplesmente pela imposição imperialista de ideais latinos dominantes. A globalização e a tecnologia estão aumentando a demanda por scripts com amplo suporte a idiomas, mas também podem ajudar a disseminar a ideia de que o latim deve ser o padrão. Conforme apontado pelos autores do artigo "Multi scripts: Blended type family stories" ["Scripts múltiplos: histórias de famílias de tipos mesclados"], publicado na revista *Forum+* em 2022:

a globalização numa realidade pós-colonial tende a gerar uniformidade em diferentes níveis. Ela padroniza culturas, formas de pensar e formas de ver. Como uma interface visual central à cultura, scripts - a representação visual das línguas - estão sujeitos a esse processo. O latim, um script globalmente bem-sucedido, tem uma influência enorme na forma como as línguas são moldadas e usadas, e sua herança colonial se reflete na hegemonia cultural e tecnológica em escala global.[6]

Falando de maneira prática, designers que projetam textos multilíngues conhecem a frustração de descobrir uma família tipográfica que não tem glifos suficientes para uma língua determinada. Isso faz que a caixa de caracteres ausente, às vezes apelidada de "tofu", apareça ▯▯▯▯ (algumas

fontes têm símbolos personalizados em vez da caixa genérica). O problema do "tofu" levaria o Google e a Monotype a colaborarem no desenvolvimento da Noto, uma família tipográfica em código aberto cujo objetivo era oferecer suporte às mais de 800 línguas inclusas no padrão Unicode Consortium. Para isso, foi necessário usar mais de 150 sistemas de escrita, incluindo alguns em ameaça de extinção.

Lettering

O lettering é diferente da tipografia (embora tenha relação com ela), uma vez que se refere à criação de letras sem aplicar caracteres pré-fabricados de fontes existentes. O lettering implica a criação de algo sob medida para atender às necessidades do texto em processo. Muitos artistas de lettering são adeptos da caligrafia. No entanto, trata-se de duas disciplinas diferentes: uma definição diz que lettering é a arte de "desenhar letras", enquanto a caligrafia é a arte de "escrever letras". A implicação é que, na caligrafia, espera-se consistência - a mesma "mão" escreve um excerto de texto em um estilo consistente por meio de uma ferramenta projetada para escrever. O lettering não pressupõe a uniformidade ou quaisquer limitações sobre a forma como ele é criado. O termo "lettering à mão" era utilizado quando todos os letterings eram criados à mão, mas na era do computador o lettering é com frequência digital.

Historicamente, o lettering era uma área de expressão criativa, e não apenas a disseminação de informações textuais. Na arte islâmica, em que se evitavam formas de representação, as letras de citações do Alcorão floresceram como forma de arte, com estilos e variedades regionais diferentes - alguns fluidos e orgânicos, outros geométricos e matemáticos. Mesmo durante o final do século XIX, o lettering manteve sua importância, especialmente em placas, nas quais a tipografia impressa não podia competir em permanência e impacto. Os pintores de letreiros que criavam esses trabalhos geralmente se apoiavam em manuais com instruções sobre a construção de letras e alfabetos para copiar.

No início do século XX, o movimento Arts and Crafts revitalizou o interesse pelo lettering à mão, com tipógrafos como Edward Johnston, Rudolf Koch e Eric Gill valorizando a habilidade do trabalho manual, além de projetar fontes tipográficas. As diferentes tendências estéticas influenciaram a abordagem dos designers em relação ao lettering: o lettering à mão do art nouveau era orgânico, ornamentado e fluido, enquanto o art déco era mais regular e simplificado, muitas vezes imitando a tipografia em vez de tradições caligráficas. Embora a tipografia nunca tenha estado tão disponível, a maior parte dos "artistas comerciais" que criavam pôsteres e publicidade nos anos 1920 e 1930 preferia desenhar o próprio lettering, unificando texto e imagem.

O modernismo evitava a mão do designer e, no lugar, priorizava a mecanização que acompanhava as fontes. No entanto, na era do estilo mid-century modern (ver páginas 34-7), muitos designers preferiam o lettering à mão. Geralmente, ele era mais econômico e mais rápido do que a tipografia e, além disso, muitas gráficas, em sua luta para acompanhar a moda, tinham apenas uma variedade limitada de famílias tipográficas. A informalidade e o imediatismo da caligrafia fizeram que ela permanecesse popular, permitindo que os designers do mid-century modern colocassem literalmente uma marca pessoal no próprio trabalho, em contraposição ao anonimato do design suíço (ver páginas 38-41). David Crowley observa que, nos anos 1950, "a caligrafia se tornou um código para o individualismo moderno, aliada ao jazz e à música clássica [...] e ao romance moderno nas capas de livros de Alvin Lustig e Paul Rand".[7] Nos anos 1960 e 1970, o lettering era ainda mais exuberante e mudava rapidamente com as

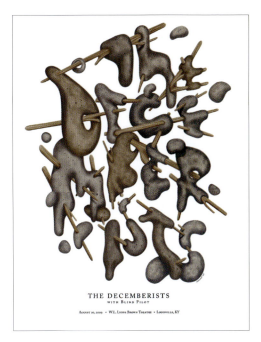

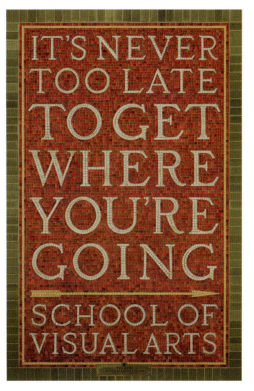

Acima, à esquerda: Pôster de show "The Decemberists", Alex Trochut, 2009.

Acima, à direita: Pôster de metrô da Escola de Artes Visuais, Louise Fili Ltd, 2018.

Abaixo, à direita: Capa de EP de *Laughing at the System* [*Rindo do sistema*], por Total Control, Wei Huang, 2017.

Abaixo, à esquerda: Jordan Metcalf para a revista *Money*, 2018.

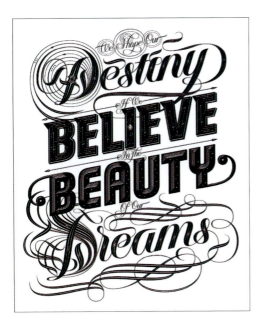

Acima, à esquerda: Seb Lester, 2010.

Acima, à direita: Oli Frape, 2021.

Ao lado: Citação de Keith Haring, Aries Moross para Adobe, 2020.

novas tendências, de modo que os designers muitas vezes olhavam para o passado em busca de inspiração.

Em vez de tornar o lettering obsoleto, os softwares digitais introduziram novas técnicas que o revitalizaram, sem a necessidade de se apoiar em habilidades de desenho manual. As imagens geradas por computador e software de modelagem em 3D adicionaram dimensionalidade às letras, algo difícil de obter manualmente, enquanto o movimento proporcionado pela mudança do papel para a tela acrescentava a isso as possibilidades da animação. As letras tradicionais também são criadas digitalmente, com designers usando Béziers (que, em softwares gráficos baseados em vetores, modelam linhas suaves parametricamente) para criar curvas perfeitas com a mesma atenção aos detalhes como qualquer desenhista histórico. Também houve um ressurgimento do interesse no lettering à mão, em parte por causa da saturação do digital e do desejo de voltar aos métodos sem tela. Artistas de lettering como Jessica Hische (n. 1984) e Seb Lester (n. 1972) conquistaram um enorme número de seguidores on-line, com pessoas interessadas em acompanhar seus vídeos trabalhando. O lettering é essencialmente a ilustração de um texto, portanto não surpreende que artistas profissionais de lettering tenham maior probabilidade de trabalhar também como ilustradores do que como designers gráficos. Outro aspecto do lettering está no campo da identidade visual, em que as marcas querem que seus logotipos sejam personalizados, exclusivos e, acima de tudo, de sua "propriedade", em vez de usar fontes disponíveis amplamente. Por vezes isso apenas significa uma tipografia customizada, talvez adaptada de fontes existentes, em vez de algo próximo à caligrafia.

Acima, à esquerda: Martina Flor, 2014.
Acima, à direita: Shiva Nallaperumal, 2022.
Abaixo: Alison Carmichael, 2020.
Ao lado: Lebassis, 2021.

Leituras complementares →
BARBER, Ken. *House Industries Lettering Manual*. London: Watson-Guptill, 2020.
FLOR, Martina. *Os segredos de ouro do lettering*. São Paulo: Gustavo Gili, 2018.
HISCHE, Jessica. *In Progress*. San Francisco: Chronicle Books, 2015.

Tipografia pós-moderna

A subversão de regras antigas do pós-modernismo (ver páginas 56-63) teve um enorme impacto sobre o design de fontes, particularmente porque o surgimento do Apple Macintosh e dos softwares de design de fontes disponíveis comercialmente permitiu que os designers experimentassem a criação das próprias fontes, que poderiam ser utilizadas com agilidade em trabalhos de design digital. Diversas fontes que surgiram no período pós-moderno se valeram das possibilidades abertas pelos computadores ou abraçaram as limitações da tecnologia digital inicial, como a família de fontes Lo-Res de Zuzana Licko (n. 1961), uma coleção de fontes de bitmap projetadas em uma grade minúscula de pixels. Licko foi uma das fundadoras da influente revista *Emigre*. Com design do cofundador Rudy VanderLans (n. 1955) em um Apple Mac, a *Emigre* apresentava as fontes digitais inovadoras de Licko, e a dupla logo estabeleceu e disponibilizou as Emigre Fonts. A revista estava na vanguarda do design gráfico pós-moderno, e sua fundição se tornou um ponto de encontro para designers que criavam fontes experimentais e conceituais, sem se preocupar com a tradição.

Fontes típicas da tipografia pós-moderna eram a Dead History, com design de P. Scott Makela (1960-99) em 1990, uma mistura de uma serifada (Centennial) e uma sem-serifa (VAG Rounded), e a Keedy Sans, desenhada por Jeffery Keedy (n. 1957), colaborador frequente da *Emigre*, em 1989. A Keedy Sans era intencionalmente incongruente e inconsistente, o que lhe conferia uma aparência singular, mas também – como a maioria das fontes Emigre – controversa. A tipografia pós-moderna era deliberadamente combativa em sua recusa tanto à tradição clássica quanto ao dogma modernista; a atratividade e a clareza não estavam entre suas principais preocupações, e a facilidade em produzir e distribuir fontes digitalmente significava que os designers estavam menos preocupados com a possibilidade de as famílias tipográficas serem vendáveis, embora muitas fontes Emigre – o auge da tendência da contracultura – tenham de fato alcançado o sucesso.

Com as influências retrô e vernáculas, diversas fontes pós-modernas confluíram para a tendência da época, voltada para o "grunge": elas tinham um aspecto confuso, sujo e pareciam deliberadamente inacabadas. Um exemplo que se encaixa nessa categoria, mas que é notável também por sua mecânica, é a FF Beowolf. Com design de Just van Rossum (n. 1966) e Erik van Blokland (n. 1967) em 1990, como o primeiro lançamento da FontFont (uma fundição digital iniciada por Erik Spiekermann [n. 1947] e Neville Brody [n. 1957]), a Beowolf, a princípio, parece uma fonte serifada um pouco estranha, com acabamento irregular e sem curvas. No entanto, por causa de um ajuste no código PostScript, quando impressa, a fonte se torna aleatória em vários graus, de modo que não há duas instâncias de um glifo que saiam iguais.

As novas formas de distribuição de fontes, como em disquetes ou on-line, significaram que as fontes pós-modernas se espalharam rapidamente entre os designers experientes em tecnologia, os quais buscavam subverter as regras de bom gosto impostas pelas gerações anteriores. Com a *Emigre*, outra publicação influente foi a *FUSE*, fundada por Neville Brody e Jon Wozencroft (n. 1958) em 1991. Cada edição trimestral contava com um tema

Keedy Sans Bold
AaBbCcDdEeFfGg HhiiJjKkLlMmNnOo PpQqRrSsTtUuVv WwXxYyZz

Dead History
AaBbCcDdEeFfGg HhIiJjKkLlMmNn OoPpQqRrSsTtUu VvWwXxYyZz

Acima, à esquerda: Keedy Sans, Jeffery Keedy, Emigre, 1989.

Acima, à direita: Dead History, P. Scott Makela, Emigre, 1990.

Abaixo, à direita: Dogma Outline, Zuzana Licko, Emigre, 1994.

Abaixo, à esquerda: Elliotts OT Jigsaw Dropshadow, Elliott Peter Earls, Emigre, 1998.

Centro: NotCaslon, Mark Andresen, Emigre, 1991.

THE
QUICK
BROWN
FOX
JUMPS
OVER
THE
LAZY
DOG

abrangente e apresentava quatro designers convidados (como Barry Deck, Peter Seville, David Carson e Malcolm Garrett), cada um produzindo uma fonte diferente (inclusa em um disquete) e um pôster. Como no caso de várias fontes pós-modernas, aquelas que acompanhavam a revista *FUSE* eram de praxe explorações de ideias - experimentos realizados para subverter as fronteiras da disciplina, mais que fontes projetadas para uso prático.

As fontes pós-modernas - retiradas de seu contexto ou vistas sob uma perspectiva conservadora - enfureceram muitos designers, por considerá-las abominações ou autoindulgentes. Contudo, a maioria não era projetada para se adequar à função prévia de funcionalidade da tipografia. O pós-modernismo chacoalhou noções binárias - como "certo" e "errado" ou "alta" e "baixa" cultura -, e a própria linguagem (que a tipografia expressa) não era mais considerada objetiva: ela se tornou um portador de significado a ser desconstruído e decodificado. Não surpreendia, então, que a tipografia se tornasse mais subjetiva também, à medida que os designers procuravam entender melhor seu papel.

A tipografia não era mais somente um veículo para melhorar a comunicação ou atrair clientes, mas se tornou uma área de expressão ou de interrogação e desafio de maneira reflexiva. É claro que nem todo mundo aprovava isso. Steven Heller (n. 1950) e Massimo Vignelli (1931-2014) foram críticos proeminentes da tipografia pós-moderna, e tais debates desencadearam as chamadas "Guerras de Legibilidade" - discussões acaloradas sobre a legibilidade e a finalidade da tipografia. As opiniões ainda variam muito, mas a influência do pós-modernismo na tipografia resultou em um campo mais rico a longo prazo, e sua

Acima: Template Gothic, Barry Deck, Emigre, 1991.

Ao lado: Exocet, Jonathan Barnbrook, Emigre, 1991.

atitude de que vale tudo se normalizou, a ponto de não constituir mais algo subversivo. Muitos designers que começaram na era pós-moderna prosseguiram em longas carreiras produzindo uma variedade de estilos de tipografia, incluindo famílias tipográficas mais tradicionais, como a Mrs Eaves, de Licko (1966), provando que eles tinham habilidades para produzir fontes convencionais e funcionais, a despeito do que pensavam seus críticos.

Tipografia digital

Desde a invenção da prensa de impressão até o processo "frio" de fotocomposição, a tipografia tem evoluído com a tecnologia, tornando-se cada vez mais rápida e menos trabalhosa. A mudança do impresso para o digital foi radicalmente impactante, virando todo o setor de cabeça para baixo em uma questão de décadas. As limitações iniciais das telas básicas e os requisitos decorrentes dos processos digitais colocaram para os designers de fontes novas restrições sobre as quais trabalhar, conduzindo a uma estética tecnológica nova e empolgante. Um dos primeiros designers a experimentar nessa área foi Wim Crouwel (1928-2019; ver página 130). O holandês, adepto ao uso do grid, desenhou a família tipográfica New Alphabet em 1967, em resposta ao grande tamanho de pixel dos monitores de tubo de raios catódicos (CRT), cujo grid de matriz de pontos inviabilizava curvas e detalhes finos. A fonte ainda futurista de Crouwel é difícil de ler, por causa das várias letras não convencionais, além de utilizar exclusivamente horizontais, verticais, ângulos de 45 graus e uma largura de linha consistente. Ela foi concebida como um exercício teórico de exploração de novas tecnologias, e não para uso real, embora Peter Saville a tenha utilizado para a capa do álbum *Substance*, de Joy Division, em 1988, e uma revitalização digital dessa fonte tenha sido proposta pela The Foundry em 1997.

Uma tecnologia que levou a novas formas tipográficas nos anos 1960 foi a necessidade de reconhecimento óptico de caracteres (OCR) - uma fonte legível por uma máquina, transformando o texto impresso em dados digitais. Uma das primeiras foi a OCR-A da ATF, fonte sem-serifa monolínea e monoespaçada, lançada em 1968. Como o experimento de Crouwel, ela exibe um mínimo de curvas, o que lhe confere uma aparência singular, e as habilidades rudimentares da tecnologia OCR significavam que certos caracteres teriam construções não convencionais como forma de diferenciação deles. Embora a tecnologia de reconhecimento de texto tenha avançado até o nível em que a maioria das fontes possa ser lida, a OCR-A ainda é utilizada com frequência. A estranheza das formas da OCR-A levou ao desenvolvimento da OCR-B (1968), projetada por Adrian Frutiger para a Monotype. Ela tem uma aparência mais convencional, mas ainda pode ser lida pela tecnologia dos anos 1960. As formas da OCR-A eram menos exageradas do que as fontes produzidas logo antes, projetadas para o reconhecimento de caracteres de tinta magnética (MICR), que apresentavam traços grossos idiossincráticos a fim de ajudar no reconhecimento e evitar confusão entre glifos. Isso rapidamente se tornou sinônimo, com a ausência de curvas, da imagem pública dos computadores, incentivando o design de diversas fontes que, embora não compatíveis com OCR, imitavam a construção e o estilo dessas fontes. Entre elas, estão a Gemini (1964), de Franco Grignani, a Westminster (1965), de Leo Maggs (n. 1939) e a Data 70 (1970), de Bob Newman. Embora não fossem, de fato, fontes digitais (a maioria era produzida para impressão em fototipia e lettering por transferência a seco), elas rapidamente passaram a simbolizar uma aparência tecnológica para a tipografia nos anos 1970.

As primeiras fontes verdadeiramente digitais tiveram seu design concebido para a fotocompositora Digiset, uma invenção de 1965 de Rudolf Hell (1901-2002), que também é responsável pela invenção do primeiro

Acima, à esquerda: New Alphabet, Freda Sack e David Quay para The Foundry, 1997, com design de Wim Crouwel em 1967.

Acima, à direita: Fonte OCR-A, ATF, 1968.

Abaixo, à direita: Amelia, Stan Davis para Visual Graphics Corporation, 1966.

Abaixo, à esquerda: OCR-B, Adrian Frutiger para Monotype, 1968.

Centro: Data 70, Bob Newman para Letraset, 1970.

Tipografia digital **237**

AaBbCcDdEeFfGg
HhIiJjKkLlMmNn
OoPpQqRrSsTtUu
VvWwXxYyZz12345
6789!? AaBbCcDdEeFfGgHh
IiJjKkLlMmNnOoPpQqRrSsTtUu
VvWwXxYyZz123456789!?

Acima: Família tipográfica LoRes: LoRes 21 Serif Regular (em preto) e LoRes 22 Narrow Regular (em vermelho), Zuzana Licko para Emigre, 1985/2001.

aparelho de fax e do scanner colorido. No processo da Digiset, a tipografia era transmitida como luz através de um tubo de raios catódicos e, embora o resultado ainda envolvesse exposição fotográfica, as próprias famílias tipográficas eram armazenadas como dados digitais - um processo até então inédito. As fontes foram criadas especialmente para a máquina, em um processo em que cada glifo era construído a partir de um grid quadrado de 100 × 200. A primeira foi a Digi-Grotesk, baseada na Neuzeit-Grotesk. À medida que a tecnologia avançava, a Hell Digiset propunha fontes digitais com design de Gerard Unger (1942-2018) e Hermann Zapf.

Essas fontes digitais originais poderiam ser chamadas de fontes "bitmap", "raster" ou "pixel", porque eram construídas em uma matriz de grid de unidades quadradas, em vez de terem curvas limpas. Quando o Macintosh foi lançado no início dos anos 1980, ele continha algumas excelentes fontes bitmap com design de Susan Kare (n. 1954), da Apple. Os avanços tecnológicos envolvendo matemática e automações complexas, como hinting (a distorção das formas das letras para que se encaixem melhor em um grid de pixels), renderização de subpixels, *anti-aliasing* (em que gradações de pixels cinzas são utilizadas para atenuar linhas irregulares) e interpolação, otimizaram a aparência suave e a legibilidade das fontes em resoluções mais baixas e tamanhos menores nas últimas décadas. No entanto, os melhores resultados ainda são obtidos por meio de um meticuloso zelo manual por parte dos designers e engenheiros de fontes.

As curvas digitais suaves viriam com a invenção dos gráficos vetoriais e das curvas de Bézier (ver página 229). O lançamento da linguagem de programação

PostScript pela Adobe, em 1984, deu início à revolução da "editoração eletrônica", mas também teve um enorme impacto no design de fontes digitais, permitindo que as fontes tivessem seu design projetado como vetores e, depois, fossem enviadas para um dispositivo com diferentes resoluções. Isso, por sua vez, conduziu a um novo programa de criação de fontes disponível em computadores pessoais que democratizou o design de tipos. O primeiro do Apple Mac, chamado Fontastic, podia criar apenas fontes de bitmap. Em 1986, surgiu o Fontographer, o primeiro software de edição de curvas de Bézier para um computador pessoal, que teve enorme influência sobre uma nova geração de designers de fontes. Para muitos designers, a estética do bitmap era visualmente atrativa e continuou despertando interesse, mesmo depois de os gráficos vetoriais serem viabilizados em termos tecnológicos. Com o passar dos anos, muitos outros programas de design de fontes foram desenvolvidos - como FontLab, FontForge, RoboFont e Glyphs - os quais, combinados com a internet, foram responsáveis pela proliferação de fontes gratuitas, de todas as variedades imagináveis, disponíveis para os designers atualmente.

Historicamente, as fontes digitais vêm em vários formatos de arquivo (por exemplo, TrueType e OpenType), e as diferenças entre eles têm origem na concorrência entre as empresas. Um avanço no formato de fontes que teve importância prática para os designers se deu com o surgimento das fontes web, que permitiu que os sites utilizassem fontes carregadas de maneira remota em vez de depender de fontes já instaladas no dispositivo do usuário. Antes disso, as fontes "seguras para a web" eram fontes-padrão que vinham com a maioria dos

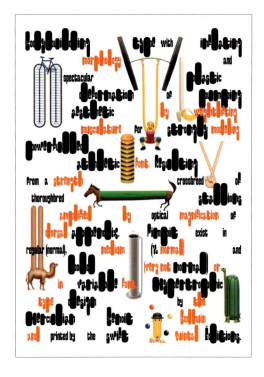

'Gilbert is sans-serif typeface, a tribute font to honor the memory of Gilbert Baker, the creator of the LGBT Rainbow Flag. This colorful typeface was supposedly designed to "express diversity and inclusion", specially made for striking headlines and statements that could live on banners for rallies and protests. It is part of the TypeWithPride initiative, a collaboration between NewFest, NYC Pride, Ogilvy and Fontself'

Topo: Fonte variável Acumin, Robert Slimbach, Adobe, 2018.

Acima, à direita: Pôster da fonte variável Pimpit, Benoît Bodhuin/BB-Bureau, 2021.

Acima, à esquerda: Fonte colorida Gilbert, Robyn Makinson, Kazunori Shiina e Hayato Yamasaki, 2017.

computadores, como Arial, Verdana, Times New Roman, Georgia, Courier New, Comic Sans e Impact, o que dificultava a criação de algo exclusivo por parte dos web designers.

A tecnologia avançou a ponto de não haver quase nenhuma limitação para a tipografia digital, e suas possibilidades há muito ultrapassaram a impressão. Os desenvolvimentos em scripts de programação introduziram elementos de automação no processo de design de tipos, embora continue sendo uma tarefa demorada e trabalhosa quando bem executada. Uma inovação recente é o formato de "fonte variável", que permite que um único arquivo de fonte contenha uma série de variações, controladas por um eixo deslizante que modela características como peso, largura e inclinação. Os benefícios das fontes variáveis incluem tamanhos de arquivo menores, o que significa que os sites podem ter mais variações de fontes sem que isso aumente seu tempo de carregamento - ter mais variações que uma fonte tradicional de vários estilos significa que os designers têm um controle maior sobre o que querem construir. Outra área de inovação são as "fontes coloridas", armazenadas no formato SVG (gráficos vetoriais escaláveis) e que "incorporam dados adicionais para exibir mais propriedades gráficas do que as formas de contorno de um caractere",[8] o que geralmente significa cores, tons ou gradientes predefinidos. O desenvolvimento das fontes coloridas surgiu de empresas que buscavam uma forma de exibir emojis em seus sistemas operacionais.

Psicologia das fontes

Em seu livreto de 1986 de apresentação da identidade para a empresa de computadores NeXT, de Steve Jobs, Paul Rand escreveu que "atribuir certas qualidades mágicas a determinadas fontes é, em grande parte, uma questão subjetiva".[9] Pode ser algo subjetivo, mas, sem dúvida, as fontes têm as próprias personalidades, evocando sentimentos e efeitos psicológicos variados, quer os percebamos ou não. Vários fatores têm influência sobre significados e associações subliminares que recebemos quando somos apresentados a uma fonte. O mais óbvio são as próprias formas – é aqui que a subjetividade é menos pronunciada, pois as qualidades estão vinculadas a características universais. Uma fonte com formas arredondadas é considerada mais suave, amigável e acessível, enquanto uma fonte angular é percebida como mais agressiva ou desafiadora. O peso também tem um grande impacto: as formas mais finas são mais delicadas e sutis, enquanto traços mais grossos implicam confiança, força e volume. As formas que se inclinam para a frente pressupõem velocidade, movimento e dinamismo, especialmente se parecerem aerodinâmicas. A construção sólida de uma serifa slab é robusta e nos faz pensar em confiabilidade. Uma fonte script casual evoca nossa compreensão da caligrafia e de sua natureza pessoal.

Embora as formas cumpram seu papel, a maioria das associações provocadas pelas fontes vem do condicionamento cultural e das associações aprendidas por meio da experiência e, como tal, são subjetivas, mesmo que muitas vezes amplamente compartilhadas. É mais provável que nossa compreensão de um tipo de letra seja comunitária, proveniente do uso contextual comum, mas também pode ser algo muito pessoal. Compreender a forma como lemos e entendemos signos visuais é um processo complexo modelado por muitos fatores diferentes, mas a repetição ao longo do tempo é um caminho no qual criamos sentido a partir do significado não verbal.

Uma maneira de pensar nas fontes é como vozes distintas: podemos ouvir a mesma mensagem dita de maneiras diversas, mas as diferenças sutis de sotaque, pronúncia, tom e entrega afetarão a forma como interpretamos o que está sendo dito. Isso foi apontado por Beatrice Warde (1900-69) em seu famoso ensaio "A taça de cristal", de 1930, no qual ela escreve: "O tipo bem aplicado é invisível como tipo, assim como a voz falada perfeita é o veículo despercebido para a transmissão de palavras".[10] Warde pensava na tipografia de livros, em que a legibilidade é fundamental, mas seu argumento tem validade para outras esferas: em um nível subconsciente, entendemos se uma fonte é apropriada para determinado contexto e, assim, muitas vezes não lhe damos atenção; quando ela é usada de maneira inadequada, isso se torna perceptível e nos incomoda.

Serious

Friendly

Sophisticated

Traditional

STRONG

Elegant

Casual

Confident

Childish

high-tech

Gothic

CLASSICAL

Soft

Personal

DYNAMIC

Fun

Leituras complementares →

HYNDMAN, Sarah. *Why Fonts Matter*. London: Virgin Books, 2016.

LUPTON, Ellen. *Pensar com tipos*: guia para designers, escritores, editores e estudantes. São Paulo: Gustavo Gili, 2020.

Capítulo 5:
Mídias

Pôsteres

"A função do pôster é, sem dúvida, passar sua mensagem com o maior impacto possível no menor tempo possível. Ele deve prender, manter, persuadir, implantar uma ideia e fornecer informações específicas. Os elementos pictóricos podem atingir os primeiros objetivos, mas o texto é quase sempre uma necessidade para o último. Portanto, ao julgar um pôster, há três considerações: quão eloquentemente os elementos pictóricos sustentam seu ponto; quão efetivamente o texto entrega as informações específicas; quão bem esses elementos estão integrados para criar uma estrutura de design bem-sucedida." Aline B. Louchheim, "Posters: challenge to the artist" ["Pôsteres: desafio para o artista"], *New York Times* (9 de março de 1952)

O pôster é, sem dúvida, a mídia na qual o design gráfico, como o conhecemos hoje, surgiu pela primeira vez, e ainda é um dos exemplos mais arquetípicos e puros do que constitui a disciplina. Ao tentar definir o pôster, a crítica americana Susan Sontag (1933-2004) comparou-o a uma forma relacionada, o "aviso público", escrevendo:

o pôster, de maneira diversa do aviso público, pressupõe o conceito moderno do público - no qual os membros de uma sociedade são definidos primeiramente como espectadores e consumidores. Um aviso público almeja informar ou orientar. Um pôster tem o objetivo de seduzir, exortar, vender, educar, convencer, apelar. Enquanto um aviso público distribui informações para cidadãos interessados ou alertas, um pôster alcança aqueles que, de outra forma, poderiam passar sem perceber. Um aviso público afixado em uma parede é passivo, exigindo que o espectador se apresente diante dele para ler o que está escrito. Um pôster clama por atenção - a distância. Ele é visualmente agressivo.[1]

O pôster nasceu na era da reprodução mecânica, particularmente com o advento da litografia colorida. Contudo, as inovações de seus pioneiros (por exemplo, Jules Cheret, Henri de Toulouse-Lautrec, Eugene Grasset, Alphonse Mucha e The Beggarstaffs) não eram particularmente estilísticas - eles utilizavam técnicas que se encontravam disseminadas em pinturas -, mas, em vez disso, apoiavam-se na aplicação de técnicas das belas-artes em um contexto comercial e na junção de suas imagens com o texto. A maioria dos primeiros pôsteres do século XIX e do início do século XX tinha o objetivo de se constituir como peças de publicidade atraentes, para produtos cotidianos ou eventos especiais (como performances de teatro ou noites de cabaré), embora nos Estados Unidos muitos dos melhores pôsteres tenham sido produzidos para revistas.

Os pôsteres, tanto hoje quanto no passado, não eram vistos de maneira isolada, mas em espaços públicos de destaque, competindo com outros pôsteres pela atenção dos transeuntes. Os pôsteres refletiam o comércio e a cultura de sua época, bem como as tendências estéticas gerais. Por exemplo, os primeiros pôsteres tinham o estilo do art nouveau, mas logo designers como Cassandre (1901-68), Edward McKnight Kauffer (1890-1954) e Vera Willoughby (1870-1939) trabalhariam em um estilo art déco, que se provou ideal para uma nova área - o pôster de viagem. As formas

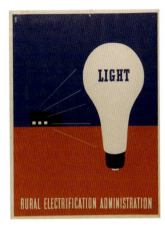

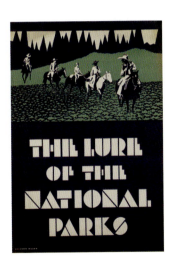
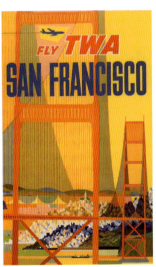

Acima (E→D): "Chat noir" ["Gato negro"], Théophile Alexandre Steinlen, 1896; "Austria" ["Áustria"], Atelier Binder, *c.* 1935; "Light" ["Luz"], Lester Beall, *c.* 1930.

Abaixo (E→D): "Exactitude" ["Exatidão"], Pierre Fix-Masseau, 1932; "The lure of the national parks" ["O encanto dos parques nacionais"], Dorothy Waugh, *c.* 1935, "San Francisco" ["São Francisco"] para TWA, David Klein, 1957.

Páginas anteriores: Pôsteres para adidas Football, Yarza Twins, 2018.

Pôsteres 247

sofisticadas das inovações tecnológicas, como navios de cruzeiro gigantescos e trens velozes que cruzavam continentes, mostravam-se adequadas aos estilos angulares do art déco. Os pôsteres de viagem permaneceriam como campo relevante do design de pôsteres durante a maior parte do século XX, especialmente com a expansão das viagens aéreas. A vanguarda do período entreguerras tinha a própria abordagem ao design de pôsteres, enquanto as duas guerras mundiais fizeram emergir, para os designers, um novo tipo de pôster, fora dos limites usuais do comércio - a propaganda. Outro setor novo que geraria alguns dos pôsteres mais icônicos foi o cinema, com os sucessos de bilheteria de Hollywood e os filmes de arte europeus que muitas vezes contavam com um marketing impresso distintivo. O expoente mais conhecido do pôster de cinema foi o designer americano Saul Bass (1920-96), mas muitos países tiveram a própria versão desse formato. Por exemplo, a Escola Polonesa de Pôsteres, dos anos 1950 a 1980, deu liberdade aos designers para que adotassem uma abordagem conceitual ou imprimissem suas personalidades às obras, embora no contexto do comunismo e não do capitalismo.

O design de pôsteres seria um dos principais formatos em que o design suíço modernista (ver páginas 38-41) se manifestou após a Segunda Guerra Mundial, além de consistir, nos anos 1960, em uma zona de expressão contracultural na vanguarda da cultura pop. Conforme os pôsteres se tornaram mais políticos, os designers comerciais também refletiam sobre a responsabilidade de produzir um trabalho tão público e sobre a função do pôster nos espaços urbanos cada vez mais sobrecarregados visualmente. Em 1952, Walter Allner (1909-2006) - formado pela Bauhaus e que se mudou para os Estados Unidos em 1949 - declarou: "Aqueles que usam pôsteres em outdoors deveriam reconhecer sua obrigação estética diante do público: eles são, em grande parte, responsáveis por formar o gosto do público, a ponto de envolver sua inteligência e moralidade; está em seu poder educar ou corromper, exaltar ou rebaixar".[2] Novas mídias, como rádio, televisão e revistas coloridas brilhantes, fizeram que o pôster deixasse de ser o foco principal do setor de publicidade, mas sua proeminência pública se manteve inigualável, e a facilidade da produção em grandes volumes sustentou sua importância em áreas externas ao *mainstream*, ao longo de todo o século XX.

Em nossa era digital, um pôster não precisa mais ser impresso; a linguagem da fisicalidade ainda é aplicada no mundo virtual - você "publica" uma imagem no Instagram ou em um "mural" do Facebook. Um jpeg digital ser tecnicamente um "pôster" pode ser motivo de debate, mas um pôster que só será visto na tela tem mais possibilidades: ele não precisa ser estático. Apesar das novas opções viabilizadas pela internet, o pôster impresso permanece um formato no qual muitos designers gráficos desejam realizar seu trabalho. As inovações na impressão, como o surgimento da impressão digital, significam que os designers podem produzir mais variações de pôsteres, em vez de depender de uma grande tiragem para um design final. Embora muitos dos pôsteres mais famosos da história tenham sua singularidade, o design de uma série de pôsteres pode, muitas vezes, proporcionar ao designer mais oportunidades de exercer sua criatividade, com os desafios que vêm com a produção em múltiplos.

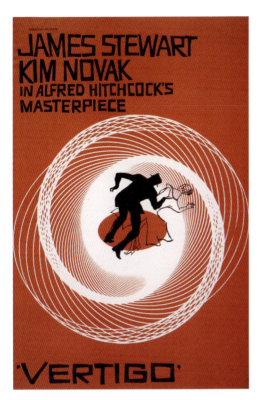

Acima, à esquerda: Pôster do filme *Um corpo que cai*, Saul Bass, 1961.

Acima, à direita: Pôster "Circus Igor Kio", *c.* 1960-1969.

À esquerda: Pôster para o Baile de Belas-Artes da Liga Arquitetônica de Nova York, Michael Bierut e Nicole Trice/Pentagram, 1999.

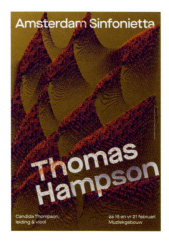  

Acima: Pôsteres para Amsterdam Sinfonietta, Studio Dumbar, 2020.

Abaixo: Pôsteres em risografia em duas cores para Black Cinema House, design de James Goggin/Practise, impresso por Christopher Roeleveld, 2012.

Ao lado: Pôster para *Anna Karenina* no Sheffield Theatres, Emilie Chen, 2022.

Leituras complementares →

LASEROW, Scott; DELGADO, Natalia. *Making Posters*: From Concept to Design. London: Bloomsbury, 2020.

LUPTON, Ellen. *How Posters Work*. New York: Cooper-Hewitt Museum, 2015.

SAUNDERS, Gill; TIMMERS, Margaret. *The Poster*: A Visual History. London: Thames & Hudson/V&A, 2020.

Estilos, contextos e temas evoluíram constantemente desde que os primeiros pôsteres foram impressos em pedras litográficas no século XIX, mas os desafios para um designer de pôster se mantêm os mesmos: criar algoque seja atrativo para os olhos, facilmente digerível, memorável, imediato e econômico. Os pôsteres não contam com um público cativo, embora tenham se tornado itens de colecionador ou objetos de decoração de casa: o luxo da atenção não é algo garantido, seja trabalhando com impressão ou para as telas. Nas palavras de John Garrigan, curador de design no Museum of Modern Art de Nova York nos anos 1970:

> Um sistema de comunicação em massa altamente desenvolvido tornaria, a princípio, o pôster obsoleto. No entanto, ele se tornou a declaração de um grupo ou de um indivíduo em uma época de mensagens eletrônicas em massa, provando ser ainda mais atraente por essa comunicação direta um a um [...] Um grande pôster geralmente se torna o próprio símbolo de um produto, causa ou evento. Uma síntese entre mensagem e método, o pôster pode chocar ou entreter, despertar emoções e permanecer na memória. Nesse aspecto, o pôster como meio de comunicação ainda é insuperável.[3]

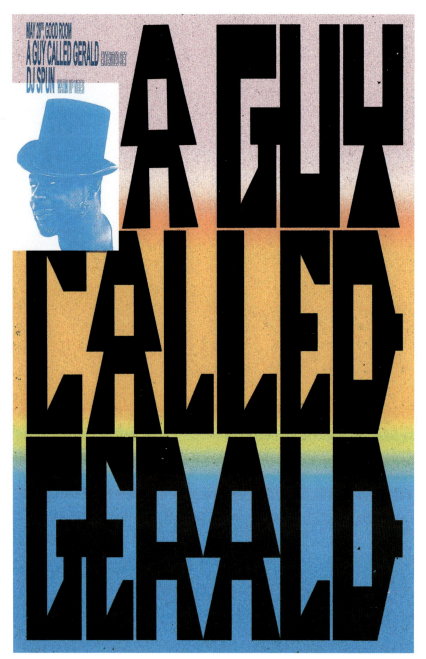

À esquerda e Ao lado, acima: Pôsteres para Good Room, Bráulio Amado, 2019, 2022 e 2016.

Ao lado, abaixo: Pôsteres para Südpol, Studio Feixen, 2014, 2013 e 2012.

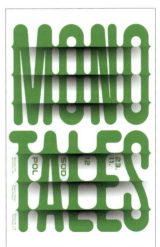

Pôsteres 253

Publicidade

"A teoria é - e ela é eficaz - que, se um anúncio não tiver poder de retenção suficiente sem todas as palavras pequenas, nenhuma quantidade de conversa fará que um grande número de pessoas o leia."

Bill Bernbach, citado em *Marketing/Communications*, edição 297 (1969)

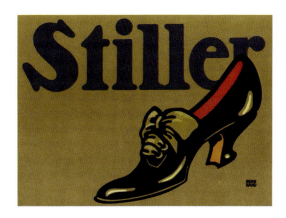

Topo: Publicidade da Stiller, Lucian Bernhard, 1908.
Acima, à direita: Publicidade da *Daily Herald*, Edward McKnight Kauffer, 1918.
Abaixo, à esquerda: Publicidade da *Life*, Walter Allner, *c.* 1952.
Centro: Publicidade da Chrysler, Ashley Havinden, W.S. Crawford Ltd, 1928.

Nem todo design gráfico é publicidade, nem toda publicidade é design gráfico, mas os dois campos estão ligados de maneira intrínseca, especialmente ao longo da história. O diretor de arte e escritor americano Steven Heller (n. 1950), em um artigo da revista *Eye* de 1995 intitulado "Advertising: mother of graphic design" ["Publicidade: mãe do design gráfico"], observa: "Embora o design gráfico, tal como o conhecemos, tenha surgido no final do século XIX como uma ferramenta de publicidade, a associação atual com o marketing, com a publicidade ou com o capitalismo prejudica profundamente a autoimagem do designer gráfico".[4] Nem todos os designers gráficos ficam confortáveis com o fato de a área estar tão emaranhada à publicidade. Isso pode ocorrer por motivos sociais, como a suspeita de consumismo desenfreado, ou simplesmente porque o setor de publicidade, que é enorme e cobra grandes taxas, tende a se considerar separado do mundo do design gráfico, apesar de empregar um grande número de designers.

O pôster (ver páginas 246-253) foi a principal forma de publicidade durante grande parte do século XIX e no início do século XX, criando caminhos que seriam ideais considerando o tempo limitado de atenção do espectador (muitos pôsteres eram vistos em movimento), especialmente o *Sachplakat*, ou pôster de objeto, dominado por designers europeus como Lucian Bernhard (1883-1972), Otto Baumberger (1889-1961) e Niklaus Stoecklin (1896-1982). Como reação ao maximalismo do art nouveau, os pôsteres de objetos mantiveram a simplicidade, reduzindo o conteúdo ao mínimo necessário – em geral, apenas o nome da marca e seu produto, que muitas vezes era representado de maneira monumental em um estilo hiper-realista ou, no caso de Bernhard, seu pioneiro, com uma abordagem mais plana e gráfica. O *Sachplakat* era um aspecto do que ficou conhecido como *Plakatstil* ("estilo de pôster", em alemão), desenvolvido à medida que designers buscavam um estilo apropriado para a publicidade moderna do século XX, em vez de se basearem em técnicas extraídas da arte. Com o tempo, os pôsteres de objetos passaram a se inspirar no surrealismo para criar composições mais intrigantes ou, no trabalho sintetizado pelo designer suíço Herbert Leupin (1916-99), ficaram mais alegres e divertidos. Principalmente após os horrores da Segunda Guerra Mundial, o humor se tornou vital no design publicitário, com produtos antropomorfizados, mascotes lúdicos e rostos sorridentes ilustrados que viraram uma espécie de lugar-comum.

Além dos pôsteres, o design publicitário estava sobretudo em contextos impressos, como revistas ou jornais, em que as restrições e as metodologias eram praticamente as mesmas, mas um público mais cativo fazia que anunciantes incluíssem mais texto – o que era conhecido como uma abordagem de "texto longo" ou "venda pesada". Muitas vezes, essa publicidade era composta de maneira padronizada, de uma manchete no topo, uma ilustração ou fotografia no meio e um bloco denso de texto na parte inferior, e pouco fazia no sentido de chamar mais atenção dos consumidores. Tudo isso mudaria no final dos anos 1950 e 1960, com o que ficou conhecido como a "nova publicidade". Esse processo teve pioneirismo na cidade de Nova York e enfatizou a importância de um conceito, ou "grande ideia", que unisse texto e imagem em um todo completo, usando a inteligência para atrair interesse e transformando as pessoas em participantes ativos, e não em espectadores passivos.

Acima, à direita:
Publicidade da Volkswagen, direção de arte de Helmut Krone, redação de Julian Koenig, Doyle Dane Bernbach, 1959.

Acima, à esquerda:
Publicidade da Coldene, George Lois, Papert Koenig Lois, 1960.

À esquerda:
Publicidade para os pneus de *scooter* da Pirelli, Lora Lamm, 1960.

Acima:
Publicidade em outdoor da Marmite Chilli, Adam&Eve DDB, 2021.

Abaixo:
Publicidade em outdoor para *The Economist*, direção criativa de Paul Belford para AMV BBDO, 2004.

Leituras complementares →
BARRY, Pete. *The Advertising Concept Book*. London: Thames & Hudson, 2016.
D&AD. *The Copy Book*. Cologne: Taschen, 2022.
FLETCHER, Winston. *Advertising*: A Very Short Introduction. Oxford: Oxford University Press, 2010.

A publicidade impressa estava se esforçando mais para ser esperta e, em parte, isso era uma resposta às novas áreas da publicidade, como televisão e rádio, que não envolviam design gráfico.

A publicidade passou a dominar cada vez mais áreas da vida moderna ao longo dos anos 1960 e foi parte da justificativa para uma parcela da contracultura e do anticonsumismo da geração hippie. Também os designers, como visto no manifesto *First Things First* [*Uma coisa de cada vez*] (1964), não estavam necessariamente contentes com contribuir para o "grito estridente da venda ao consumidor" - uma tendência que cresceu nas décadas seguintes, em particular após a fundação, em 1989, da revista canadense *Adbusters*.

Apesar de sua predominância crescente, a publicidade, nas últimas décadas, tendeu a se apropriar de técnicas, ideias e estéticas de outros campos, em vez de buscar as próprias inovações. Em parte, isso se deve ao fato de que o design gráfico é com frequência visto no setor como uma simples execução ou "styling" de ideias criadas externamente, em vez de um espaço para a integração de forma e mensagem. Isso não quer dizer que não exista bom design gráfico no setor de publicidade, mas ele nem sempre parece ser sua principal preocupação. Os anúncios de televisão têm maior prestígio, maior visibilidade e orçamentos mais altos, de modo que os anúncios impressos tradicionais muitas vezes se restringem a aproximar as mesmas ideias de maneira diluída, servindo para lembrar as pessoas de uma campanha mais ampla, em vez de construírem um impacto próprio. No entanto, com a grande variedade de plataformas de mídias digitais e redes sociais que dominam atualmente, é

de se esperar a exigência de campanhas que funcionem de maneira ampla.

Em nossa era de redes sociais com conteúdo "viral", há ainda mais motivos para que a publicidade seja projetada de modo inteligente, pois uma campanha bem-sucedida será ativamente compartilhada e celebrada por pessoas que apreciam sua sagacidade, revertendo assim o papel típico da publicidade de interrupção não solicitada. Para alcançar essa finalidade, as campanhas impressas geralmente se concentram no design de um outdoor particularmente criativo, em vez de uma campanha disseminada por todo o país - com a certeza de que isso poderia gerar milhões de visualizações on-line com uma fração do gasto com mídia.

Capas de livro

Embora os livros existam há séculos, a ideia de que suas capas deveriam ser visualmente atrativas é uma invenção bastante moderna. Os primeiros livros eram encadernados com capa dura com sobrecapas de papel, conhecidas como *dust jackets* ou jaquetas, que surgiram em meados do século XIX e funcionavam como uma proteção a ser descartada quando o livro chegava em casa. À medida que os livros se tornaram mais baratos e populares, suas capas se transformaram em uma oportunidade de marketing que artistas e designers eram contratados para produzir, de maneira que expressasse o conteúdo do livro e atraísse possíveis leitores.

As capas de livros há muito refletem as tendências estéticas de sua época. A distinção entre livros e jornais ou revistas se diluiu no final do século XIX, e nessas séries as capas chamavam mais atenção, como com *The Yellow Book* [O livro amarelo], com suas capas ousadas em estilo art nouveau de Aubrey Beardsley (1872-98), e os chamados *"penny dreadfuls"* - periódicos sensacionalistas baratos com obras de arte chocantes. Os livros de bolso "em massa" do século XX retomariam essa tradição. O convite a artistas para criar imagens de capa continuou no início do século XX, com destaque para Vanessa Bell (1879-1961), a pintora que criou capas graficamente impactantes para as obras de sua irmã, Virginia Woolf. As capas norte-americanas dos anos 1920 ainda tendiam a ser pintadas em vez de produzidas de maneira gráfica, com o exemplo mais icônico na capa de Francis Cugat (1893-1981), de 1925, para o romance *O grande Gatsby*, de F. Scott Fitzgerald.

As capas ilustradas se tornaram algo comum, mesmo para livros com mérito literário, no final dos anos 1930, mas nem todo mundo se empolgou com essa tendência. Em alguns países europeus, as capas funcionais sem adornos eram tidas como norma, e muitas editoras britânicas ainda preferiam uma abordagem exclusivamente focada no texto. Entre elas estava a Penguin, cujo tipo Gill Sans e a faixa tripla laranja e branca (refinada por Jan Tschichold [1902-72] em 1947) se tornaram icônicos.

Em meados do século passado, as editoras dos Estados Unidos estavam à frente da curva em termos comerciais, e muitas lançaram livros de bolso com capas bem desenhadas e de inspiração modernista, feitas por designers como Alvin Lustig (1915-55), Leo Lionni (1910-99) e Paul Rand (1914-96). Lustig, que trabalhava principalmente para a editora literária New Directions, foi particularmente influente por aplicar os princípios da vanguarda europeia às capas de uma forma inteligente e sensível. Do outro lado do Atlântico, na Penguin, a maior editora da Grã-Bretanha, capas visualmente atraentes finalmente começaram a ser adotadas no início dos anos 1960, graças ao diretor de arte Germano Facetti (1926-2006), mas havia uma tendência de separação acentuada entre tipo e imagem, em vez da integração em um design completo - o uso de templates prosseguia. Facetti contratou jovens designers promissores, como Alan Fletcher (1931-2006), Romek Marber (1925-2020) e Derek Birdsall (n. 1934), e sua combinação de romances com obras de arte contemporâneas e existentes (em vez de encomendadas) para a série de clássicos da Penguin criou uma abordagem perene.

No final dos anos 1960, a influência da psicodelia chegou às capas de livros por meio do trabalho de designers como

Acima (E→D): *The Language of Flowers* [*A linguagem das flores*], designer desconhecido, 1896; *Amerika*, Alvin Lustig, 1946.

Abaixo (E→D): *Invisible Man* [*O homem invisível*], Edward McKnight Kauffer, 1952; *The Great American Novel* [*O grande romance americano*], Paul Bacon, 1973.

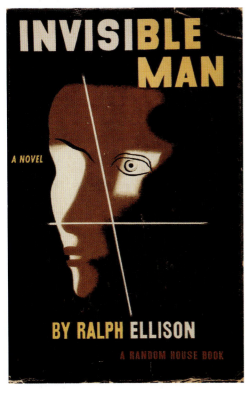

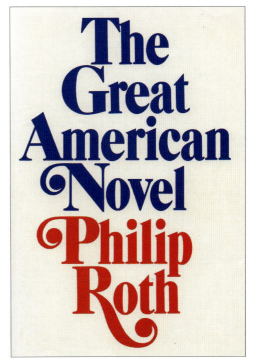

Capas de livro 261

Milton Glaser (n. 1929), Seymour Chwast (n. 1931), Alan Aldridge (1938-2017) e John Alcorn (1935-92), com cores brilhantes e chamativas que estavam na ordem do dia. Uma das capas mais icônicas dessa época foi a de David Pelham para o livro *Laranja mecânica*, edição de 1972, com uma abordagem gráfica marcante e de cores sólidas. As ilustrações com aerógrafo também se popularizaram nos anos 1970 e 1980, mas a ilustração e o design gráfico "puro" logo perderiam a preferência, com a fotografia ganhando predominância em meados dos anos 1970. Muitas vezes, isso acontecia em detrimento da harmonia entre tipo e imagem: o texto era quase sempre colocado em cima de uma fotografia, parecendo algo que foi pensado depois, em vez de ser parte do design. No entanto, alguns designers conseguiam usar a fotografia de maneira criativa e, eventualmente, diretores de arte podiam contratar fotógrafos talentosos para criar materiais sob medida para o livro em questão. A maioria das editoras daquele período praticava uma abordagem eclética nas capas, especialmente no segmento mais comercial do mercado. Já se foi o tempo em que os designers podiam criar centenas de capas em um "estilo da casa" consistente.

Uma perspectiva duradoura, que não se baseou em fotografia, foi a chamada big book look [aparência de livro grande], criada pelo designer americano Paul Bacon (1927-95). Esse estilo era caracterizado por tipos grandes que chamavam a atenção, às vezes combinados com um pequeno motivo ilustrado. Dois dos melhores exemplos dessa perspectiva – a capa de Tony Palladino (1930-2014) para o romance *Psicose* (1959), de Robert Bloch, e a capa de S. Neil Fujita (1921-2010) para *O poderoso chefão* (1969), de Mario Puzo – contam com a particularidade de que sua tipografia foi utilizada nos filmes baseados nos livros (a capa de Chip Kidd [n. 1964] para *Jurassic Park*, de 1993, tem uma distinção semelhante). Isso contrastava fortemente com a relação usual entre filmes e livros, em que as capas, derrisórias, adaptavam pôsteres de filmes ou usavam uma fotografia para aproveitar a publicidade da adaptação ao cinema.

A tecnologia de design digital revitalizaria o design de capas de livros. No entanto, foram as técnicas tradicionais que ganharam influência no novo milênio, com capas como a de Jon Gray para *Tudo se ilumina* (2003) e a de Jeff Fisher para *O bandolim de Corelli* (1998), importantes para trazer os estilos de ilustração *naive* e de lettering à mão de volta à moda entre as editoras de ficção. Embora a tecnologia digital anunciasse um declínio de longo prazo nas vendas de livros, esse retorno significava que muitas editoras estavam ansiosas para abraçar a fisicalidade dos livros, celebrando a mídia por meio do uso de efeitos especiais de impressão e edições encadernadas em tecido com design zeloso. A ascensão dos e-books e das livrarias on-line, especialmente a Amazon, fez que capas passassem a ser julgadas em pequenas miniaturas em vez de seu tamanho real, o que impeliu designers a usarem cada vez mais uma tipografia aumentada e gráficos simplificados. Por vezes, os designers têm que lidar com uma grande quantidade de textos extras de marketing nas capas, como

Leituras complementares →

ALWORTH, David J.; MENDELSUND, Peter. *The Look of the Book.* Berkeley: Ten Speed Press, 2020.

DREW, Ned; STERNBERGER, Paul. *By Its Cover.* New York: Princeton Architectural Press, 2005.

POWERS, Alan. *Era uma vez uma capa.* São Paulo: Cosac Naify, 2008.

citações de outros autores ou resenhistas. Elas são adicionadas na esperança de convencer os possíveis compradores de que vale a pena ler determinado livro, embora na maior parte das vezes diluam o design em si.

Apesar dessas pressões na era digital, as capas de livros continuam sendo uma área na qual muitos designers gráficos sonham em trabalhar e é possível encontrar tipografia atraente, ideias conceituais sagazes, ilustrações surpreendentes e uso inovador de imagens fotográficas. O designer americano Ivan Chermayeff (1932-2017) descreveu o processo de design de capas, em 1964, como "a essência dos problemas de design gráfico: o desafio e a solução em um formato simples", com "o luxo de um mínimo de texto".[5] Isso é o que ainda atrai designers para as capas de livros, com a relação muito direta entre design e sucesso comercial - uma capa pode tornar um livro bem-sucedido ou um desastre, e as redes sociais só evidenciaram tal processo.

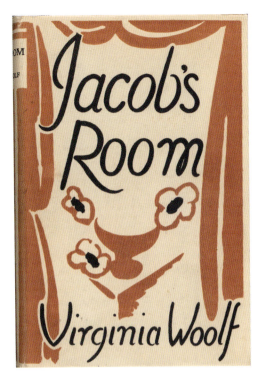

Acima: *O quarto de Jacob*, Vanessa Bell, 1922.

Capas de livro **263**

Acima (E→D):
What White People Can Do Next [*O que pessoas brancas podem fazer a seguir*], Jahnavi Inniss, 2021; *Fight Night* [*Noite de luta*], Anna Morrison, 2022.

Abaixo (E→D):
Everything Is Illuminated [*Tudo se ilumina*], Gray318, 2002; *Riot Days* [*Dias de rebelião*], Tom Etherington, 2017.

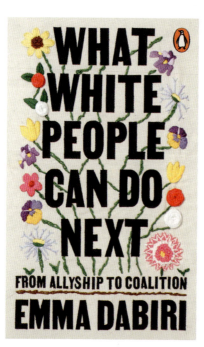
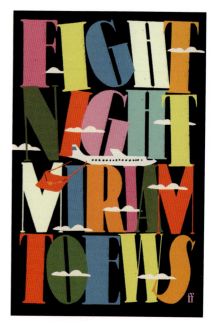

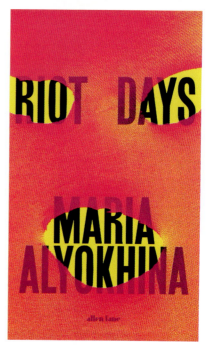

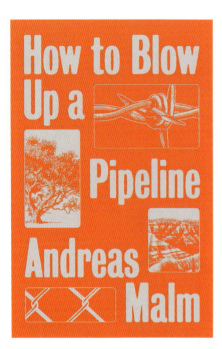

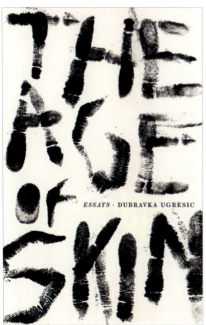
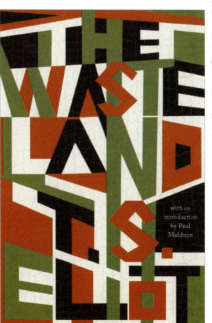

Acima (E→D): *How to Blow Up a Pipeline* [Como explodir um gasoduto], Chantal Jahchan, 2021; *Through the Billboard Promised Land Without Ever Stopping* [Através da terra prometida do outdoor sem parar], Theo Inglis, 2022.

Abaixo (E→D): *The Age of Skin* [A idade da pele], Jack Smyth, 2021; *The Waste Land* [A terra devastada], Jamie Keenan, 2013.

Livros

"A criatividade no design de livros é mais bem aplicada a problemas de modo que pareçam nunca ter existido – sem sinais de um manuscrito bagunçado ou de uma apresentação aleatória de textos e imagens."
Derek Birdsall, *Notes on Book Design* [*Notas sobre design de livros*] (2004)

Em um discurso proferido na Sociedade Bibliográfica de Londres em 1893, o artista, escritor e designer William Morris (1834-1896) declarou que "um livro sem ornamentos pode parecer real e positivamente belo, e não apenas não feio, se for, por assim dizer, arquitetonicamente bom", definindo depois o que isso significava:

Primeiro, as páginas devem ser claras e fáceis de ler; o que raramente ocorrerá se não forem assim.
Segundo, o tipo conta com um bom design; e,
Terceiro, sejam as margens grandes ou pequenas, elas devem ter uma proporção adequada em relação à página do texto.[6]

O livro padrão - ou seja, o pequeno livro de bolso ou de capa dura que contém principalmente texto - evoluiu ao longo de centenas de anos para um formato ideal à leitura: as duas páginas e a lombada central refletem a forma humana simétrica. Para os designers, a disposição do interior desses livros baseados em texto pode ser mais uma questão de seguir convenções e obter clareza do que de criatividade ou personalidade. Talvez o cenário mais adequado para a afirmação central do manifesto "A taça de cristal" (1930), de Beatrice Warde (1900-69), seja o de que o design de um livro deve ser quase invisível e parecer inevitável, em vez de distrair o leitor de seu conteúdo.
Decidir qual o formato adequado, selecionar o papel, escolher a fonte ideal e o tamanho, espaçamento e justificação correspondentes, optar pelo estilo de página (por exemplo, números de página e cabeçalhos) e criar blocos de texto e grids agradáveis são as tarefas centrais de um designer de livros. Uma vez que a arquitetura do livro é determinada, o principal trabalho do designer é garantir que a composição tipográfica esteja correta, evitando problemas como viúvas, órfãs e forcas. Se o texto for totalmente justificado, o designer também deve se certificar de que o alinhamento e a hifenização sejam aplicados para evitar linhas muito apertadas ou espaçadas, enquanto o texto justificado à esquerda (a configuração centralizada raramente é apropriada para textos extensos, enquanto a justificação à direita é usada somente para idiomas que escrevem da direita para a esquerda) levanta a questão do alinhamento. O alinhamento de um texto é o padrão formado por suas extremidades não justificadas, que, em um mundo ideal, seria o mais uniforme possível, em vez de ter linhas que variam amplamente em comprimento. Em geral, isso pode ser corrigido por meio do espaçamento entre letras ou da hifenização, mas nem todos os manuais de estilo das editoras permitem que as palavras sejam divididas em linhas diferentes (no entanto, a divisão de páginas é universalmente evitada).

Ao lado: *FLORIDA!*, design e direção de arte de Studio Elana Schlenker e Jordi Ng, com ilustrações de Gabriel Alcaca, 2022.

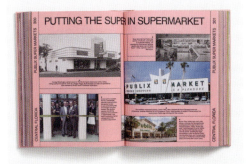
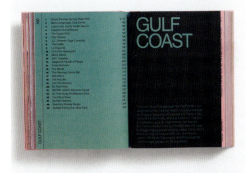

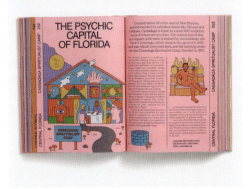

É no design de livros maiores e ilustrados (contendo fotografias, obras de arte ou imagens de qualquer tipo) - geralmente descritos de maneira um tanto depreciativa como livros de mesa de centro - que os designers gráficos podem ser mais criativos. No entanto, esse tipo também apresenta desafios de organização; novamente, a principal tarefa do designer é desenvolver um sistema flexível o suficiente para exibir diferentes tipos de conteúdo, em diferentes escalas, de modo consistente. Muitas vezes, isso envolve ter alguns templates diferentes de páginas duplas, em vez de depender de uma estrutura única que pode logo se tornar monótona para o leitor. Diferentes tipos de livros ilustrados têm seus próprios desafios. Os livros de receita, por exemplo, combinam instruções e listas de ingredientes, muitas vezes de tamanhos variados, com fotografias em grande escala; livros infantis exigem uma integração próxima entre texto e imagem, que geralmente é ilustrativa; enquanto os designers de livros de arte são conhecidos por se esforçarem ao máximo para garantir que todas as obras de arte exibidas estejam na proporção correta entre si, evitando o risco de mostrar uma pintura grande em formato pequeno e uma pintura pequena em formato grande.

Quando executada de maneira correta, a função do designer de livros deve se tornar secundária ao conteúdo, ao mesmo tempo que se mantém visualmente atrativa e apropriada para o próprio conteúdo. Os livros ilustrados ainda oferecem espaço à criatividade, não apenas em suas capas, mas também em páginas únicas - de títulos e sumários -, bem como em detalhes - em guardas ou divisórias de seção. De modo diferente, por exemplo, de um livro de ficção comum, um livro ilustrado provavelmente terá seu design como um pacote completo, com a mesma pessoa ou estúdio criando tanto a parte interna quanto a externa. Contudo, o design de livros é uma empreitada altamente colaborativa, e designers em geral precisam trabalhar em estreita colaboração com as editoras, incluindo autores, editores e revisores. Considerar o livro em si como um objeto, e não apenas como uma série de páginas soltas, geralmente é parte de um projeto bem-sucedido de design editorial. Elementos como acabamentos de impressão sofisticados e materiais de luxo auxiliaram os livros impressos a continuarem sendo competitivos em relação a seus rivais digitais.

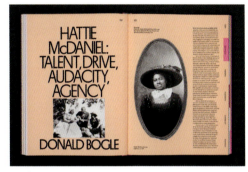

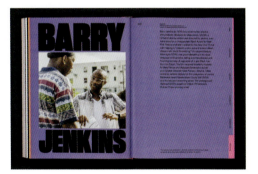

Acima: Páginas de *Regeneration: Black Cinema, 1898-1971* [*Regeneração: cinema negro, 1898-1971*], com design de Eddie Opara/Pentagram, 2022.

Leituras complementares →

A BOOK on Books: Celebrating the Art of Book Design Today. Victionary, 2020.
HOCHULI, Jost. *Systematic Book Design?* Montreuil: Éditions B42, 2020.
MITCHELL, Michael. *Book Typography*: A Designer's Manual. [*S. l.*]: Libanus Press, 2005.

Editorial

Um campo amplo, do qual o design de livros é muitas vezes considerado parte, o design editorial se refere ao design de publicações - por exemplo, jornais, revistas e periódicos. O design editorial já foi uma disciplina puramente impressa, mas, como cada um desses tipos de mídia se expandiu para o mundo digital, o design de um website de revista ou app de jornal pode ser considerado design editorial, uma vez que tem a mesma preocupação primária: a apresentação clara e envolvente de texto e imagem, geralmente de maneira unificada.

O que diferencia o design editorial do design de livros em geral, pelo menos em minha visão, é o contexto diferente de cada um: o editorial reúne uma variedade de conteúdo de diferentes autores e, muitas vezes, de diferentes tipos, em um formato serializado (parte de uma série) em vez de único. Embora muitos dos problemas enfrentados por um designer de livros (por exemplo, equilibrar texto e imagem, definir adequadamente a tipografia, criar layouts bem projetados) sejam compartilhados com os problemas do designer editorial, os desafios se ampliam quando o conteúdo é mais variado (por exemplo, os projetos editoriais também costumam incluir anúncios) e quando os sistemas implementados devem se adequar a essa variedade e mostrar eficácia repetidamente, seja em frequência diária, semanal, mensal ou algumas vezes por ano.

O sistema é fundamental para o design editorial; ele precisa ser flexível e adaptável, permitindo variações e emoções individuais, e ainda assim ter uma coerência em seu todo. Um design editorial eficaz, uma vez estabelecido, criará, nas palavras do designer gráfico Adrian Shaughnessy (n. 1953), "uma experiência visual e editorial convincente [...] uma 'voz' íntima que, ao longo do tempo, se torna a voz de um bom amigo".[7]

Diferentes tipos de design editorial têm suas restrições, convenções e funções adicionais nas quais se espera que o designer esteja envolvido. Os jornais, por exemplo, têm uma longa história e, como tal, podem ter um formato rigoroso, raramente abrindo espaço para mudanças radicais por parte do designer. Os jornais têm muito a integrar - em sua maioria, texto, mas muitas vezes também fotografias, assim como anúncios que ajudem a cobrir os custos -, por isso costumam ordenar o texto em colunas estreitas, aplicando muitos grids estritamente definidos. Geralmente, é nas seções secundárias dos grandes jornais, longe das notícias principais (por exemplo, cultura ou esportes), que os designers podem ser um pouco mais expressivos e criar capas criativas. O ritmo incessante, em especial nos jornais publicados diariamente, pode limitar a experimentação visual. Os prazos apertados significam que o instinto é vital, sobrando pouco espaço para hesitações, comuns em outras áreas; por vezes, isso é vantajoso para os designers, pois suas ideias têm menos probabilidade de serem diluídas. Uma área do trabalho em jornais ocupada por diretores de arte e designers, especialmente nos Estados Unidos, é a encomenda de ilustrações editoriais para acompanhar os artigos principais. Por vezes, os designers também estarão envolvidos na direção de sessões de fotos, ou no design de infográficos e diagramas.

As revistas são uma das áreas mais arquetípicas e visíveis do design gráfico. Historicamente, elas foram um espaço de grande inovação visual. Desde as capas

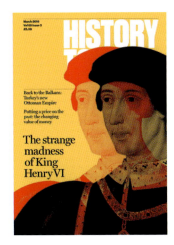
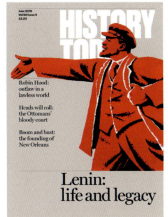

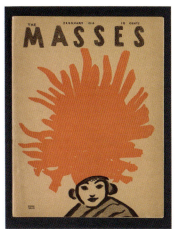

Topo: Reformulação do design da *History Today*, Holly Catford/Esterson Associates, 2018.

Acima: Capa da revista *The Masses*, fevereiro de 1916. Ilustração de Frank Waltz.

À esquerda: Capa da *Bloomberg Businessweek*, Richard Turley, 2012.

litográficas do século XIX da *Harper's* e da *The Chap-Book* até as pequenas revistas da vanguarda europeia no entreguerras, passando por títulos do mid-century modern, como *Fortune* e *Esquire*, e a imprensa underground dos anos 1960, fanzines punk dos anos 1970 e revistas de cultura pop dos anos 1980, como *The Face* e *Interview*, de Andy Warhol, as revistas sempre estiveram à frente das tendências. Com seu trabalho, diretores de arte de revistas como Alexey Brodovitch (1898-1971), Cipe Pineles (1908-91), Mehemed Fehmy Agha (1896-1978) e George Lois (1931-2022) ajudaram a definir a função do designer gráfico moderno.

As capas de revista, como elemento crucial para atrair leitores, podem ser o espaço em que os designers têm a chance de ser criativos. Muitas vezes, porém, eles seguem um template particular, o que, no mínimo, significa em geral um cabeçalho consistente; o logotipo (ver página 88)

do nome da revista é mais comumente posicionado de modo proeminente na parte superior e central. As capas da maioria das revistas utilizam uma combinação entre tipografia e imagem, que pode ser fotografia, ilustração ou obra de arte; muitas revistas misturam esses elementos em suas capas, mas algumas áreas (por exemplo, moda) se concentram em fotografias. O gênero da revista e seu público-alvo têm um grande impacto no design de capas, conforme observado pela escritora Ellen McCracken: "A capa serve para rotular não apenas a revista, mas o consumidor que a possui".[8]

O design do interior das revistas requer habilidade em tipografia, layout e direção de arte, assim como bom senso da voz editorial da revista e intuição para ritmos e narrativas. Os layouts precisam se relacionar visualmente entre si, mas com espaço suficiente para surpresas; a frase de efeito de Alexey Brodovitch

À direita: Páginas de *The Big Issue*, design de Matt Willey/Pentagram, direção de arte de Mark Neil, 2022.

Ao lado, à esquerda: Capa do *The Guardian Journal*, vice-diretor criativo Chris Clarke, diretor criativo executivo Alex Breuer, 2018.

Ao lado, à direita: Capa do *The Guardian*, design de Tomato Košir e Steven Gregor, diretor criativo Chris Clarke, 2019.

durante sua gestão na *Harper's Bazaar* (1934-58) era "Surpreenda-me". Além de tudo isso, os designers editoriais também precisam ter bom domínio do trabalho com imagens e conhecimento aprofundado das técnicas de impressão - salvo o caso de trabalharem em áreas digitais de design editorial, que estão em ascensão, mas que ainda não induziram à suposta "morte do impresso". Embora as vendas de revistas e jornais estejam em declínio, as publicações de nicho e independentes floresceram nas últimas décadas, e são nelas que alguns dos trabalhos de design mais interessantes estão sendo feitos.

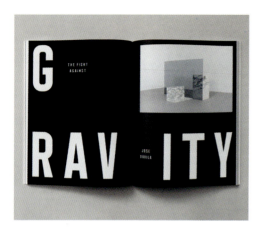
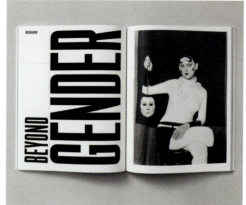

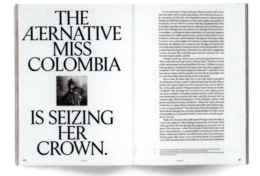

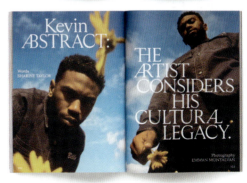

Acima: Páginas da revista *Kinfolk*, edição 40, design de Alex Hunting Studio, 2022.
Ao lado: Páginas da revista *Elephant*, design de Astrid Stavro/Atlas, 2014-17.

Leituras complementares →

CALDWELL, Cath; ZAPPATERRA, Yolanda. *Design editorial*: jornais e revistas/mídia impressa e digital. São Paulo: Gustavo Gili, 2014.
KLANTEN, Robert; EHMANN, Sven. *Turning Pages*: Editorial Design for Print Media. Berlin: Gestalten, 2010.
LEWIS, Angharad. *So You Want to Publish a Magazine?* London: Laurence King, 2014.

Capas de álbum

Como a sobrecapa de livro, as primeiras embalagens para discos de vinil tinham uma função primariamente protetora: folhas de papel envolvendo o disco, que se danificava com facilidade, eram colocadas em capas de papelão, que levavam apenas as informações básicas. O designer norte-americano Alex Steinweiss (1917-2011) - que se uniu à Columbia Records como diretor de arte em 1939 - é considerado o criador da primeira capa de disco pictórica (para *Smash Song Hits by Rodgers and Hart* [*Hits de sucesso de Rodgers e Hart*]). Outras gravadoras logo seguiram o exemplo da Columbia. A invenção do disco *long-play* (LP) no final dos anos 1940 e o aumento dos aparelhos de som domésticos levaram a um *boom* no mercado musical dos Estados Unidos em meados do século, com a concorrência entre gravadoras ofertando um amplo campo de trabalho aos designers gráficos. Steinweiss, o inovador original, foi prolífico durante a década de 1950, elaborando um estilo singular que combinava ilustração, artes gráficas abstratas e lettering. Seu colega designer Will Burtin (1908-72) disse o seguinte sobre Steinweiss, em 1947: "Ele sempre parece direcionar seu empenho para os olhos das pessoas certas no momento certo, com os meios corretos em cores, formas e tipos".[9] A maioria dos designers gráficos que atuava nos Estados Unidos na metade do século se dedicou às capas de álbuns em diversos momentos, com alguns dos mais prolíficos, como Steinweiss, criando muitas capas para alguma gravadora específica, como Jim Flora (1914-88), S. Neil Fujita (1921-2010), Erik Nitsche (1908-98) e Rudolph de Harak (1924-2002).

A maioria das capas de álbum do mid-century modern, projetadas para gêneros como a música clássica, *lounge music* ou *easy listening*, eram ilustrativas ou gráficas em vez de fotográficas, e a capa grande de 12 polegadas oferecia amplo espaço de impacto. Os gostos musicais se transformariam rapidamente na segunda metade do século XX, e a nova ênfase em *performers* em vez de compositores ou líderes de banda resultaria na predominância da fotografia sobre a ilustração ou a abstração. O jazz foi um gênero para o qual essa nova abordagem logo ganhou destaque, e as capas de Reid Miles (1927-93) para a gravadora Blue Note se tornaram particularmente icônicas. Miles utilizava tipografia moderna vibrante e trabalhava com excelentes fotografias de estrelas do jazz, muitas vezes capturadas durante a gravação de sessões por Francis Wolff (1907-71) ou pelo próprio Miles.

A explosão do rock 'n' roll, do pop e da cultura jovem de modo geral no início de 1960 revolucionaria as perspectivas do design de capas de álbum, e os estilos se conectariam cada vez mais ao tipo de música e às tendências associadas. Um bom exemplo foi a ascensão do rock psicodélico, acompanhado de uma estética exótica e alucinógena inspirada no art nouveau. Escrevendo em 1974, Bob Cato (1923-99) - que criou capas para artistas como Barbra Streisand, Bob Dylan, Miles Davis e Janis Joplin - observava que "o designer de capa de disco tinha que lidar com um produto 'real e humano' que estava tão preocupado, se não mais, com a própria imagem, com a sua mensagem na própria embalagem!", acrescentando que: "o design para álbuns pop/rock é uma área que sem dúvida demanda o maior comprometimento e envolvimento por parte do artista de design/fotografia".[10] Ao longo de 1960 e 1970, as fotografias dos artistas eram os principais focos

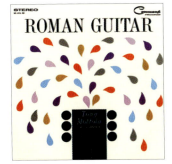
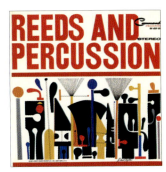

Topo (E→D): Alex Steinweiss, 1957; Paul Bacon, 1961; S. Neil Fujita, 1961.
Centro (E→D): Reid Miles, 1966; Reid Miles, 1964; Sylvia Abernathy, 1967.
Abaixo (E→D): Milton Glaser, 1969; Barney Bubbles, 1979; Azar Kazimir, 2018.

Leituras complementares →
FOSTER, John. *Album Art*: New Music Graphics. London: Thames & Hudson, 2018.
OCHS, Michael. *1000 Record Covers*. Cologne: Taschen, 2022.
POWELL, Aubrey. *Vinyl . Album . Cover . Art*: The Complete Hipgnosis Catalogue. London: Thames & Hudson, 2017.

de venda musical, dominando as capas de disco, mas também havia uma perspectiva mais conceitual e de alto nível que usava a fotografia ou ilustração de maneira criativa, muitas vezes relegando os nomes das bandas ou os títulos a textos pequenos ou removendo-os completamente. O grupo londrino Hipgnosis, que criou capas icônicas e muitas vezes surreais para artistas como Pink Floyd, Peter Gabriel e Led Zeppelin, destacou-se por uma abordagem diversificada e distinta no design de capas de álbuns. Por vezes, o design de álbuns se estendia para além da capa, com embalagens envolvendo designs integrados, livretos em dobradura ou material impresso adicional com o disco. Isso era aplicado em particular nos "álbuns conceituais" associados ao rock progressivo.

No extremo oposto da escala, diversos músicos e bandas adotavam um método de marca em seus designs, criando abordagens consistentes para as capas de álbuns e até mesmo logotipos. Exemplos memoráveis de logotipos de bandas incluem o símbolo de lábios e língua dos Rolling Stones (John Pasche [n. 1945], 1970) e a marca textual cursiva da Chicago (John Berg [1932-2015], 1970), que aparecia com destaque em seus álbuns. Rejeitando perspectivas sofisticadas e ideais sublimes, o punk destruiria todos os manuais de regras. Essa ruptura serviu como base para muitos gêneros e gravadoras alternativos e undergrounds nas últimas décadas do século XX, que usariam as embalagens da música como uma oportunidade de desenvolver uma estética única, radicalmente diferente daquela aplicada no mundo corporativo. Na esteira do punk, muitos designers importantes, como Peter Saville (n. 1955), Barney Bubbles (1942-83) e Vaughan Oliver (1957-2019), adotaram perspectivas

típicas do pós-modernismo mais amplo (ver páginas 56-63).

As mudanças tecnológicas tiveram um enorme impacto no design da música. A capa do LP de 12 polegadas cedeu espaço para formatos muito menores, como a fita cassete, o *compact disc* (CD) e mais tarde a *thumbnail* digital, que só pode ser vista no tamanho de um selo postal. Com a internet e, em particular, os serviços de streaming, as vendas na música caíram drasticamente, tornando a capa de álbum menos significativa do que já foi (paralelamente aos videoclipes se tornando mais importantes). No entanto, capas são ainda importantes para representar a atmosfera musical de um artista e, muitas vezes, fundamentam campanhas multimídia mais amplas. Em geral, é nas gravadoras independentes pequenas que o design para música é mais interessante ou inovador, enquanto designers seguem interessados em criar imagens para a música: sua natureza não visual lança um desafio interessante e uma oportunidade de se posicionar à frente das tendências.

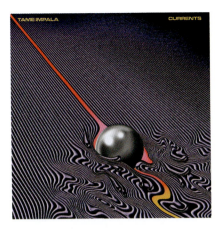

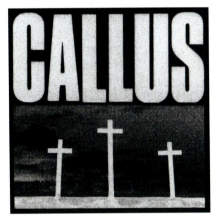

Topo (E→D): Robert Beatty, 2015; Qingyu Wu, 2020.

Centro (E→D): Alex McCullough e Jacob Wise, 2018; Hassan Rahim/12:01AM, 2016.

Abaixo: Wei Huang, 2019.

Identidade de marca

A identidade de uma marca - também conhecida como identidade visual, identidade corporativa, imagem corporativa, estilo da casa ou branding - é a forma como uma empresa, companhia ou organização se identifica visualmente para se distinguir de suas concorrentes. A identidade da marca é a imagem que a organização apresenta ao mundo e deve refletir o que ela faz, o que ela é, sua "personalidade" corporativa, seus "valores" e os produtos ou serviços que ela oferece. Embora o logotipo seja o aspecto mais proeminente do design de uma empresa, toda a extensão da identidade de uma marca abrange muito mais do que um único símbolo (por exemplo, esquemas de cores, fontes, estilos de imagem, como ilustração ou fotografia, formatos de layout, tom de voz da redação e até mesmo o próprio nome da marca) e deve ser aplicada de modo consistente em todas as formas de comunicação, seja no espaço físico, por meio de impressão, na tela ou pela interação direta com um produto. Paul Rand, visto como um dos mais influentes designers de identidade de marca, afirmou em 1968: "A menos que represente consistentemente os objetivos e as crenças, bem como a atividade e a produção totais de uma empresa, uma imagem corporativa é, na melhor das hipóteses, mera fachada e, na pior, uma fraude".[11]

Propriedade de marca e identificação de marca existem há milhares de anos, e algumas empresas estão em atividade há centenas de anos, mas o conceito de identidade corporativa só se popularizou de fato em meados do século XX. Um dos grandes pioneiros do campo foi o arquiteto alemão Peter Behrens (1868-1940), que trabalhava como consultor do fabricante de equipamentos elétricos AEG, com sede em Berlim, em 1907. Behrens projetou edifícios e produtos para a empresa, bem como uma identidade corporativa que foi aplicada de modo consistente à publicidade impressa, às embalagens e à sinalização dos edifícios. Outro exemplo inicial de uma forte identidade corporativa foi a do metrô de Londres, sob a direção de Frank Pick (1878-1941). A equipe do escritório de Behrens, durante os anos da AEG, incluía futuros gigantes da arquitetura moderna - Le Corbusier, Ludwig Mies van der Rohe e Walter Gropius -, e foi sob a influência mais ampla do modernismo que os sistemas de identidade corporativa se difundiram. Os princípios e imperativos modernistas, como consistência, eficiência e uso de sistemas, eram bastante adequados ao design de identidades para empresas que estavam crescendo globalmente nos anos 1950. As principais agências e designers individuais, como Saul Bass, Paul Rand, Otl Aicher (1922-91), a Unidade de Pesquisa em Design e a Unimark International, projetaram identidades e forneceram extensas "diretrizes de marca" e "manuais de identidade corporativa" que estabeleceram as regras para outros designers ou gráficas sobre como aplicar corretamente a marca. Assim, esses manuais mantiveram uma abordagem sólida da comunicação visual em todos os projetos, formatos, mídias e territórios. Steven Heller descreve tais manuais como "textos sagrados, reverenciados pela forma como ajudam a transformar o design gráfico de uma prática intuitiva para uma prática rigorosamente estratégica".[12]

A influência formalista do modernismo no design da identidade continua forte, e as diretrizes de marca ainda representam grande parte do design de uma nova

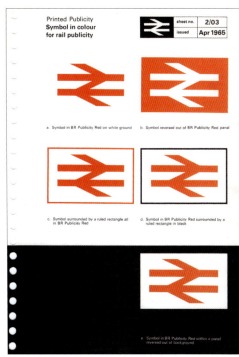
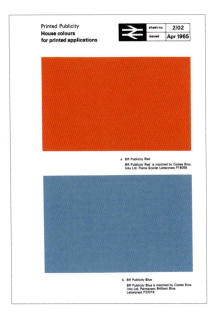

Nesta página: Páginas do Manual de Identidade Corporativa da British Rail. Design da Unidade de Pesquisa em Design (DRU), 1965. O logotipo de "seta dupla" foi projetado por Gerry Barney, membro da equipe da DRU. A fonte da British Rail denominada "Rail Alphabet" foi projetada por Jock Kinneir e Margaret Calvert.

identidade corporativa ou rebrand. Mas, conforme o consumismo se expandiu em 1960 e 1970, o campo do design de identidade corporativa se tornou mais emocional, respondendo a pesquisas e estudos de mercado em torno do comportamento do consumidor. Os designers - que cada vez mais atuavam como consultores e coordenadores no mundo dos negócios em rápida expansão do design corporativo - queriam se aprofundar nas empresas para compreender verdadeiramente o que elas representavam, assim como para entender como eram percebidas pelo público, na esperança de fazer que as duas coisas se unissem. O objetivo declarado era criar uma identidade que refletisse precisamente aquela organização, em vez de apenas "enfeitá-la", embora, em última análise, o lucro fosse a prioridade para a maioria das empresas. Muitas das principais agências de criação de branding corporativo eram britânicas, mas se globalizaram, como a Michael Peters and Partners, Pentagram, Conran Design Group e Wolff Olins, cujo cofundador Wally Olins (1930-2014), embora não atuasse como designer gráfico, foi um dos maiores defensores da evolução da função da identidade corporativa, especialmente por meio de seu livro *The Corporate Personality* [*A personalidade corporativa*] (1978). O texto de Olins resume por que o branding estava se tornando um negócio tão lucrativo e caro, no qual os designers gráficos não eram necessariamente os melhores. "É manifestamente impossível", escreveu, "que um designer gráfico sozinho compreenda claramente a natureza da identidade de uma organização. Vários fatores culturais, organizacionais, políticos e psicológicos estão envolvidos, para os quais o designer não tem formação".[13]

O pós-modernismo proporcionou outro contexto para a explosão do branding; o individualismo era mais importante do que nunca, e o consumismo apresentava uma maneira de as pessoas se definirem, já que as identidades sociais tradicionais estavam em declínio. Stuart Hall (1932-2014), pioneiro teórico cultural, em 1988, escreveu que os "novos tempos" pós-industriais e pós-modernos foram marcados por "uma ênfase maior na escolha e na diferenciação de produtos, no marketing, na embalagem e no design, na 'segmentação' dos consumidores por estilo de vida, gosto e cultura, em vez de por categorias de classe social".[14] Embora a marcha sedutora do consumismo de marca tenha seus detratores, principalmente o polêmico *Sem logo* (1999), de Naomi Klein, o branding se tornou uma ideia incontornável. Organizações culturais, cidades, países e até mesmo pessoas passaram a se ver cada vez mais como "marcas" que exigiam identidades visuais bem projetadas para ajudá-las a se destacar e se definir. Em um artigo de 2004, intitulado "The steamroller of branding" ["O rolo compressor do branding"] para a revista *Eye*, o designer Nick Bell (n. 1965) observa: "A identidade e o branding corporativos, concebidos e criados no setor corporativo, agora estão sendo bem recebidos no campo cultural por instituições artísticas que hoje compartilham ambições comerciais semelhantes às de seus patrocinadores corporativos".[15]

Bell prossegue: "Os designers gráficos praticam a identidade corporativa. É uma espécie de ciência, um método, uma teoria, uma forma específica pela qual um grupo (uma empresa, uma organização) recebe a aparência, o caráter e o comportamento de um indivíduo. O branding é quando a

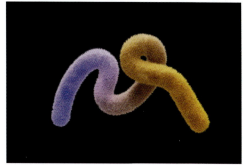

Nesta página: Identidade de marca flexível para Mellon Foundation, Eddie Opara/Pentagram, 2022.
No verso: Rebrand da Roundhouse, casa de shows londrina, Studio Moross, 2022.

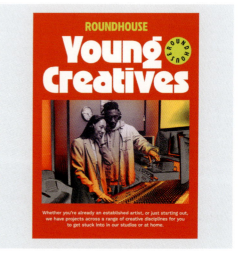

mesma coisa acontece com os produtos. Isso funciona muito bem no setor corporativo. Por que os designers gráficos, como parte de seu arsenal de métodos, não têm algo chamado 'identidade cultural'?".

A questão de saber se a consistência e uma identidade fixa funcionam tão bem fora das áreas comerciais mais óbvias, na sociedade e na cultura mais amplas, continua pertinente até hoje. Muitos críticos ao longo das últimas décadas têm se empenhado em apontar que a "identidade" em si é uma ideia complexa, difícil de definir, quanto mais expressar visualmente de uma maneira que não seja rasa ou superficial. Em uma entrevista de 2008 com Adrian Shaughnessy, Brian Boylan (n. 1945), da Wolff Olins, explicou que, para a agência, "a marca é a plataforma, a marca é flexível, a marca é um local de troca e não é fixa, portanto não há apenas um logotipo. Há uma forma reconhecível, comunicação e comportamento reconhecíveis, mas não é algo restrito e fixo".[16] Essa declaração foi um prenúncio da direção que o branding tomava, predizendo tendências na última década para identidades flexíveis e responsivas ao criar "mundos" inteiros, em vez de depender da ênfase tradicional em um único logotipo. Dito isso, a entrevista com Shaughnessy foi realizada no contexto do branding da Wolff Olins para as Olimpíadas de Londres de 2012, que foi duramente julgado em 2008 apenas pelo logotipo e se tornou impopular quando a identidade completa estava em uso em 2012 - muitos não conseguiam ver além de sua antipatia inicial pelo símbolo principal. O logotipo continua sendo o aspecto mais julgado publicamente de qualquer nova marca ou rebrand, uma tendência que só se acelerou com as redes sociais. Apesar de todas as justificativas complexas e racionalizações posteriores

questionáveis que são comuns em estudos de caso de brandings, as pessoas ainda julgam sobretudo com base nas primeiras impressões.

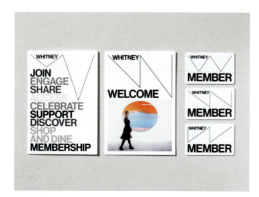

Acima: Rebrand do Museu Whitney de Arte Americana, conceito inicial de design desenvolvido por Experimental Jetset, implementado pelo Departamento de Design do Whitney, 2015.

Ao lado: Identidade visual do Centro de Artes do Livro de Londres, Studio Bergini, 2021.

Leituras complementares →

AIREY, David. *Identity Designed*: The Definitive Guide to Visual Branding. Beverly: Rockport, 2019.
JOHNSON, Michael. *Branding*: In Five and a Half Steps. London: Thames & Hudson, 2016.
SLADE-BROOKING, Catharine. *Creating a Brand Identity*: A Guide for Designers. London: Laurence King, 2016.

Embalagem

O design gráfico de embalagens - materiais para guardar ou proteger produtos com fins de distribuição, estoque, venda e uso do consumidor - é uma das áreas mais competitivas do marketing. As empresas geralmente competem com produtos quase idênticos em ambientes como o supermercado, onde eles são posicionados lado a lado com seus concorrentes e nos quais o design é em geral um fator central para orientar as decisões do comprador. A fim de alcançar esse objetivo, muitos enfoques diferentes já foram adotados, como: formas tridimensionais distintivas; materiais visualmente chamativos; designs sagazes que exigem uma segunda olhada para que o espectador os entenda; cores brilhantes e linhas consistentes que criam um efeito de "bloqueio" quando os produtos são colocados juntos em uma prateleira; e uma linguagem gráfica grande, que pode ser vista de longe (algo que também se mostrou útil com a mudança para as compras on-line). A adição de elementos extras no ponto de venda (PDV) que atraem os consumidores também é comum, como as caixas de embalagem pronta para prateleira (SRP, do inglês *shelf-ready packaging*), que contêm unidades individuais na prateleira e oferecem espaço adicional para branding e marketing impressos.

As embalagens já foram utilitárias, mas gradualmente se sofisticaram com a ascensão das identidades de marca e o crescimento geral da cultura de consumo. Enquanto antes o consumidor solicitava um produto ao lojista atrás do balcão, o desenvolvimento de prateleiras e corredores de autoatendimento concede aos consumidores mais opções, o que significa que o design da embalagem ganhou relevância. Destacar-se é hoje um aspecto fundamental do design

de embalagens, mas uma prateleira inteira de produtos que se destacam da mesma forma pode ser cansativa para os consumidores, ou fazer que nada seja de fato único. O design de embalagens, especialmente no caso de produtos para os quais há muita concorrência direta (como nos bens de consumo rápido, os ditos FMCG - *fast-moving consumer goods*), pode parecer uma corrida armamentista, com marcas se copiando entre si e se esforçando constantemente para superar umas às outras. Para designers que trabalham com grandes marcas, o desafio pode ser não apenas encontrar algo que chame a atenção, seja claro e evoque o produto, mas também elaborar um design que possa ser aplicado em uma vasta gama de produtos e variantes e em diferentes territórios globais. O escopo do trabalho necessário para as grandes corporações globais significa que o design de embalagens é dominado por grandes agências, geralmente com escritórios em vários países. Os desafios são incrivelmente altos para as grandes marcas e, consequentemente, elas podem ser avessas ao risco e rápidas para mudar algo que não tenha bom desempenho nas lojas.

A maioria das áreas do design de embalagens - como alimentos e bebidas, produtos domésticos, produtos de higiene pessoal ou cosméticos - desenvolveu códigos e convenções, dicas que ajudam os consumidores a comprar a coisa certa ou a se certificar sobre a eficácia ou sobre a qualidade do que estão adquirindo. No entanto, alguns dos melhores exemplos de embalagens são "disruptivos", com frequência associados às chamadas "marcas desafiadoras", que podem assumir mais riscos e se posicionar de maneira distintiva em seus esforços para transformar uma área estabelecida, dominada

Topo: Embalagem para chocolate Mast Night, Astrid Stavro/Atlas, 2016.

Acima, à direita: Embalagem para L'Atypique Cidre, Counter Studio, 2010.

Acima, à esquerda: Embalagem de água de coco Fountain of Youth para Michelberger, Azar Kazimir, 2019.

Topo: Embalagem de cerveja com lactose MIOK, IBEA Design, 2022.

À direita: Embalagem de Kadoya Kankitsu Juice, Maru inc., 2022.

Acima: Embalagem de sementes Piccolo, Here Design, 2018.

Ao lado: Embalagem de água com gás com infusão de CBD da Fountain, Pentagram, 2020.

Leituras complementares →

AMBROSE, Gavin; HARRIS, Paul. *Packaging the Brand*. Worthing: AVA, 2011.
DIELINE. Disponível em: www.thedieline.com. Acesso em: 1 jul. 2024.
WIEDEMANN, Julius. *The Package Design Book*. Cologne: Taschen, 2021.

por concorrentes mais conservadores. O luxo é outra área, para diferentes produtos, que tem signos próprios e específicos aos consumidores; muitas vezes, um produto mais caro pode ter um design de embalagem mais minimalista e elegante, além do uso de materiais de melhor qualidade. No outro extremo desse espectro, marcas mais econômicas tendem a restringir o design ao mínimo necessário, enquanto muitas lojas vendem produtos de marca própria, projetados para se assemelhar a produtos de marcas mais caras.

A embalagem, como uma das áreas do design mais orientadas ao consumo, sempre teve seus detratores, que a veem como apelativa ou, em geral, de baixo nível, contando com truques baratos e abordagens simplistas. Embora existam, é claro, áreas em que o ritmo de mudança ou a variedade de embalagens sejam excessivos, a embalagem ainda pode ser uma disciplina com perspectivas inovadoras e sofisticadas para o design gráfico, por vezes combinadas com formas tridimensionais correspondentes. Além disso, há áreas do design de embalagens mais voltadas para a clareza das informações do que para a apelação ao consumo, como a de medicamentos de venda livre.

As questões ambientais hoje têm grande impacto no design contemporâneo de embalagens, com a maioria das empresas buscando reduzir a quantidade de resíduos de embalagens (principalmente de plástico), usar mais material reciclado e reciclável e introduzir embalagens reutilizáveis e retornáveis.

Sinalização e orientação

A sinalização pertence ao campo mais amplo do design ambiental – designs existentes no espaço físico do ambiente construído – e se refere a elementos de design que fornecem informações no mundo à nossa volta. Embora a publicidade possa tecnicamente envolver sinais (por exemplo, outdoors), como uma área do design gráfico, a sinalização em geral se relaciona a contextos que tratam de informações em vez de persuasão. A sinalização costuma oferecer instruções, direcionamento, identificação ou avisos. Há convenções bastante difundidas, em especial na sinalização fornecida pelo governo em contextos como estradas. Elas podem incluir cores e formas específicas (por exemplo, triangulares para avisos e perigo, círculos para instruções e retângulos para informações gerais) ou o uso de pictogramas (ver página 146) em contextos de um público multilíngue.

Orientação ou *wayfinding* – um termo popularizado pelo urbanista norte-americano Kevin A. Lynch (1918-84) em seu livro de 1960, *A imagem da cidade* – é definida pela Sociedade de Design Gráfico Experiencial como "sistemas de informação que orientam as pessoas em um ambiente físico e melhoram a compreensão delas e a experiência do espaço".[17] A sinalização é uma parte fundamental do processo de orientação e, quando empregada com sucesso, pode ajudar as pessoas a se orientarem e seguirem na direção desejada. Por causa da finalidade sobretudo informativa, a sinalização é uma área do design gráfico em que a funcionalidade supera a estética. Em geral, há regulamentações sobre segurança e acessibilidade a serem seguidas, e testes extensivos para garantir que as informações cheguem a todos os usuários em potencial.

No entanto, há exemplos de sinalização que são visualmente mais atraentes ou intrigantes, por exemplo, "supergráficos" – peças de design gráfico em grande escala que cobrem paredes, edifícios ou pisos inteiros. Alguns dos melhores exemplos desse campo foram criados por indivíduos como Barbara Stauffacher Solomon (n. 1928), Morag Myerscough (n. 1963) e Lance Wyman (n. 1937), formando o elemento de um sistema de identidade aplicado em espaço tridimensional. A sinalização em geral integra projetos de branding, especialmente para clientes que operam edifícios, como centros de arte ou museus, ou que têm amplos espaços ao ar livre. As exposições são outro campo em que a sinalização pode ser mais criativa, pois uma exposição bem projetada oferece uma combinação de texto e objetos, dando aos designers a oportunidade de criar uma experiência única e uma identidade singular.

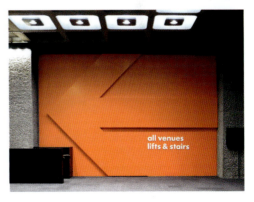

Acima: Sinalização e orientação para o centro de arte The Barbican, Londres, design de Cartlidge Levene e Studio Myerscough, 2007.

Infográficos

Infográficos, abreviação de "informações gráficas", é um termo guarda-chuva que abrange muitos tipos de elementos gráficos produzidos para auxiliar a exibição visual de informações, como visualizações de dados, gráficos, quadros, mapas e diagramas. O objetivo dos infográficos é tornar informações complexas (estatísticas, fatos, figuras) mais acessíveis, compreensíveis e visualmente atrativas. Desenvolvido ao longo dos séculos, o campo da infografia teve muitos pioneiros inesperados, como o iluminista escocês William Playfair (1759-1823), a reformadora social Florence Nightingale (1820-1910), famosa por seu trabalho como enfermeira na Guerra da Crimeia, o sociólogo americano W.E.B. Du Bois (1868-1963) e o filósofo austríaco Otto Neurath (1882-1945).

O professor americano Edward Tufte (n. 1942) foi uma figura importante na formalização de ideias sobre infográficos, principalmente em seu livro de 1983, *The Visual Display of Quantitative Information* [*A exibição visual de informações quantitativas*]. Tufte, logo no início de seu influente livro, escreveu que "a excelência em gráficos estatísticos consiste em ideias complexas, comunicadas com clareza, precisão e eficiência", acrescentando que "os gráficos *revelam* dados. De fato, os gráficos podem ser mais precisos e reveladores do que os cálculos estatísticos convencionais".[18] Ao trabalhar com dados, o designer de infográficos tem uma responsabilidade com a precisão: o design descuidado (ou a intenção maligna) pode resultar em recursos visuais que confundem, manipulam ou enganam. A política é uma área em que os infográficos podem ser questionáveis, com os partidos, por exemplo, utilizando gráficos de barras que fazem parecer que determinada eleição foi mais acirrada do que de fato os dados mostram. A maioria dos infográficos depende de representações precisas dos dados para ser eficaz, mas há casos em que a exatidão não é o método mais claro. Os mapas são um exemplo: alguns dos mais famosos, como o mapa do metrô de Londres (1931-3), de Harry Beck (1902-74), são topológicos, o que significa que sofreram simplificações e não são geograficamente precisos. A metodologia de Beck, inspirada em circuitos elétricos, foi revolucionária e logo seria imitada por quase todos os diagramas de trânsito urbano, por exemplo, o mapa do metrô de Nova York de 1972, de Massimo Vignelli (1931-2014).

Em nossa era de mídia social, em que as informações são absorvidas mais rapidamente e em tamanhos menores do que no passado dominado pela impressão, os infográficos são de importância vital. Embora facilmente criados em softwares como Excel e PowerPoint, é difícil fazê-los bem, em especial de maneira visualmente agradável, por isso profissionais ainda são necessários. No entanto, há um argumento de que, caso se tornem atrativos demais esteticamente, as próprias informações podem se tornar secundárias ou correr o risco de simplificar demais situações complexas.

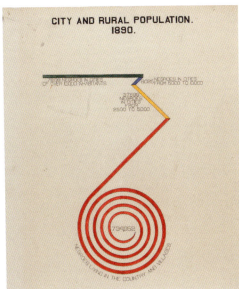

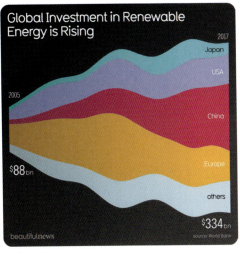

Leituras complementares →
RENDGEN, Sandra; WIEDEMANN, Julius. *History of Information Graphics*. Cologne: Taschen, 2021.
TUFTE, Edward R. *The Visual Display of Quantitative Information*. Cheshire: Graphics Press, 2001.

Topo: Infográfico para *La Lettura, Corriere della Sera*, Tiziana Alocci, 2020.

Acima, à direita: Infográfico para *beautifulnews*, Information is Beautiful [Informação é bonita], 2020.

Acima, à esquerda: Infográfico "preparado por Du Bois para a Exposição Negra da Seção Americana na Exposição Universal de Paris em 1900", W.E.B. Du Bois.

Design de animação

A grande maioria do design gráfico é historicamente estática, imutável, por causa da finalidade da impressão. Entretanto, o design de animação, ou *motion graphics*, que tem duração e incorpora movimento, está em rápida expansão, com agências interessadas em contratar designers fluentes em animação. A tecnologia digital é um fator importante no crescimento do design cinético, com telas substituindo cada vez mais a impressão na esfera pública. O que distingue o design de animação das outras disciplinas tradicionais de imagem em movimento, como cinema e animação, geralmente é uma questão de intenção, contexto e componentes utilizados (por exemplo, tipografia), mas os limites estão mais borrados do que nunca.

Muitas das primeiras técnicas de animação experimental – cujos pioneiros são Oskar Fischinger (1900-67), Norman McLaren (1914-87) e Len Lye (1901-80) – usavam a abstração de uma forma gráfica. Formas simples eram mais fáceis de capturar em movimento, mas seus filmes eram semelhantes a obras de arte, não a design. Foi no cinema que as primeiras peças de design gráfico em movimento surgiram, especialmente nos títulos e créditos de abertura. Figuras como Saul Bass, Pablo Ferro (1935-2018) e Maurice Binder (1918-91) projetaram sequências inovadoras nos anos 1950 e 1960, que combinavam tipografia com imagens em movimento e animação. Os títulos de filmes e seus primos da tela pequena, a televisão, continuam sendo alguns dos principais exemplos do design de animação. Nos primeiros designs de animação, era difícil animar os elementos de fato gráficos; a primeira ident da BBC (um curta-metragem que identificava o canal entre os programas), criada por Abram Games (1914-96) e lançada em 1953, era um modelo 3D cinético capturado em filme, o que a tornava mais uma escultura do que uma peça tradicional de design gráfico. Softwares digitais como Macromedia Flash (1996), Adobe After Effects e Cinema 4D finalmente dariam aos designers o poder de animar seus trabalhos sem a necessidade de uma câmera de cinema.

A tentativa de criar dinamismo era, muitas vezes, a principal preocupação dos designers de gráficos estáticos, mas com o design de animação isso se tornou uma realidade, revelando novas camadas, como ritmo, cadência, transições, duração, looping e – talvez o mais importante – interação com som e música. Considerar como um logotipo ou elementos de identidade funcionarão em movimento é, atualmente, uma motivação fundamental em projetos de branding. O web design e os espaços digitais em que a interação é possível são especialmente dominados pelo design de animação (que muitas vezes pode ser sutil), enquanto a realidade aumentada (AR, de *augmented reality*) está proporcionando uma nova fronteira na qual o design cinético desempenhará um papel importante, algo que o estúdio DIA, sediado na cidade de Nova York, vem explorando.

Acima: Pôsteres de uma série de filmes tipográficos analógicos que promovem o lançamento da família tipográfica Söhne da Fundição Klim Type, DIA Studio, 2019.

Abaixo: "Cities in Motion" ["Cidades em movimento"], painéis eletrônicos para Exterion Media, Studio Dumbar/DEPT, 2019.

Leituras complementares →

SHAOQIANG, Wang. *Motion Graphics*: 100 Design Projects You Can't Miss. Barcelona: Promopress, 2017.
SHAOQIANG, Wang. *Typography for Screen*: Type in Motion. Barcelona: Hoaki, 2021.
SHAW, Austin. *Design for Motion*: Fundamentals and Techniques of Motion Design. Abingdon: Routledge, 2019.

Websites

A World Wide Web - lançada em 1990, após a invenção do protocolo de transferência de hipertexto (HTTP) por Tim Berners-Lee - foi o primeiro navegador capaz de abrir páginas da web escritas em linguagem de marcação de hipertexto (HTML, um método antigo e simples de codificação) e inaugurou o site como um novo meio para a transferência de informações - transformando o mundo para sempre.

Os primeiros sites - limitados a códigos básicos, fontes-padrão e recursos de monitores CRT de baixa resolução - eram utilitários, com opções de design severamente limitadas. As imagens, quando começaram a ter suporte, demoravam para carregar em sistemas discados que passavam por linhas telefônicas, e suas posições dentro do texto mal podiam ser alteradas. Para o campo nascente do web design, o desenvolvimento, em meados dos anos 1990, de novas linguagens de programação, como JavaScript e folhas de estilo em cascata (CSS, de *cascading style sheets*), oferecia aos designers um pouco mais de liberdade sobre as escolhas estilísticas. No entanto, as páginas da web continuavam relativamente pouco sofisticadas, em geral apenas com texto simples e imagens sobre um fundo semelhante a um papel de parede. Embora exigisse que os usuários do site instalassem um plugin, o software Flash da Macromedia dominaria o web design na virada do milênio. O programa permitia que designers criassem páginas da web sobre as quais tinham muito mais controle e que podiam incorporar animações e música. Os sites em Flash geralmente demoravam a carregar e seus designs particulares dificultavam a navegação de usuários pouco familiarizados com eles.

O Flash, assim como sites como o GeoCities, que permitia a usuários regulares criar suas próprias páginas da web, incentivava a experimentação, e os designs de sites geralmente eram mais voltados para o que era possível do que para o que seria visualmente agradável. A estética do início da internet era desordenada e caótica, geralmente envolvendo padrões conflitantes e GIFs animados em *loop*. Alguns dos primeiros softwares de criação de sites em HTML podem ser descritos como WYSIWYG (*what you see is what you get*, [o que você vê é o que você obtém]), em que a interface de design reflete com precisão a aparência do site final, em vez de depender de os usuários codificarem manualmente para ver como será o resultado quando estiver no ar. Os softwares acabariam evoluindo para os construtores de sites do tipo "arrastar e soltar" (*drag and drop*), ainda mais fáceis de usar.

Com o aprimoramento da tecnologia e o aumento do número de usuários da internet, foi desenvolvida aquela que ficou conhecida como web 2.0. Ela era mais rápida, mais dinâmica e mais interativa, com maior ênfase no conteúdo gerado pelo usuário, nas redes sociais e no comércio. Durante a década de 2000, a internet se integrou mais à vida das pessoas, em vez de ser algo visto ocasionalmente. Depois, o web design deixou de ser um mero truque e um experimento e passou a se concentrar mais na usabilidade, na arquitetura de informações e em técnicas mais refinadas. Essa tendência foi acelerada pela rápida expansão da navegação em dispositivo móvel. Nessas telas menores, os sites precisavam ser leves e mais simples, o que conduziu a uma estética mais minimalista. Os sites eram cada vez mais responsivos; respondiam

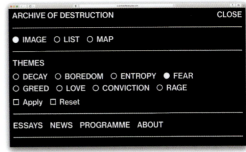

Acima: Site do Arquivo de Destruição (www.archiveofdestruction.com) para Jes Fernie, design de Daly & Lyon, construído por Matthew Luke, 2021.

Centro: Website do MoMA PS1 (www.momaps1.org), 2022. Website com design e desenvolvimento de Linked by Air; identidade visual desenvolvida por um grupo de trabalho de design, incluindo Vance Wellenstein, Dante Carlos, Anna Kulachek, Other Means e Julia Schäfer, com consultoria de Nontsikelelo Mutiti e John Lee; design de tipos de Berton Hasebe.

Abaixo: Design de A Practice for Everyday Life para identidade e website da galeria Metamorphoses (www.metamorphosesobjects.com), desenvolvimento do website por Kieran Startup, 2022.

Websites 299

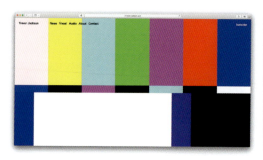 

ao ambiente do usuário, seja o tamanho da tela, o tamanho da janela, a orientação da tela ou a plataforma.

No início da década de 2010, as fontes web ofereciam aos designers mais opções de tipografia na web, em vez de serem limitadas ao que o usuário tinha instalado em seu dispositivo. Uma tendência encontrada na mesma época no web design e nos produtos digitais em geral foi uma reação contra o esqueumorfismo (recursos de design digital que imitam suas contrapartes do mundo real – por exemplo, realces e sombras para fazer que os botões pareçam tridimensionais) em direção ao "design flat", que era mais minimalista, usava cores sólidas em vez de texturas e evitava ornamentos desnecessários.

A ênfase na usabilidade e na velocidade continuou a crescer no web design contemporâneo, especialmente porque os dispositivos móveis se tornaram a fonte dominante de tráfego para os sites. Muitas vezes, os designers adotam uma abordagem *mobile first*, isto é, direcionada a dispositivos móveis, para garantir que os sites tenham melhor aparência em telas menores e com orientação em retrato. Como as velocidades dos smartphones foram otimizadas, graças às redes 4G/5G, as imagens ganharam relevância novamente, com novos formatos de arquivo que promovem um carregamento mais veloz sem perda de qualidade. O web design, talvez mais do que qualquer outra área do design gráfico, foi prejudicado por limitações técnicas, mas hoje em dia quase tudo é possível. Atualmente, diversos designers atuantes em várias disciplinas têm um conhecimento prático de codificação, mas a concretização de um design de site sob medida (em vez da criação baseada em templates), especialmente um site complexo com muitas páginas, em geral requer a experiência de um programador profissional ou desenvolvedor de back-end, em particular porque as tecnologias e as linguagens de programação estão em constante evolução.

Acima: Website para Trevor Jackson (www.trevor-jackson.com), design e desenvolvimento de All Purpose Studio, 2018.

Ao lado, topo + Centro: Design de website para Sternberg Press (www.sternberg-press.com), design de Wkshps e Knoth & Renner, 2020.

Ao lado, abaixo: Projeto de website Power: Infrastructure in America [Energia: infraestrutura nos Estados Unidos] para o Temple Hoyne Buell Center para o Estudo da Arquitetura Americana da Universidade de Columbia (power.buellcenter.columbia.edu), design e desenvolvimento de Partner & Partners, 2019.

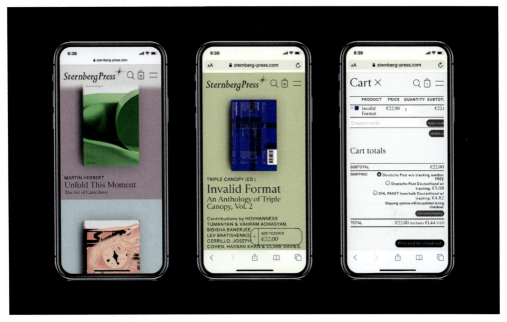
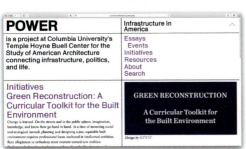

Websites 301

UI/UX design

"Eu diria que o verdadeiro surgimento do design da interface do usuário ocorreu quando os designers de computadores finalmente perceberam não apenas que os usuários finais tinham mentes funcionais, mas que uma melhor compreensão de como essas mentes funcionavam mudaria completamente o paradigma da interação." **Alan Kay, "User interface: a personal view" ["Interface do usuário: uma visão pessoal"] (1989)[19]**

A experiência do usuário (UX) e a interface do usuário (UI) são duas das áreas mais novas e em mais rápido crescimento das práticas gráficas contemporâneas (muitos novos designers provavelmente nunca trabalharão com mídia impressa); elas também são algumas das áreas mais centradas em prototipagem, desenvolvimentos iterativos, testes com usuários, interatividade, pesquisa e psicologia. UX e UI são elementos da tendência para o que foi chamado de "design centrado no usuário". Esse é um aspecto fundamental da área mais ampla (embora um tanto vaga) do *design thinking* (pensamento de design), definida por Tim Brown (n. 1962) – CEO da IDEO, um de seus principais proponentes – como "uma abordagem da inovação centrada no ser humano que utiliza o conjunto de ferramentas do designer para integrar as necessidades das pessoas, as possibilidades

da tecnologia e os requisitos para o sucesso dos negócios".[20]

Ainda que se possa dizer que parte do design gráfico seja orientada ao espectador ou público, em vez de um "usuário", há muitos exemplos pré-digitais de design gráfico que criam uma interface de usuário – o livro, por exemplo, evoluiu ao longo dos séculos para se tornar a forma ideal de oferecer um texto impresso a leitores. A interface do usuário como um campo, no entanto, enfoca a criação de interfaces de produtos ou serviços digitais para interação com usuários finais e consumidores. Embora atualmente existam casos em que essas interfaces não sejam visuais (quando, por exemplo, são controladas por voz ou gestos), a maior parte do trabalho de um designer de UI será em interfaces gráficas de usuário (GUIs), um termo cunhado no início da década de

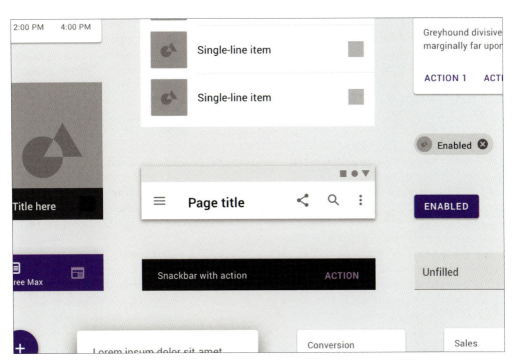

Nesta página: Sistema Material Design 2 do Google, 2018.

1980 que se destacou após o lançamento, em 1984, do Apple Macintosh, com sua icônica GUI em escala de cinza e em blocos projetada por Susan Kare (n. 1954). O design de GUI envolve elementos estáticos, como texto e imagens, e elementos ativos - as partes interativas, como botões, barras laterais, formulários, menus suspensos, caixas de seleção e controles. De acordo com a Adobe, as propriedades essenciais de uma interface de usuário bem projetada são: "Clareza, Familiaridade, Consistência, Tolerância e Eficiência".[21] Os principais pilares do design de UI são os sites, aplicativos e softwares, mas, com as telas se popularizando cada vez mais em toda parte - por exemplo, em carros, relógios ou eletrodomésticos inteligentes -, a necessidade de designers de UI e de GUIs claras e úteis que eles possam criar cresceu exponencialmente.

Embora muitas vezes seja confundida ou combinada com a função dupla do designer de UI/UX, a UI é apenas um aspecto do design de experiência do usuário. Cunhada pela primeira vez por Don Norman (n. 1935) - autor do influente livro *O design do dia a dia* (1988; edição revisada em 2013) -, a experiência do usuário se refere a um campo mais amplo que considera todos os estágios da jornada do usuário, não apenas suas interações finais com as interfaces. Norman definiu a UX como abrangendo "todos os aspectos da interação do usuário final com a empresa, seus serviços e seus produtos", acrescentando que: "é importante distinguir a experiência total do usuário da interface do usuário (UI), embora a UI seja obviamente uma parte extremamente importante do design. Como exemplo, considere um site com resenhas de filmes. Mesmo que a interface do usuário para encontrar um filme seja perfeita, a experiência do usuário será ruim para alguém que queira informações sobre um lançamento menor e independente se o banco de dados subjacente contiver apenas filmes dos grandes estúdios."[22]

De modo geral, o UI design é mais detalhista e se preocupa com decisões minuciosas sobre recursos e funções individuais, enquanto o UX design é mais estratégico, pensando no panorama geral e exigindo habilidades mais amplas em estratégia, pesquisa e arquitetura da informação. Scott Jenson (n. 1954), ex-estrategista de produtos do Google, vê a UI como "focada no produto, uma série de instantâneos no tempo", mas a UX como focada "no usuário e em sua jornada pelo produto". Ele acrescenta: "A UX é o caminho para um produto, escapando da tela e articulando a jornada e as motivações do usuário, justificando por que as coisas estão na UI e, ainda mais importante, por que coisas são deixadas de lado. A UI lida com restrições; a UX as desafia".[23] Embora seja importante entender a diferença entre UX e UI, ambas são inseparáveis.

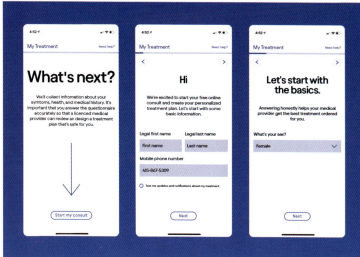

Acima: Identidade para a escola de programação iO Academy, Fiasco Design, 2020.

Abaixo: Design de identidade para Evernow, Natasha Jen/Pentagram, 2022.

Leituras complementares →

MOGGRIDGE, Bill. *Designing Interactions*. Cambridge: MIT Press, 2006.

NORMAN, Don. *O design do dia a dia*. Rio de Janeiro: Rocco, 2024.

Redes sociais

As redes sociais vêm causando enorme impacto sobre o design gráfico, sobretudo porque plataformas dirigidas por aspectos visuais, como Instagram e TikTok, começaram a predominar, especialmente entre usuários mais jovens. Pesquisas têm mostrado de modo consistente que as taxas de engajamento são mais altas em publicações que incluem imagens em vez de apenas texto, embora nas redes sociais um design de qualidade não seja garantia de sucesso. Os algoritmos muitas vezes decidem o que é visto, e muitas plataformas começaram a priorizar vídeos em vez de imagens estáticas.

Visto sobretudo em telas pequenas em meio a uma rolagem interminável de material concorrente, o design gráfico para redes sociais em geral precisa se esforçar para chamar a atenção por meio do uso de cores vivas, ilustrações simples (por exemplo, emojis), fotografia saturada e elementos que se movem com rapidez. O texto costuma ser composto da forma mais sucinta possível, com tipografia grande, a maneira mais eficaz de transmitir uma mensagem. O desafio de criar designs que funcionem em várias plataformas e seus diferentes requisitos de tamanho pode consumir muito tempo dos designers, cujo trabalho nesse campo está se tornando cada vez mais obsoleto graças a softwares gratuitos e sites como o Canva, que fornecem modelos para qualquer pessoa usar na criação de design com aparência profissional. No entanto, tais ferramentas geralmente conduzem à uniformidade, e algo personalizado se destaca mais. Quer percebam ou não, usuários que compartilham conteúdo em plataformas de rede social criam design gráfico por meio da combinação entre texto e imagem.

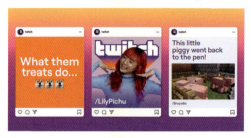

A maioria das redes sociais é projetada para estimular períodos curtos de atenção, e o design gráfico é apenas mais uma parte da criação do "conteúdo" consumido com rapidez pelos usuários, e que raras vezes será lembrado. Isso é enfatizado com anúncios invasivos em meio a postagens que as pessoas seguiram de fato.

O próprio design gráfico, como área de criatividade e prática, popularizou-se muito nas redes sociais, introduzindo uma nova geração a esse campo, ao mesmo tempo que tornou os ciclos de tendências mais efêmeros e aumentou exponencialmente o volume e a variedade de trabalhos aos quais os designers estão expostos. Um aspecto negativo disso tem sido a confusão da popularidade, quantificada por meio de "curtidas" ou compartilhamentos, com qualidade e eficácia.

Acima: Branding para serviço de assinatura de vinhos Stompy, &Walsh, 2022.
Ao lado, acima: Branding para Manuvo, Marina Willer/Pentagram, 2021.
Ao lado, abaixo: Rebrand do Twitch, Collins, 2019.

Leitura complementar →
INSTA-PERFECT: Creative Photography For Social Media Today. Victionary, 2018.

Notas

Introdução
[1] https://designobserver.com/feature/thoughts-on-paul-rand/39426
[2] Tibor Kalman, J. Abbott Miller e Karrie Jacobs, "Good History/Bad History", *Print*, v. 47, n. 2 (mar./abr. 1991).
[3] Steven Heller (ed.), *The Education of a Graphic Designer* (Allworth Press, 2015), 375.
[4] David Reinfurt, *A "New" Program for Graphic Design* (Inventory Press, 2019), 16.
[5] Sigfried Giedion, *Espaço, tempo e arquitetura* (WMF Martins Fontes, 2004), 5.
[6] Paul Rand, "Confusion and Chaos: The Seduction of Contemporary Graphic Design", *AIGA Journal*, v. 10, n. 1 (1992).

Capítulo 1: História
[1] William Addison Dwiggins, "New Kind of Printing Calls for New Design", *Boston Evening Transcript*, 29 ago. 1922.
[2] www.etymonline.com/word/design#etymonline_v_46757
[3] Rob Roy Kelly, "The Early Years of Graphic Design at Yale University", *Design Issues*, v. 17, n. 3 (verão, 2001), 7.
[4] Sara de Bondt e Catherine de Smet (eds.), *Graphic Design*: History in the Writing, *1983–2011* (Occasional Papers, 2012), 7.
[5] Ulrich Conrads (ed.), *Programs and Manifestoes on 20th-Century Architecture* (MIT Press, 1971), 66.
[6] Caitlin Condell e Emily Orr, *McKnight Kauffer*: The Artist in Advertising (Rizzoli Electa, 2020).
[7] Filippo Tommaso Marinetti, *Manifesto futurista*, 1909.
[8] Ezra Pound, "Vortex", *BLAST*, jun. 1914.
[9] Marinetti, 1909.
[10] https://designmanifestos.org/kazimir-malevich-the-manifesto-of-suprematism/
[11] *LEF*, edição 1 (1923).
[12] https://bauhausmanifesto.com/
[13] www.moma.org/documents/moma_catalogue_2735_300190238.pdf
[14] *Bauhaus Journal*, 1 (1926).
[15] Helen Armstrong (ed.), *Teoria do design gráfico* (Ubu Editora, 2022), 35.

[16] *Ibid.*
[17] *House Beautiful*, v. 97 (1955), 37.
[18] Steven Heller, *The Graphic Design Reader* (Allworth Press, 2002), 172.
[19] Holland R. Melson Jr. (ed.), *The Collected Writings of Alvin Lustig* (1958), 43-4.
[20] Bob Levenson, *Bill Bernbach's Book* (Villard, 1987).
[21] Theodore Roszak, *A contracultura* (Vozes, 1972).
[22] *Texts and Posters by Atelier Populaire* (Bombs-Merrill, 1969).
[23] www.tate.org.uk/art/art-terms/p/postmodernism
[24] Robert Venturi, *Complexidade e contradição em arquitetura* (WMF Martins Fontes, 2020).
[25] Rick Poynor, *Abaixo as regras*: design gráfico e pós-modernismo (Bookman, 2010), 12.
[26] https://walkerart.org/magazine/clearing-the-haze-prologue-to-postmodern-graphic-design-education-through-sheila-de-bretteville-2
[27] Rand, 1992.
[28] www.emigre.com/Essays/Magazine/GraphicDesigninthePostmodernEra
[29] www.eyemagazine.com/feature/article/katherine-mccoy
[30] www.eyemagazine.com/feature/article/cult-of-the-ugly
[31] www.emigre.com/Essays/Magazine/GraphicDesigninthePostmodernEra
[32] Helen Armstrong (ed.), *Digital Design Theory* (Princeton Architectural Press, 2016), 61.
[33] Rand, 1992.
[34] Armstrong, 2016, 64.
[35] https://historyofinformation.com/detail.php?entryid=3721
[36] https://walkerart.org/magazine/muriel-cooper-turning-time-into-space
[37] Bondt e Smet, 2012, 37-44.
[38] *Ibid.*

Capítulo 2: Teoria
[1] Roland Barthes, *Mitologias* (Bertrand Brasil, 2002), 10-11.
[2] www.vam.ac.uk/articles/an-introduction-to-the-aesthetic-movement
[3] https://psychclassics.yorku.ca/Wertheimer/Forms/forms.htm
[4] Johannes Itten, *The Elements of Colour* (John Wiley & Sons, 1970).
[5] Johannes Itten, *The Art of Colour* (Van Nostrand Reinhold Inc, 1961).
[6] Josef Albers, *A interação da cor* (WMF Martins Fontes, 2009).

[7] Conrads, 1971, 20.
[8] Denise Gonzales Crisp, "Toward a Definition of the DecoRational", *in* Brenda Laurel (ed.), *Design Research*: Methods and Perspectives (MIT Press, 2003), 99.
[9] https://linedandunlined.com/archive/default-systems-in-graphic-design/
[10] www.merriam-webster.com/dictionary/vernacular
[11] *Print* (jan./fev. 1990)
[12] Edwards Bernays, *Propaganda* (Horace Liveright, 1928), 9-10.
[13] Norman Potter, *What is a Designer?*, 4 ed. (Hyphen Press, 2002).
[14] Victor Papanek, *Design for the Real World* (Bantam Books, 1973), 14.
[15] Susan Sontag, "Pôster: anúncio, arte, artefato político e mercadoria", *in* Michael Bierut *et al.*, *Textos clássicos do design gráfico* (Martins Fontes, 2010).
[16] Jean-François Lyotard, *Postmodern Fables* (UM Press, 1999), 40.
[17] Armstrong, 2009, 102.
[18] Lucienne Roberts, *Good*: An Introduction to Ethics in Graphic Design (AVA, 2006), 28.
[19] www.eyemagazine.com/feature/article/first-things-first-manifesto-2000
[20] Elizabeth Resnick, *Developing Citizen Designers* (Bloomsbury, 2021), 12.
[21] Bondt e Smet, 2012, 139.
[22] http://letterformarchive.org/news/view/the-black-experience-in-graphic-design-1968-and-2020
[23] *Ibid.*
[24] Ellen Lupton *et al.*, *Extra bold*: um guia feminista, inclusivo, antirracista, não binário para designers (Olhares, 2019), 109.
[25] www.nypl.org/blog/2013/11/ 22/silence-equals-death-poster
[26] www.britannica.com/story/what-is-cultural-appropriation
[27] www.designweek.co.uk/issues/9-15-march-2020/cultural-appropriation-in-design/
[28] Lupton *et al.*, 2021, 197.
[29] https://linedandunlined.com/archive/new-black-face/
[30] Bruno Munari, *Artista e designer* (Almedina, 2015), 12-13.
[31] Roland Barthes, *Image, Music, Text* (Fontana, 1977), 146.
[32] Beatrice Warde, "A taça de cristal ou a impressão deve ser invisível", *in* M. Bierut *et al.*, *Textos*

clássicos do design gráfico (WMF Martins Fontes, 2010), 13.
[33] Marshall McLuhan e Quentin Fiore, *O meio é a massagem* (Ubu, 2018), 26.
[34] www.eyemagazine.com/feature/article/the-designer-as-author
[35] https://2x4.org/ideas/2009/fuck-content/

Capítulo 3: Prática
[1] Josef Müller-Brockmann, *Sistemas de grelhas*: um manual para designers gráficos (Gustavo Gili, 2012), 10.
[2] Armstrong, 2009, 87.
[3] *Looking Closer 5*: Critical Writings on Graphic Design (Allworth Press, 2006), 115.
[4] Mark Foster Gage (ed.), *Aesthetic Theory*: Essential Texts for Architecture and Design (W. W. Norton, 2011), 229.
[5] *Graphis* 276 (nov./dez. 1991), 99.
[6] www.designboom.com/interviews/designboom-interview-stefansagmeister-2/
[7] https://theaoi.com/2016/09/22/thevaroom-report-style-v26/
[8] www.creativereview.co.uk/bob-gilldesign-illustration/
[9] Josef Müller-Brockmann, *The Graphic Artist and His Design Problems* (Niggli, 1968), 7.
[10] Papanek, 1973, 68.
[11] *Communication Arts*, 6 (1964), 55.
[12] Paul Rand, *A Designer's Art* (Yale University Press, 1968).
[13] Rudolf Arnheim, *Visual Thinking* (University of California Press, 1969), 64.
[14] Rand, 1968, 79.
[15] Susan Doyle, Jaleen Grove e Whitney Sherman (eds.), *History of Illustration* (Fairchild Books, 2018), 40.
[16] Lucienne Roberts, *Drip-dry Shirts*: The Evolution of the Graphic Designer (AVA, 2005), 42.
[17] Bob Gill e John Lewis, *Illustration*: Aspects and Directions (Studio Vista, 1964), 95.
[18] https://t-y-p-o-g-r-a-p-h-y.org/media/pdf/The-New-Typography.pdf
[19] Ken Garland, *Graphics Handbook* (Studio Vista, 1966), 25.
[20] https://www.dandad.org/en/d-adbecome-art-director-new-blood-advice/
[21] Steven Heller e Veronique Vienne (ed.), *The Education of an Art Director* (Allworth Press, 2006), ix.
[22] www.oed.com

[23] Wassily Kandinsky, *Do espiritual na arte* (Martins Fontes, 2019).
[24] *The Universal Design File* (NC State University, The Center for Universal Design, 1998), 4.
[25] *Ibid.*
[26] Adrian Shaughnessy, *Ken Garland*: Structure and Substance (Unit Editions, 2012), 39.
[27] Papanek, 1973, 241.
[28] Philip Thompson e Peter Davenport, *The Dictionary of Graphic Images* (St. Martin's Press, 1980), v.
[29] *Ibid.*, vii.
[30] *A Dictionary of Modern and Contemporary Art* (Oxford University Press, 2009).
[31] Fredric Jameson, *A virada cultural* (Civilização Brasileira, 2006), 7.
[32] www.moma.org/documents/moma_catalogue_2914_300190234.pdf
[33] Armstrong, 2009, 33.

Capítulo 4: Tipografia
[1] Emil Ruder, *Typography*: A Manual of Design (Verlag Niggli, 1967), 10.
[2] Jan Tschichold, *The New Typography*: A Handbook for Modern Designers (University of California Press, 1998), 73-4.
[3] Walter Tracy, *Letters of Credit*: A View of Type Design (David R. Godine, 2003), 14.
[4] *Ibid.*
[5] https://eyeondesign.aiga.org/mingromantic-a-complete-reimagining-of-chinese-type/
[6] www.forum-online.be/en/issues/winter-2022/multi-scripts-blended-type-family-stories
[7] David Crowley, "Out of Hand", *Eye*, 80 (verão, 2011), 65.
[8] www.colorfonts.wtf/
[9] www.paulrand.design/work/NeXTComputers.html
[10] Armstrong, 2009, 41.

Capítulo 5: Mídias
[1] Sontag, 1970.
[2] W. H. Allner (ed.), *Posters* (Reinhold, 1952), 5.
[3] *Images of an Era*: The American Poster 1945-75 (Smithsonian, 1975), 10.
[4] www.eyemagazine.com/feature/article/advertising-mother-of-graphic-design-extract
[5] Richard Hollis, *Writings about Graphic Design* (Occasional Papers, 2017), 29.
[6] Edward M. Gottschall (ed.),

Typographic Directions (Art Directions Books Co., 1964), 199.
[7] Adrian Shaughnessy, *Graphic Design*: A User's Manual (Laurence King, 2009), 186.
[8] Ellen McCracken, *Decoding Women's Magazines* (Macmillan, 1993), 19.
[9] Jennifer McKnight-Trontz e Alex Steinweiss, *For the Record*: The Life and Work of Alex Steinweiss (Princeton Architectural Press, 2000), 139.
[10] Walter Herdeg (ed.), *Graphis Record Covers* (The Graphis Press, 1974), 8-9.
[11] Rand, 1968, 238.
[12] https://qz.com/200959/the-sacred-texts-of-corporate-graphic-design
[13] Wally Olins, *The Corporate Personality*: An Inquiry Into the Nature of Corporate Identity (Design Council, 1978), 157.
[14] Stuart Hall, "Brave New World", *Marxism Today*, out. 1988.
[15] www.eyemagazine.com/feature/article/the-steamroller-of-branding-text-in-full
[16] Shaughnessy, 2009, 44.
[17] https://segd.org/what-wayfinding
[18] Edward Tufte, *The Visual Display of Quantitative Information* (Graphics Press, 2001), 13.
[19] Randall Packer e Ken Jordan (ed.), *Multimedia* (W. W. Norton & Co., 2002), 121.
[20] https://designthinking.ideo.com/
[21] https://xd.adobe.com/ideas/process/u
[22] www.nngroup.com/articles/definition-user-experience/
[23] www.usertesting.com/resources/topics/ui-vs-ux

Referências

Muitos livros são mencionados em suas seções correspondentes, ou são citados e listados na página anterior. O que segue são algumas sugestões complementares de livros úteis sobre design gráfico e tipografia:

ADAMS, Sean. *The Designer's Dictionary of Type*. New York: Abrams, 2019.

AMBROSE, Gavin; HARRIS, Paul. *Tipografia*: design básico. Porto Alegre: Bookman, 2011.

AMBROSE, Gavin; HARRIS, Paul; BALL, Nigel. *The Fundamentals of Graphic Design*. London: Bloomsbury, 2019.

ARMSTRONG, Helen (ed.). *Teoria do design gráfico*. São Paulo: Ubu Editora, 2022.

BESTLEY, Russell; NOBLE, Ian. *Pesquisa visual*: introdução às metodologias de pesquisa em design gráfico. Porto Alegre: Bookman, 2013.

BIERUT, Michael. *Seventy--nine Short Essays on Design*. New York: Princeton Architectural Press, 2012.

BIERUT, Michael; HELFAND, Jessica (ed.). *Culture is Not Always Popular*: Fifteen Years of Design Observer. Cambridge: MIT Press 2019.

BIGGS, John R. *An Approach to Type*. London: Blandford, 1961.

BONDT, Sara de; SMET, Catherine de (ed.). *Graphic Design*: History in the Writing 1983-2011. London: Occasional Papers, 2012.

BRINGHURST, Robert. *Elementos do estilo tipográfico*. São Paulo: Ubu Editora, 2022.

CONWAY, Hazel (ed.). *Design History*: A Students' Handbook. Abingdon: Routledge, 1987.

CROWLEY, David; JOBLING, Paul. *Graphic Design*: A Critical Introduction - Reproduction and Representation since 1800. Manchester: Manchester University Press, 1996.

DABNER, David; STEWART, Sandra; VICKRESS, Abbie. *Curso de design gráfico*: princípios e práticas. São Paulo: Gustavo Gili, 2014.

DAVIS, Meredith. *Graphic Design Theory*. London: Thames & Hudson, 2012.

DAWSON, Peter. *Type Directory*. London: Thames & Hudson, 2019.

DRUCKER, Johanna; MCVARISH, Emily. *Graphic Design History*: A Critical Guide. London: Pearson, 2012.

ESKILSON, Stephen J. *Graphic Design*: A History. London: Laurence King, 2019.

GARLAND, Ken. *Graphics Handbook*. London: Studio Vista, 1966.

HELLER, Steven. *Linguagens do design*: compreendendo o design gráfico. São Paulo: Rosari, 2010.

HELLER, Steven (ed.). *The Education of a Graphic Designer*. New York: Allworth Press, 2015.

HELLER, Steven; ANDERSON, Gail. *The Typography Idea Book*. London: Laurence King, 2016.

HELLER, Steven; VIENNE, Veronique. *100 ideias que mudaram o design gráfico*. São Paulo: Rosari, 2013.

HOLLIS, Richard. *Design gráfico*: uma história concisa. São Paulo: WMF Martins Fontes, 2010.

HORSHAM, Michael. *Hello Human*: A History of Visual Communication. London: Thames & Hudson, 2022.

JURY, David. *O que é a tipografia?* São Paulo: Gustavo Gili, 2007.

KINROSS, Robin. *Modern Typography*. Montreuil: Éditions B42, 2019.

KINROSS, Robin. *Unjustified Texts*. Montreuil: Éditions B42, 2019.

LUNA, Paul. *Typography*: A Very Short Introduction. Oxford: Oxford University Press, 2018.

LUPTON, Ellen. *O design como storytelling*. São Paulo: Olhares, 2022.

LUPTON, Ellen; MILLER, J. Abbott. *Design, escrita, pesquisa*: a escrita no design gráfico. Porto Alegre: Bookman, 2011.

LUPTON, Ellen; PHILLIPS, Jennifer Cole. *Novos*

fundamentos do design. São Paulo: Cosac Naify, 2008.

MÜLLER, Jens; WIEDEMANN, Julius. *The History of Graphic Design Vol. 1. 1890-1959*. Cologne: Taschen, 2016.

MÜLLER, Jens; WIEDEMANN, Julius. *The History of Graphic Design Vol. 2. 1960-Today*. Cologne: Taschen, 2022.

MÜLLER-BROCKMANN, Josef. *A History of Visual Communication*. Salenstein: Niggli, 1999.

NEMETH, Titus (ed.). *Arabic Typography*. Salenstein: Niggli, 2022.

NEWARK, Quentin. *O que é design gráfico?* Porto Alegre: Bookman, 2009.

OGG, Oscar. *The Twenty-six Letters*. New York: Crowell, 1971.

OLDHAM, Craig. *Oh Sh*t What Now?* Honest Advice for New Graphic Designers. London: Laurence King, 2018.

POULIN, Richard. *The Language of Graphic Design*. Beverly: Rockport, 2018.

REINFURT, David. *A "New" Program for Graphic Design*. Los Angeles: Inventory Press, 2019.

ROBERTS, Caroline. *Graphic Design Visionaries*. London: Laurence King, 2015.

SHAUGHNESSY, Adrian. *Graphic Design*: A User's Manual. London: Laurence King, 2009.

SHAUGHNESSY, Adrian. *Como ser um designer gráfico sem vender sua alma*. São Paulo: Editora Senac São Paulo, 2010.

SPIEKERMANN, Erik; GINGER, E. M. *Stop Stealing Sheep & Find Out How Type Works*. Hoboken: Adobe, 2003.

SUDJIC, Deyan. *B is for Bauhaus*. London: Penguin, 2015.

TWEMLOW, Alice. *Para que Serve o Design Gráfico?* São Paulo: Gustavo Gili, 2007.

VIT, Armin; PALACIO, Bryony Gomez. *A referência no design gráfico*: um guia visual para a linguagem, aplicações e história do design. São Paulo: Blucher, 2011.

WHEELER, Alina. *Design de identidade da marca*: guia essencial para toda a equipe de gestão de marcas. Porto Alegre: Bookman, 2019

WILLIAMSON, Judith. *Decoding Advertisements*: Ideology and Meaning in Advertising. London: Marion Boyars, 2010.

Índice remissivo

As referências de páginas em itálico indicam imagens.

Abbott Miller, J. 7, 31
abstração 162-3,182, 276, 296
Academia de Arte Cranbrook 62
acaso 150-1
acessibilidade 166-7
acidente 150-1
Addison Dwiggins, William 16, 208
Adobe 67, 222, *229*, 239, *240*, 304
aerógrafo 156, 262
Aicher, Otl 46, 146, 280
Albers, Josef 29-30, *80*, 84, 86-7, 208
álbuns *ver* discos
Alcorn, John 155, 262
Aldridge, Alan 262
alfabeto 194-7
algarismos 192, 197
alinhamento 130, 266
Allner, Walter 65, 67, 248, *255*
altura-x 191-2, *193*
Amado, Bráulio *139*, *151*, *252*
American Type Founders 218
Anderson, Gary 172-*3*
animação 296-7
anúncios 254-9
  agências 42, 44-*5*
  eletrônico *297*
  estilo internacional 46-*9*
  estilo mid-century modern 34-7
  identidade de marca 280
  ilusão de óptica *182*
  lettering 226
  ônibus de Londres *45*
  pôsteres 246, 248, *258*
  redes sociais 306
  revolução 42-*3*
  semiótica 72
  tipo como imagem 184-7
  vanguarda 20
Apollinaire, Guillaume *22*-3, 186
apresentação de dados 294
apropriação 118-19,

164, 180, 259
Aristóteles 82, 150
Arnheim, Rudolf 148
Arntz, Gerd 146, *147*
art déco 20, 178, 216, 226, 246
art nouveau 17, 20, 50, 178, 216, 226, 246, 256, 260, 276
arte 120-*1*, 152, 256, 292
Arts and Crafts 26, 201, 226
ascendente 191, *193*
Atelier Populaire *52*-3
autoria 120, 122-5
Ayer, A.W. 44

Bacon, Paul *261*-2, *277*
Baker, Gilbert 116-*17*
Ball, Hugo 23
Banner, Fiona 120
Barnbrook, Jonathan 59, 62-3, *105*, *234*
Barthes, Roland 56, 74, *75*, 102, 122
Bass, Saul 36, *89*, 136, 248, *249*, 280, 296
Bassman, Lillian 158
Bauer & Co. 207
Bauhaus 26-31, 33, 46, 84, 156, 164, 208
Baumberger, Otto 256
Bayer, Herbert 27-31, 33, 44, 156, 208
Beardsley, Aubrey 17, 260
Beck, Harry 294
Beggarstaff, J. & W. 246
Behrens, Peter 280
Belford, Paul *145*, *167*, *258*
Bell, Nick 282
Bell, Vanessa 260, *263*
Berg, John 278
Berger, John 124-5
Bernays, Edward 98
Bernbach, Bill 42, 254
Bernhard, Lucian *99*, *255*, 256
Berthold Type Foundry *208*
Besley, Robert 203
Bíblia de Gutenberg 16, *196*-7, 201
Bill, Max 30, 38, 46, 80, 120
Binder, Joseph 156
Binder, Maurice 296
Birdsall, Derek 142, 260, 266
Black, Misha 44

Blauvelt, Andrew 62
Bodoni, Giambattista 202
Boggeri, Antonio 44
Bondt, Sara de 19, *151*
Boylan, Brian 285
branding
  capas de álbum 278
  design de animação 296
  estilo internacional 46
  identidade de marca 280-7, 288
  inteligência gráfica 142
  logotipos 88
  padrões 92
  pictogramas 146
  semiótica 74
  sinalização 292
Breuer, Marcel 30
Briggs, Ken 49, 53
Brik, Osip 25
British Rail *281*
Brodovitch, Alexey *101*, 156, 272-3
Brody, Neville *58*, 63, 232
Brown, Tim 302
Brownjohn, Robert 44, 142, 186
Brumwell, Marcus 44
Bruna, Dick 155
Brush Script 218, 221
Bubbles, Barney *58*, 62-3, *277*, 278
Burns, Aaron 211
Burtin, Tim 276

cabeçalho 272
caixa 191
caligrafia 186, 191-2, 194-7, 208, 218-21, 226-9, 242
Calvert, Margaret *89*, 146, 203, *281*
Campanha pelo Desarmamento Nuclear 53
cânone Van de Graaf 134, *135*
capas de álbum 276-9
  colagem 164, *165*
  estilo *139*
  estilo internacional *49*
  estilo mid-century modern *35*, 36
  fotografia *157*, *159*
  Gestalt *80*
  lettering *227*
  tipografia digital 236

pós-moderno 63
psicodélico 50, 62
capas de livro *9*, 260-5
Bauhausbücher 14 29, *31*
colagem 164-5
dust jackets 260
estilo mid-century modern 36-7
futurismo 22
Gestalt *80*
grids *128*
hierarquia *133*
ilusão de óptica 182-*3*
impressão colorida 18
inteligência gráfica 142, *144*-5
lettering 226
Mitologias 74-5
ornamento *91*
pastiche *181*
pós-moderno *58*
tipo como imagem 186-7
tipografia *189*
Carle, Eric 155
Carnase, Tom 211-*2*
Carson, David 59, 64, 235
Casey, Jacqueline S. 46, *49*
Cassandre 20-*1*, 142, 156, 216, 246
Catford, Holly *159*, *271*
Cato, Bob 276
Chéret, Jules 17, 246
Chermayeff, Ivan 36, 44, *47*, 164-*5*, 187, 263
Chicago, Judy 61
Chwast, Seymour 45, 53-4, *139*, 155, 172, 260
cinema 248, *250*, 262, 296
clichês 176-7
Coiner, Charles 44
colagem 23, 34, 55, 57, 155, 164-5
coletivo Gran Fury 116
Columbia Records *35*, 276
Coluna de Trajano *199*, 201
computadores
  acaso/acidente 150
  Apple 58, 59, 65, 67, 232, 239, 302
  criação de fontes 239
  fonte da Microsoft 211
  ilustração 155
  impacto 64-7
  mistura de cores 82, 84, *85*

padrões 92, 130, 239
programas de sites
296-306
programas gráficos 67
Conran Design Group 282
Construtivismo 25, 29,
63, 156, 164
contraculturas 50-5,
232, 248, 259
contraforma 191, *193*
contraste de tipo
reverso 202, 216
Cooper, Muriel 46,
65, 67
cor
círculo 84, *85*
daltonismo 86, *87*, 166
e hierarquia 132
embalagem 288
estilo mid-century
modern 34
fontes *240*, 241
fotografia 156
impressão 18, 82, 84-7
redes sociais 306
retrô 178
significado simbólico
72, 82, 168
teoria 82-7
Crawford, W.S. 44, *255*
Crouwel, Wim *129*-30,
236, *237*
Crowley, David 226
cubismo 20, 162, 182
Cugat, Francis 260

da Vinci, Leonardo 134,
199
dadá/dadaísmo 23-4, 34,
50, 120, 164, 186
Danziger, Louis 186
Das Plakat 18, *183*
De Stijl 20, 24-5, 29
Deck, Barry *235*
deficiência visual 166
Delaunay, Sonia 162
Depero, Fortunato 22
descendente 191, *193*
desconstrução 38, 55,
56, 62, 235
design
agências 44-5
autoria 120, 122-5
centrado no usuário
302-5
e arte 120-1, 152,
256, 292
livros 266, 270
política 102-3
design de animação
296-7
design gráfico
cânone 68-*9*

desenvolvimento 7-8,
11-2, 16-7
e publicidade 256
história 11-2, 16
design new wave 56,
58, 62
design suíço 38-41, 44,
46, 57, 158, 226, 248
détournement 168
Dia da Terra 53-*4*, 106,
172-*3*
DIA Studio 296, *297*
Didot, Firmin 202
Digiset
(fotocompositora)
236, 239
dingbats 192
direção criativa 160,
258, *272*
direção de arte 160-1
direitos autorais 180
dois andares 191
Dorner, Alexander 26
Douglas, Emory 53,
112, *113*
Doyle Dane Bernbach 42,
43, *257*
Droid Serif *203*
Du Bois, W.E.B. 294-*5*
Dwiggins, W.A. 16, 208

Eames, Ray 36
Earls, Elliott 62, 64,
233
e-books 262
editoração eletrônica
64, 239
editorial 270-5
El Lissitzky *23*, 25,
33, 156
em square 193
embalagem 288-91
acessibilidade *167*
design suíço 38
direção de arte *161*
eco-friendly 174
identidade de marca
280, 282, 288
ilustração *154*
inteligência gráfica
142
semiótica 74
ver também discos
emojis 65, *75*, 148,
241, 306
era digital 64-7
capas de livro 263
design de animação
296
estilo 136
estilo internacional 48
fonte de exibição 216
grids 130

lettering 229
meio ambiente 174
ornamento 90
pôsteres 248
publicidade 259
script 218, 221
tipografia 58-9, 232,
236-41
Erbar, Jakob 208
escrita 194-7, 198, 201,
218, 221, 226, 242
escrita de sinais 214,
218, 226
espaçamento entre
linhas 193
espiral de Fibonacci
134-*5*
esqueumorfismo 300
estereotipografia 118,
119, 176
estética 76-7, 138,
292, 294
estilo 136-9, 152, 178,
180, 262, 266, 280
estilo internacional
46-*9*, 56, 158, 211
estilo mid-century
modern 34-7, 62, 226
estilo pop art 53, 56
estruturalismo 56
Etherington, Tom 126,
264
ética 67, 76, 106-*7*,
124, 248
Excoffon, Roger 218-*9*
experiência do usuário
302-5
Extinction Rebellion
174, *175*

Facetti, Germano 260
família tipográfica
Söhne *297*
família, fontes 190
famílias tipográficas
de exibição 214-17
Fehmy Agha, Mehemed
108, 156, 272
Feixen Studio *91*, *253*
Fella, Edward 62, *95*
Ferro, Pablo 296
FF Beowolf 232
Figgins, Vincent 202,
206, *207*
Fior, Robin *52*, 53
Fiore, Quentin 124
Fischinger, Oskar 296
Fisher, Jeff 262
Fletcher, Alan 45, *73*,
123, 140-1, 142, *153*,
164, *183*, 260
Flora, Jim 276
Fonderie Olive 218-*9*

Fontastic 239
fonte
Amelia *237*
American Typewriter
205
Baby Teeth 211
Carta Nueva *219*
cirílico *223*
Data 70 236, *237*
Dead History 232, *233*
Digi-Grotesk 239
Exocet font *234*
Gemini 236
glífica *200*, 205
Glyphs 239
IBM Plex® *212*
Mrs Eaves 235
New Alphabet 236, *237*
NotCaslon *233*
Steinbeck *223*
vietnamita *223*
Westminster 236
fontes 190-3
bitmap 232, 239
chinesas 222-*3*
cor *240*, 241
de pixel 239
de script 218-21, 242
em baixa resolução
232, *238*
emojis 65, *75*, 148,
241, 306
glifos ausentes 225
góticas 197, *200*-1,
206, 218
ícones gráficos 65
indianas *224*
multilíngues 222-5
não latinas 222-5
OCR 236, *237*
psicologia 242
raster 239
variáveis *240*-1
web 298, 300
ver também tipografia
FontFont 232
FontForge 239
FontLab 239
Fontographer 239
Forbes, Colin *45*, 73,
140, 142, *153*, *183*
fotocomposição 48, 57,
186, 211, 213, 216,
218, 236
fotografia 156-9
Bauhaus 29
design suíço 38, 57
discos 276, 278
editorial 270, 273
era digital 64
estilo mid-century
modern 34, 36
ilustração 152, 155

livros 262, 268
protesto 168
redes sociais 306
tipofoto 184, 186
fotogramas 29, 156
fotomontagem 156, 164, 172
Franklin Gothic 208
Friedman, Dan 58
Frutiger, Adrian *210*, 211, 236, *237*
Fujita, S. Neil *35*, 262, 276, *277*
Fuller Benton, Morris 203, 208
fundição Deberny & Peignot *210*, 211, 216
fundição Miller & Richard 207
fundição Theinhardt 207
futurismo 20, 22-3, 50, 182

gadzook 192
Games, Abram 142, 296
Garamond 201, 218
Garland, Ken 53, 106-7, *143*, 158, 172
Garrett, Malcolm 63, 235
Garrigan, John 251
Geigy 38, *41*, 46
Geismar, Bob *47*
Geismar, Thomas 44, 187
gênero 108-11, 116
Gerstner, Karl 38, *41*, 65, *89*, 130
Gesamtkunstwerk 20
Gestalt 38, 78-81
Giampietro, Rob 92
Giedion, Sigfried 12
Gill, Bob
    agência de design 45
    ilustração *153*, 155
    inteligência gráfica 142
    resolução de problemas 140, *141*
    semiótica *73*
    tipo como imagem 186-7
Gill, Eric *209*, 214, 226
Ginzburg, Ralph 53
Glaser, Milton
    capas de álbum *277*
    capas de livro 262
    clichês *177*
    colaboração 44
    Dia da Terra 172
    estilo *137*
    fonte Baby Teeth 211
    ilustração 155
    pastiche *181*

pôster da paz 53-*4*
semiótica *75*
glifos 190, 191, 221-2, 225, 236
Goethe, Johann Wolfgang von 82
Goggin, James *83*, *133*, *250*
Golden, William 108
Gonzales Crisp, Denise 90
Google *75*, *203*, 225, *303*, 304
gótico de vanguarda 211, *212*
Gottlieb Baumgarten, Alexander 76
gráficos psicodélicos 50, *51*, 260, 276
gráficos vetoriais 239
Grapus Studio 65, *103*
Grasset, Eugene 246
gravadora Blue Note 276
Gray, John 262, *264*
Gray, Milner 44
Grecs du Roi 218
Greiman, April *57*, 58, 64, *65*
grids 46, 57, 128-31, 266, 270
Griffo, Francesco 197, 201
Grignani, Franco 182-*3*, 236
Gropius, Walter 26, 29-30, 46, 280
grunge 59, 64, 232
grupo ACT UP 116-7
Guerrilla Girls 108, *110*
guerra
    influência 23, 36
    movimento antiguerra 53-4, 168-*71*
    propaganda 98, 248

Haas Type Foundry 211
Haettenschweile, Walter 211
Hall, Stuart 282
Harak, Rudolph de 36, 46, *49*, 276
Hard Werken Studio 65
Hausmann, Raoul 23, 164
Havinden, Ashley 44, *255*
Heartfield, John 164
Hell, Rudolf 236, 239
Heller, Steven
    identidade de marca 280
    estilo mid-century modern 37

pós-modernismo 63, 235
publicidade 256
Henrion, Henri Kay 44
hierarquia 132-3
Hill, Eric 155
Hinman Pierpont, Frank 201
Hipgnosis 277-8
Hische, Jessica 229, 231
Höch, Hannah 164
Hochuli, Jost 38, *134*, 269
Hoffmann, Eduard *210*, 211
Hofmann, Armin 38, *39*, 46, 61
Hollis, Richard 8, 19, 41, 124-5
Holtom, Gerald 53
Hori, Allen 62
Horst, Horst P. 156
Hostettler, Rudolf 38
humor 142-5, 158, 168, 180, 256, 259

IA (inteligência artificial) 67, 150
ícones *ver* pictogramas
identidade corporativa 44, 280-7, 288
ideogramas 194
igualdade 108, 112, 116, 168, *170-1*
ilusões visuais 78-81, *87*, 182-3
ilustração 152-5, 262, 268, 270, 272, 276, 278, 280, 306
impressão
    colorida 18, 82, 84-7
    digital 248
    impacto 16-8
    primeira 196-7, 201
    serigrafia 52
influências políticas
    Bauhaus 26, 29, 33
    colagem 164
    design suíço 38
    estética 76
    infográficos 294
    movimentos de protesto 168, *170*
    no design 102-3
    propaganda 98, 248
    vanguarda 20-5
infográficos 270, 294-5
inspiração 138, 150, 178, 180
Instituto de Artes da Califórnia 58-9, 61, *70*

Instituto de Tecnologia Rochester 16
inteligência gráfica 142-5, 158
interface do usuário 48, 302-5
interfaces gráficas de usuário 302-4
Isobe, Yukihisa 172-*3*
Isotype 65, 146-7
itálico 132, 191, 201, 206, 208, *209*
ITC 203, 205, 211, *212*
Itten, Johannes 26, 82, 84-*5*
Izenour, Steven 94

Jackson, Dorothy *69*, 112
Jacobs, Karrie 7, 97
Jameson, Fredric 180
Jenson, Nicolas 197, 201
Jenson, Scott 304
Johnson, Philip 46
Johnston, Edward 209, 226
jornais
    editorial 270-3
    publicidade *95*, 256
    tipografia 202
Jost, Heinrich 203

Kalman, Tibor 7, 63, 97
Kandinsky, Wassily 26, 29, 84, 162
Kant, Immanuel 76
Kare, Susan 65-*6*, 239, 304
Katsumi, Masaru 146
Kay, Alan 302
Keedy Sans 232, *233*
Keedy, Jeffery 59, 61-3, 136, 232-*3*
Keller, Ernst 38
Kennard, Peter 164
Kepes, György 156, 164
kerning 192, *193*
Kidd, Chip 262
Kierkegaard, Søren 76
King, David *170*, *171*
Kinneir, Jock 146, *281*
kitsch 178
Klee, Paul 26, 34, 84
Klein, Naomi 282
Klein, William 158, *165*
Klint, Hilma af 162
Klutsis, Gustav 164
Koch, Rudolf 208, 226
Krone, Helmut 158, *257*
Kruger, Barbara 120, *121*
Lam, Caspar 222
Lambert, Fred 211

Lamm, Lora 155, *257*
Le Blon, Jacob
  Christoph 84
Le Corbusier 46, 134,
  280
leading 193
Lee, Geoffrey 211
legibilidade
  altura-x 166, 191
  estilo internacional
  46
  fontes de livro 242,
  266
  Isotype 146
  pós-modernismo 235
  sem-serifas 206, 213
  serifas 202, 205
  tecnologia OCR 236
  tipo de exibição 214
  tipografia digital
  239
Lester, Seb *229*
letras de transferência
  a seco 211, 236
letras maiúsculas 29,
  190, 192, 197, *199*,
  201, 206, 218
Letraset 211, *237*
lettering 34, 197, 226-
  31, 262, 276
lettering islâmico 226
Leupin, Herbert 38, 256
Levrant de Bretteville,
  Sheila 61, *70*
Lewis, John 155
Leydenfrost, Robert 172
Liberman, Alexander 156
Licko, Zuzana 59, 64,
  232-3, 235, *238*
ligaduras 192, 197, 218
linguagem visual 80,
  148-9, 242
linha de base 191, *193*
Lionni, Leo 36, 155,
  260
livros 122, 134, 266-9,
  270
livros infantis 155,
  268
logografias 194
logotipos 88-9, 182
  ambiental 172
  apropriação *119*
  design 140, *141*
  design de animação
  296
  Gestalt 78
  identidade de marca
  74, 278, 280-*1*, 285
  inteligência gráfica
  143-4
  sexualidade 116, *117*
  símbolo da paz 53

Lohse, Richard Paul
  38, 120
Lois, George 142, 158,
  176, *257*, 272
Loos, Adolf 90, 112
Louchheim, Aline B. 246
Lubalin, Herb 53, 55,
  142, 202-3, 211-*12*
Lustig Cohen, Elaine
  36-7, 108
Lustig, Alvin 36-7, 108,
  155, 226, 260-1
Lye, Len 296
Lynch, Kevin A. 292
Lyotard, Jean-François
  102

Mackintosh, Charles
  Rennie 20
MacLean, Bonnie 50
Maggs, Leo 236
Magritte, René 72
Makela, P. Scott 59,
  232, *233*
Maldonado, Tomás 74
Malevich, Kazimir 25,
  162
Man Ray 156
Manutius, Aldus *196*,
  197, 201
mapas 294
máquinas de escrever
  192, 203, 205
Marber, Romek *128*, 260
marca registrada 88,
  278
Marinetti, Filippo
  Tommaso 20, *22*, *181*
Marker, Chris 125
Martin Jr., Bobby C.,
  Jr. 112
Matter, Herbert 156,
  158, 186
Max, Peter 172
McCoy, Katherine 62
McCracken, Ellen 272
McKnight Kauffer,
  Edward 20-*1*, 156, 246,
  255, *261*
McLaren, Ian 53
McLaren, Norman 296
McLuhan, Marshall 64,
  122, 124
Meggs, Philip B. 16, 19
meio ambiente 53-4,
  106, 164, 172-5, 291
mensagem subliminar 242
Metahaven 120, *124*
metrô de Londres 209,
  280, 294
Meyer, Hannes 30
Miedinger, Max 209-*10*
Mies van der Rohe,

Ludwig 30, 33, 46, 280
Miles, Reid 276, *277*
Miró, Joan 34
Mistral script 218,
  219, 221
Model, Lisette 156
Moderna *200*, 202
modernismo
  e vanguarda 20, 33
  estética 76
  estilo 136, 178
  estilo mid-century
  modern 34-7
  fontes 206, 208, 209
  desenvolvimento de
  logotipo 88
  fotografia 158
  identidade de marca
  280
  ornamento 90, 216
  política do design
  102
  semiótica 74
Moholy, Lucia 156
Moholy-Nagy, Lázló
  Bauhaus 26, 29, 30,
  31, 33
  colagem 164
  fotografia 156, 158
  tipofoto 184-6
Mol, Thérèse 38, *41*
Mondrian, Piet 24, 162
monocromático 158
monoespaço 192, 203
Monotype 201-3, 208-9,
  217, 224-5, 236-7
Morris, William 26, 76,
  199, 201, 266
Morrison, Stanley 202
Moscoso, Victor 50
Mouron, Adolphe Jean-
  Marie 20
movimento da paz 52,
  53, *54*
movimento hippie 50,
  53, 55, 172, 259
movimento op art 182
movimento punk 55, 164,
  272, 278
movimentos de protesto
  50-5, *113-14*, *161*,
  168-*71*
Mucha, Alphonse 17, 246
Muggeridge, Fraser 120,
  121
mulheres
  função 26, 59, 61, 67-
  9, 108-11
  movimentos de
  protesto 168, *169-70*
Müller-Brockmann, Josef
  design suíço 38, *40*, 46
  grids 128, 130, 131

história do design 16
  pastiche *181*
  resolução de
  problemas 140
Munari, Bruno 120, 164
museus 292, *293*
Myerscough, Morag 292,
  293

Negros, indígenas
  e pessoas de cor
  (BIPOC) 68-*9*, 112-13
Neil-Fujita, S. *35*, 262,
  276-7
neoplasticismo 24
Neuburg, Hans 38
Neurath, Otto & Marie
  65, 146, 294
Neuzeit-Grotesk 239
Neville, Jon 232
Newman, Bob 236, *237*
News Gothic 208
Newton, Sir Isaac 82,
  84
Nightingale, Florence
  294
Nitsche, Erik 36, 276
Noorda, Bob 46
Norman, Don 304-5
Noto (fontes) *203*, 225
Nova Publicidade 42,
  256
números 192, 197

Odgers, Jayme *57*, 58
Ogilvy, David 42
Olden, George 202
Olins, Wally 282
Oliver, Vaughan 65, 278
Jogos Olímpicos 58,
  146, *147*, 285
Opara, Eddie 87, *269*,
  283
OpenType 239
orientação 292-3
ornamento 90-1, 216

Packard, Vance 172
padrão Unicode
  Consortium 225
padrões 92-3, 130,
  298
Palladino, Tony 262
Papanek, Victor 102,
  140, 172, 175
Park, YuJune 222
Pasche, John 278
pastiche 180-1
Pearson, David *133*,
  186, *187*, *188*
Pelham, David 262
Penguin 260
Penn, Irving 156

Índice remissivo **315**

Pentagram Studio 45, *122*, 140, *187*, *249*, *269*, *273*, 282, *283*, *291*, *305*, *307*
peso 190, 242
Peters, Michael 282
Photo-Lettering Inc. 211
Piatti, Celestino 38
Picasso, Pablo 34
Pick, Frank 209, 280
pictogramas 65, 88, 146-7, 194, 292
Pineles, Cipe 108, 156, 272
plágio 180
Plakatstil 256
Platão 76
Playfair, William 294
Poggenpohl, Sharon 64
ponto sobrescrito (ou pingo) 192
pós-estruturalismo 56, 62
pós-modernismo 56-63
  autoria 125
  branding 282
  colagem 164
  design digital 64
  estética 76
  estilo 136, 178, 180
  ornamento 90
  política do design 102
  tipografia 232-5
  pôster *Sachplakat* 256
pôsteres 246-53, 256
  abstração 162, *163*
  acaso/acidente *151*
  antiguerra 53, *54*
  Bauhaus 28, *31*
  clichês *177*
  design suíço 38-*41*
  direção de arte *161*
  eletrônico *297*
  estilo *137*, *139*
  estilo internacional *47*, *49*
  estilo mid-century modern 36
  filme *24*, *249*, 262
  fonte 202, 206
  fotografia 156, *157*, *185*
  grids *129*
  hierarquia *133*
  ilusão de óptica 182, *183*
  ilustração *154*
  impacto do design 17-*9*
  inteligência gráfica *144*
  lettering 226, *227*

linguagem visual *149*
meio ambiente 172, *173*, *175*
movimentos de protesto 50-4, *113-14*, *161*, 168-9, *171*
ornamento *91*
pastiche *181*
política do design 102, *103*, *105*
pós-moderno *57*-8, *62*
propaganda *6*, *98-101*
psicodélico 50, *51*
raça *113-4*
resolução de problemas *141*
sexismo *109-10*
sexualidade *9*, *117*
teoria da cor *83*
tipo como imagem *187*
tridimensional *70*
vanguarda *21*
vernacular *95*, *97*
viagem 246-8
pôsteres de filme *249*, *250*, 262
pôsteres de objetos 256
PostScript 232, 239
Potter, Norman 102
Poynor, Rick 56-7, 63
preto e branco 158, 182
produtos de marca própria 291
propaganda 98-101, 248
proporção 134-5
proporção áurea 134
psicologia 242-3, 302
Push Pin Studios 44, 155, 178

questões nucleares 52, 53, *169*, *170*

raça 112-15, 118-19, *169-71*
Rand, Paul
  capas de livro 226, 260
  computadores 64, 65
  design gráfico 7, 12
  estilo 136
  estilo mid-century modern 34, *35*, 36
  história do design 16
  identidade de marca 280
  ilustração 155
  inspiração 150
  linguagem visual 148, 149
  meio ambiente 172
  pós-modernismo 61, 63
  psicologia 242
Rauschenberg, Robert 172

Read, Herbert 44
rébus 148-*9*
reciclagem 172-4, 291
reconhecimento de caracteres de tinta magnética (MICR) 236
reconhecimento óptico de caracteres (OCR) 236-7
Red Wing, Sadie *115*, 118
redatores 160
redes sociais 248, 259, 263, 285, 298, 306-7
Reid, Jamie 55, 164
Reinfurt, David 8, 17, *124*
Renner, Paul 208, *210*, 214
resolução de problemas 140-1
retrô 178-9, 232
revistas/periódicos 18
  abstração *163*
  Adbusters 259
  Blast 23
  colagem *165*
  contracultura 53, 55
  Design 73
  editorial 270-5
  Emigre 59, 61-3, *66*, 92, 136, 232-*3*, 235, *238*
  estilo mid-century modern 36
  Fortune 65, 67, 272
  fotografia colorida 156, *159*
  FUSE 232, 235
  Harper's Bazaar *21*, 156, 202, 273
  ilustração *154*-5
  LEF 25
  lettering *227*, *231*
  meio ambiente *175*
  Merz 23, *24*
  Neue Grafik 46
  política do design *105*
  pós-moderno 57-63
  Print 69
  publicidade 256
  retrô *179*
  Staff 37
  The Economist 258
  Typografische Monatsblätter 58, *61*
  Typographische Mitteilungen 32, 33
  Varoom 138
  Vogue 156, 202
  Woman's Day 43
Rietveld, Gerrit 24

Riley, Bridget 182
Ring Neue Werbegestalter 24
Roberts, Lucienne 106, 107, 152
RoboFont 239
Rock, Michael 125
Rodchenko, Alexander 24, 25, 156, 164
Rogers, Bruce 201
Romain du Roi 201-2
Roszak, Theodore 50
Roth, Dieter 120
Roundthaler, Edward 211
Royal College of Art 16
Ruder, Emil 38, 41, 46, 130, 194
Rudofsky, Bernard 94
Ruffins, Reynold 155
Ruscha, Ed 120
Ruskin, John 26

Sagmeister, Stefan *91*, 138
sampling 180
Sanders Peirce, Charles 72
Saussure, Ferdinand de 72
Savignac, Raymond 142
Saville, Peter 63, 236, 278
Schapiro, Miriam 61
Scher, Paula *59*, 63, 136
Schmidt, Joost *28*, 29
Schwitters, Kurt 23-*4*, 164
Scotford, Martha 68, 108
Scott Brown, Denise 56, 94
Scott Makela, P. 59, 232-*3*
script
  árabe *224*, 226
  formal 218, *220*
  japonês *224*
scripts
  caligráficos 221
  informais 218
See Red Women's Workshop 108, *109*
semiótica 72-5
sem-serifa 132, 190-1, 198, 206-13, 236
sem-serifa geométrica 208-9, 211, 213
serifas 198-205
Seville, Peter 235
sexismo 50, 61, 108
sexualidade 116-17
Shaughnessy, Adrian 270, 285

significado simbólico
cor 72, 82, 174
famílias tipográficas
242
logos 88, 117, *119*,
168, 172
rébus 148, *149*
símbolo do tofu 225
sinalização 292-3
Edward Fella 62
estilo internacional
48, 211
hierarquia 132
identidade de marca
280
pictogramas 146
Universal Type de
Bayer 29
smartphones 300
Smith, Robert E. 218
Snell Roundhand *219*
Snyder, Jerome 36, *37*
Soane, John 206
software Béziers 229,
239
Solidariedade com os
Povos da África, Ásia
e América Latina
51, 53
Sontag, Susan 102, 116,
136, 246
Sorel, Edward 155
Sottsass, Ettore 58
Spiekermann, Erik 232
Stauffacher Solomon,
Barbara 292
Steichen, Edward 156
Steinweiss, Alex 36,
157, 276, *277*
Stephenson Blake 206,
207, *209*
Stoecklin, Niklaus 256
Sullivan, Louis 33
supergráficos 292
suprematismo 25
surrealismo 20, 34,
50, 72, 156, 158, 164,
182, 256
Sutnar, Ladislav 65,
149
swash 191

tamanho de ponto 193,
214
Tatlin, Vladimir 25
televisão 259
Template Gothic *235*
Tenazas, Lucille 62
The Foundry 236, *237*
Thompson, Philip 149,
176
Thonglor bold *223*
Thorne, Robert 202

Thorowgood, William
206, *207*
Times New Roman *199*,
202, 241
Tipo
Akzidenz-Grotesk 208-9
Aldine 201
Amareddine *212*
Archer 203
Avenir 211
Baskerville 202
Bembo 201
Beton 203
Bifur 216
Blado 201
Calvert 203
Caslon 201, 206, *207*,
216, *217*
Centaur 201
Circus 216
Clarendon 203
Compacta 211
Courier 205, 241
Didone 202
Doric 206
English Egyptian 206,
207
Erbar Grotesque 208,
209
Fat face 202, 216
Futura 208, *210*, 214
Garalde 201
Gill Sans *209*, 214,
260
Golden *199*, 201
gótico 197, *200*-1,
206, 218
Grotesque 206-*9*, 211,
239
Helvetica 209-11
Humanista *200*, 201,
208, 211
Impact 211, 239
Inserat 211
Ionic 203
Italian 202, 216, 217
Jenson 201
Johnston Sans 208
Kabel 208, 209
Latin 205, 218, 222
Lubalin Graph 203
Memphis 203
Metro 208
Ming Romantic 222, *223*
Neo-Grotesque 209,
211
Old Style *200*, 201
Optima 211
Palatino 201
Plantin 201, 202
Poliphilus 201
Rail Alphabet *281*
Rockwell 203

Roman 201
Romain du Roi 201-2
Sabon 201
Schmalfette Grotesk
211
Serifa slab *200*, 202-
3, 216, 242
Sharp *219*
Stymie 203
Synoptic Office 222,
223
Transicional *200*
Tuscan 216
Univers *210*, 211
Western 216
tipofoto 184, 186
tipografia/famílias
tipográficas
apropriação 118
autoria 122
Bauhaus 29, 33
Cairo 65
definição 190
desenvolvimento 16,
22, 23, 197
design suíço 38, 46,
48
digital 59, 64
e hierarquia 132
estilo internacional
36, 46, 48, 211
fontes de código
aberto 225, 239
fotocomposição 48, 57
fotografia 156, 184,
186
ilustração 152
léxico 190-3
modernista 32-3, 34
origens 194-7
Outwest *95*
pictogramas 146-7
pós-moderno 57, 59,
232-5
psicologia 242-*3*
redes sociais 306
retrô 178
tipo como imagem 184-7
websites 298, 300
ver também fontes
Tissi, Rosemarie 38
Total Design 44
Toulouse-Lautrec, Henri
de 17, *19*, 246
tracking 192
Tracy, Walter 214
Troller, Fred 46
trompe l'oeil 182-3
TrueType 239
Tschichold, Jan 32-3,
38, 134, 201, 209, 260
Tufte, Edward 294-*5*
Tzara, Tristan 23

Unger, Gerard 239
Ungerer, Tomi 53
Unidade de Pesquisa em
Design 44, 280, *281*
Unimark International
44, 46, 136, 280

van Blokland, Erik 232
van de Velde, Henry 20
van Doesburg, Theo 24
van Rossum, Just 232
van Toorn, Jan 102
VanderLans, Rudy 59,
66, 232
vanguarda 20-5, 106,
164, 248, 260, 272
Varini, Felice 182
Vasarely, Victor 182
Venturi, Robert 56, 94
vernacular 94-7, 232
versalete 192
Vertov, Dziga *24*, 156
Vignelli, Massimo 16,
46, 49, 59, 63, 136,
235, 294
Vitrúvio 134
vorticismo 22

Warde, Beatrice 122,
242, 266
Warhol, Andy 120, 272
websites *131*, 270, 296,
298-301, 306
Weingart, Wolfgang 38,
57-8, *61*
Wertheimer, Max 78, 81
Wild, Lorraine 62
Willoughby, Vera 246
Wilson, Wes 50
Winkler, Dietmar R. *10*,
47, *157*, 162-3
Wittgenstein, Ludwig 76
Wolf, Henry 142
Wolf, Rudolf 203
Wolff Olins 44, 282,
285
Wolff, Francis 276
Wyman, Lance 146, *147*,
292
Wyndham, Lewis 23

Yamashita, Yoshiro 146

Zapf, Hermann 201, 211,
239

Créditos das imagens

Ilex Press gostaria de agradecer a todos os designers, seus representantes e agências pela ajuda ao fornecer imagens para publicação neste livro.

(Legenda: a = alto, b = baixo, c = centro, d = direita, e = esquerda)

6a Boston Public Library. Digital Commonwealth, Massachusetts Collections; 6b, 9be & bd, 10 Library of Congress, Prints and Photographs Division, Washington; 9ae & ad The New York Public Library, Digital Collections; 12 TTWKennington, CC BY-SA 4.0, via Wikimedia; 13 Anja Kaiser; 14 Photo12/Alamy; 17 Matt Lamont, Design Reviewed; 19ae The Metropolitan Museum of Art, New York, Harris Brisbane Dick Fund, 1932; 19be Rijksmuseum, Amsterdam; 19bd Smithsonian Institution. Compra de museu por cortesia de Mrs. Gilbert W. Chapman e Ely Jacques Kahn; 21a, 21bd Library of Congress, Prints and Photographs Division; 21be The New York Public Library, Digital Collections. © & TM. MOURON - AM.CASSANDRE. Lic 2023-02-15-02 www.cassandre.fr; 22e The Picture Art Collection/Alamy Stock Photo; 22d, 24d The New York Public Library, Digital Collections, 23e © ADAGP, Paris e DACS, London 2023; 24e Everett Collection/Alamy Stock Photo; 27, 28ae & bd Letterform Archive © DACS 2023; 28ad Universal Art Archive/Alamy Stock Photo; 31ae & ad Letterform Archive; 31be Swim Ink 2, LLC/Corbis via Getty Images © DACS 2023; 32 Museum für Gestaltung Zürich, Graphics Collection, ZHdK; 35b cortesia Kenji Fujita © Columbia Records, 1959; 37ae & ad Design © Estate of Elaine Lustig Cohen; 39, 41b Museum für Gestaltung Zürich, Poster Collection, ZHdK, 40 © DACS 2023, 41a © Estate Karl Gerstner, cortesia Galerie Knoell; 43ae Bart Solenthaler/Flickr; 43ad, 47ae, 51bd, 54ad & bd, 57d Library of Congress, Prints and Photographs Division; 45 cortesia da família de Alan Fletcher e autorização da Pirelli & C. SpA; 47ad autorização da Pirelli & C. SpA; 47be Standards Manual; 49ae cortesia da RIT Cary Graphic Arts Collection; 49ad Matt Lamont, design Reviewed; 49be © Westminster Recording Corporation, 1960; 51ae cortesia Geoff & Olwen Stocker; 51ad The New York Public Library, Digital Collections; 51be Collection of the Smithsonian National Museum of African American History and Culture; 52d McMaster University Libraries, Digital Collections; 54ae cortesia de Milton Glaser Inc. © Milton Glaser. Todos os direitos reservados; 54be © Seymour Chwast; 57e, 65 cortesia April Greiman; 58e © Barney Bubbles Estate; 58d cortesia Brody Associates; Matt Lamont, Design Reviewed: 59d, 61, 59e autorização e cortesia Pentagram, 60 utilizadas com autorização; 62e, 66e cortesia Emigre; 62d © Barnbrook; 69a Letterform Archive; 69b cortesia Occasional Papers; 70 cortesia do California Institute of the Arts Institute Archives; 75ae © Paladin, 1973; 75ad cortesia de Milton Glaser Inc. © Milton Glaser. Todos os direitos reservados; 77a © Camille Walala for The LEGO Group. Photo: Tekla Evelina Severin; 77b cortesia Wade & Leta; 80 © The Josef and Anni Albers Foundation/DACS 2023; 81e © Malika Favre; 81d cortesia A Practice for Everyday Life; 83 cortesia James Goggin, Practise; 87b Dan-yell (CC by-SA 3.0)/Wikipedia; 89ae © United Airlines; 89be © Deutsche Bank; 89bd © SBB CFF FFS; 91ae cortesia Marian Bantjes; 91ad cortesia COLLINS; 91be cortesia Studio Feixen; 91bd cortesia &Walsh; 93ae cortesia Mevis & Van Deursen; 93ad & b cortesia Gretel; 94b Art Direction: Yani Arabena, Guille Vizzari (YaniGuille&Co.). Design: Yani Arabena, Guille Vizzari, Agustín Pizarro Maire. Ilustração: Guille Vizzari, Agustín Pizarro Maire. Produção: Planner Group. Foto: YaniGuille&Co.; 96 cortesia Noah Baker Studio; 97 cortesia Shiva Nallaperumal; 95 Made at FISK; 99, 100, 101ae & bd Library of Congress, Prints and Photographs Division; 101ad U.S. National Archives; 103ae cortesia Michael Oswell; 103ad The Museum of Modern Art, New York/Scala, Florence; 103be cortesia Other Forms; 104 © Barnbrook; 105 cortesia Dionne Pajarillaga; 107a Unit Editions. Cortesia de Estate of Ken Garland; 107b Anthony Burrill; 109ae The State and Sexist Advertising Cause Illness - Don't Let These Men Invade Your Homes (1974) © See Red Women's Workshop; 109be Library of Congress, Prints and Photographs Division; 109ad © Faith Ringgold/ARS, NY and DACS, London, cortesia ACA Galleries, New York 2023; 113be © Emory Douglas/DACS 2023; 110a & b © Guerrilla Girls, cortesia guerrillagirls.com; 111a Shaz Madani Studio; 111be cortesia Chloe Scheffe © Verso, 2018; 111bd cortesia Deva Pardue; 113ae The New York Public Library, Digital Collections © Heirs of Aaron Douglas/VAGA at ARS, NY and DACS, London 2023; 113ad Collection of the Smithsonian National Museum of African American History and Culture, Gift of Arthur J. "Bud" Schmidt; 114ae Collection of the Smithsonian National Museum of African American History and Culture; 114ad The Metropolitan Museum of Art, New York. Gift of Nappy-negroes in art, 2020; 114bd Collection of the Smithsonian National Museum of African American History and Culture, Gift of Samuel Y. Edgerton; 115a Cortesia Jahnavi Inniss; 115be © Sadie Red Wing; 115bd Isometric Studio; 117ae Wellcome Collection; 117ad The New York Public Library, Digital Collections; 117be Grey London/Chaz Mather and Lucy Jones; 119b All-Pro Reels (CC by-SA 2.0)/Wikipedia; 121a & bd cortesia Fraser Muggeridge Studio. Fotos de Patrick Jameson; 121be cortesia do artista, Sprüth Magers, e Museum of Modern Art, New York; 123 cortesia da família de Alan Fletcher e Phaidon Press. The Art of Looking Sideways © Phaidon Press, 2001; 124 cortesia Peter Biļak, Typotheque; 126 cortesia Tom Etherington; © Daunt Books Publishing, 2022; 129e cortesia Studio Ghazaal Vojdani; 129d © ADAGP, Paris and DACS, London 2023. Photo ADAGP Images; 131a cortesia Obys; 131b cortesia Jeremy Jansen; 133ae James Goggin, Practise; 133ad cortesia Yotam Hadar; 133b cortesia David Pearson © Penguin Books, 2020; 135b cortesia Order; 137ad Boston Public Library, Digital Commonwealth, Massachusetts Online, CC BY-NC-ND; 137ae, 141ad, 144ae, 149ad & b Library of Congress, Prints and Photographs Division; 137b cortesia de Milton Glaser Inc. © Milton Glaser. Todos os direitos reservados; 139ae cortesia David Rudnick; 139ad 12:01AM. © LuckyMe, 2017; 139be cortesia Studio Moross. BFI Flare: London LGBTQIA+ Film Festival, 2020. Cortesia de BFI; 139bd cortesia de Bráulio Amadio © The Vinyl Factory, 2018; 141be The Partners; 141bd Mucho; 143a The Click; 143b Unit Editions. Cortesia Estate of Ken Garland; 144ad cortesia Ben Benzer © Verso, 2021; 144b cortesia Counter Studio; 145 cortesia Paul Belford Ltd. © The TNT Book Company, 2017; 147ae cortesia Francesco Muzzi; 147ad © Gerd Arntz Estate, DACS/Pictoright 2023; 147b cortesia Lance Wyman; 149ae Reprint cortesia da IBM Corporation; 151a cortesia Bráulio Amado; 151b cortesia Mark El-khatib; 154a cortesia Studio South. Ilustração por Jean Jullien; 154be cortesia Lebassis; 154bd cortesia Javier Jaén; 157ae cortesia Estate of Hans Hillmann; 157ac, 157bd, 163a Library of Congress, Prints and Photographs Division; 157ad Design Reviewed © Design Council Archive, University of Brighton/Estate of Keith Cunningham; 157be © Columbia Records, 1940; 159a cortesia Pit magazine; 159b cortesia Hingston Studio, Fotografia Julia Noni © Ninja Tune, 2018;

161ae Elizabeth Goodspeed. Fotografia por Ian Shiver; 161ad cortesia Wade & Leta; 161b V&A Fashioning Masculinities: The Art of Menswear, pôsteres da exposição, 2022. Design e direção de arte: Hingston Studio, fotografia: Julian Broad, coreografia: Russell Maliphant, stylist: Harris Elliott, cabeleireiro: Oliver J. Woods; 163be cortesia Eric Hu; 163bd cortesia The Rodina; 165ae cortesia Peter Mendelsund © New Directions, 2016; 165ad Archivio Domus © Editoriale Domus S.p.A.; 165b © Estate of Ivan Chermayeff © RCA Camden, 1959; 167a cortesia Paul Belford Ltd.; 167b cortesia Tim Ferguson Sauder, Sara Hendren & Brian Glenny; 169ae, 173ae, 173b Library of Congress, Prints and Photographs Division; 169ad TTWKennington, CC BY-SA 4.0/Wikimedia; 169be Harvard University, Schlesinger Library on the History of Women in America/Flickr; 169bd The New York Public Library, Digital Collections. Schomburg Center for Research in Black Culture, Art and Artifacts Division; 170ae cortesia Smiling Sun; 170ad Collection of the Smithsonian National Museum of African American History and Culture; 170cd, 171b cortesia Rick Poyner/The Estate of David King; 170be LSE Library/Flickr; 170bd Badseed/Wikimedia Commons; 171ae cortesia David Gentleman; 171ad Corita Art Center, corita.org © ARS, NY and DACS, London 2023; 173ad New York Public Library, Digital Collections, Manuscripts and Archives Division; 173bd National Gallery of Victoria, Melbourne/Bridgeman Images © the artist; 175ae Anthony Burrill; 175ad cortesia Leila Abdelrazaq; 175b cortesia Pablo Delcan; 177ae cortesia Milton Glaser Inc. © Milton Glaser. Todos os direitos reservados; 177ad Matt Lamont, Design Reviewed; 179 Clay Hickson & Liana Jegers; 181ae cortesia Gail Anderson e David Cowles © Grand Central Publishing, 2013; 181ad cortesia Mike Joyce; 181b cortesia Tyler Comrie © Knopf, 2020; 183ae cortesia Janet Hansen © Vintage, 2015; 183ad Fons Hickmann M23; 183be © Franco Grignani; 183bd cortesia da família de Alan Fletcher e Pirelli & C. SpA; 185 akg-images; 187ae cortesia Pentagram; 187ad cortesia David Pearson © Pluto Press, 2020; 188 © Penguin Books, 2004; The Metropolitan Museum of Art, New York: 195ae cortesia de Mr. e Mrs. J. J. Klejman, 1966, 195ad Fletcher Fund, 1924, 195cd cortesia de Marilyn Jenkins, 1984, 195be Rogers Fund, 1923, 196be cortesia de J. Pierpont Morgan, 1923, 196bd Rogers Fund, 1922, 199bd Rogers Fund, 1919; 195bd New York Public Library, Digital collections; 196ad Rijksmuseum, Amsterdam; 204ae © Sandrine Nugue/205TF; 204be © Alice Savoie/205TF; 204bd Roxane Gataud; 204ce cortesia Grilli Type; 210ae James Puckett (CC by 2.0)/Flickr; 210ad, 210b Matt Lamont, Design Revisto; 212ae cortesia de Herb Lubalin Study Center of Design & Typography; 212ad © ArabicType; 212be cortesia de reimpressão de IBM Corporation; 212bd, 217ae cortesia Commercial Type; 217b James Puckett (CC by 2.0)/Flickr; 219ad cortesia Sharp Type; 220 Rijksmuseum, Amsterdam; 221 © Cosmetic Warriors Limited 2015-2023; 223a cortesia Synoptic Office; 223be © Roman Gornitsky; 227ae cortesia Alex Trochut; 227ad © School of Visual Arts; 227be cortesia Jordan Metcalf; 227bd cortesia Wei Huang. © Alter, 2017; 228 cortesia Studio Moross; 229e cortesia Seb Lester; 229d cortesia Oli Frape; 230 cortesia Lebassis; 231ae cortesia Martina Flor; 231ad cortesia Shiva Nallaperumal; 231b cortesia Alison Carmichael; 237ae New Alphabet, design de Wim Crouwel, produção de David Quay e Freda Sack © Copyright The Foundry 2023; 240bd BB Bureau; 244 cortesia Yarza Twins; 247ae National Gallery of Art, Washington. Comprado para Virginia e Ira Jackson Collection; 247ac Boston Public Library, Massachusetts Online; 247ad & bd, 249ae & ad Library of Congress Prints and Photographs Division; 247be The Metropolitan Museum of Art, New York. Purchase, 1983; 247bc Boston Public Library, Massachusetts Online; 249b cortesia Pentagram; 250a cortesia Studio Dumbar; 250b cortesia James Goggin, Practise; 251 cortesia Emilie Chen; 252, 253a cortesia Bráulio Amado; 253b cortesia Studio Feixen; 255d © Estate of Edward McKnight Kauffer; 257b cortesia Fondazione Pirelli; 258a Adam&Eve DDB, 2021. Marmite Poster Photography de James Day. Foto: Sue Parkhill; 258b cortesia Paul Belford Ltd.; 261ad Design © Estate of Alvin Lustig. © New Directions, 1946; 261be © Estate of Edward McKnight Kauffer. © Random House, 1952; 261bd © Holt, Rinehart & Winston, 1973; 263 The New York Public Library, Digital Collections. © Estate of Vanessa Bell. Todos os direitos reservados, DACS 2023; 264ae Jahnavi Inniss © Penguin Books, 2021; 264ad Anna Morrison © Faber & Faber, 2022; 264be Gray318 © Penguin Books, 2002; 264bd Tom Etherington © Allen Lane, 2017; 265ae Chantal Jahchan © Verso, 2021; 265ad Theo Inglis © House Sparrow Press, 2022; 265be Jack Smyth © Open Letter, 2021; 265bd Jamie Keenan © Liveright Classics, 2013; 267 cortesia Studio Elana Schenker; 269 cortesia Pentagram; 271a cortesia Esterson Associates; 271be Richard Turley/Bloomberg; 271bd The Tamiment Library and Robert F. Wagner Labor Archives, New York University; 272e diretor criativo Chris Clarke, The Guardian, diretor criativo executivo, Alex Breuer, The Guardian. Ilustração: Leon Edler; 272d conceito & foto: Tomato Ko͡lir. Design: Steven Gregor, The Guardian. Diretor criativo: Chris Clarke, The Guardian; 273 cortesia Pentagram; 274 cortesia Astrid Stavro/Atlas; 275 Alex Hunting Studio; 277ae Alex Steinweiss © London Records, 1957; 277ac Paul Bacon. © Command Records, 1961; 277ad cortesia Kenji Fujita © Command Records, 1961; 277ce Reid Miles © Blue Note, 1966; 277cc Reid Miles © Blue Note, 1964; 277cd Letterform Archive © Delmark Records, 1967; 277be cortesia de Milton Glaser Inc. © Milton Glaser. Todos os direitos reservados. © Poppy Records, 1969; 277bc Barney Bubbles © Radar Records, 1979; 277bd Azar Kazimir © Thrill Jockey, 2018; 279ae Robert Beatty © Interscope Records, 2015; 279ad Qingyu Wu © Maybe Mars, 2020; 279ce Alex McCullough & Jacob Wise © Whities, 2018; 279cd 12:01AM © Warp Records, 2016; 279b Wei Huang © Burning Rose, 2019; 281 cortesia David Lawrence; 283 cortesia Pentagram; 284 cortesia Studio Moross; 286 cortesia Whitney Museum of American Art. Fotografia de Jens Mortensen; 287 cortesia Studio Bergini; 289a cortesia Astrid Stavro/Atlas; 289be cortesia Azar Kazimir; 289bd cortesia Counter Design; 290a cortesia IBEA Design; 290be cortesia Here Design; 290bd cortesia Maru Inc.; 291 cortesia Pentagram; 293 cortesia Cartlidge Levene. Fotografia de Richard Learoyd; 295a cortesia Tiziana Alocci; 295be Library of Congress, Prints and Photographs Division; 295bd Information is Beautiful, CC by-SA 4.0, https://informationisbeautiful.net/beautifulnews/319-renewables-investment; 297a cortesia DIA Studio; 297b cortesia Studio Dumbar; 299a design de Daly & Lyon para Jes Fernie, construído por Matthew Luke, 2021; 299c website com design e desenvolvimento de Linked by Air; identidade visual desenvolvida por um grupo de trabalho de design, incluindo Vance Wellenstein, Dante Carlos, Anna Kulachek, Other Means e Julia Schäfer, com consultoria de Nontsikelelo Mutiti e John Lee; design de tipos de Berton Hasebe; 299b cortesia A Practice for Everyday Life; 300 cortesia All Purpose; 301a & c design de website de Sternberg Press (www.sternberg-press.com), design de Wkshps & Knoth & Renner, 2020; 301b cortesia Partner & Partners, © 2021 Columbia University; 303 material. io/design; 305a cortesia Fiasco Design; 305b, 306a cortesia Pentagram; 306b cortesia COLLINS; 307 cortesia &Walsh.

Todos os esforços foram empenhados para estabelecer a propriedade de direitos autorais do material fotográfico incluído nesta publicação. Entre em contato com os editores se houver algum erro ou omissão não intencional, para que as edições futuras possam ser corrigidas.

Agradecimentos

Todo meu agradecimento aos designers que compartilharam seu trabalho para inclusão neste livro, aos detentores dos direitos autorais e aos familiares dos designers que deram permissão para reproduzir peças e aos colecionadores que gentilmente compartilharam material, em especial Matt Lamont, do fantástico recurso Design Reviewed. Obrigado a Ben, Ellie, Giulia, Jen, Sybella e Pete, da Ilex Press, pelo trabalho árduo e pela paciência. Agradeço a meus amigos Apsi e Livio pelos conselhos de tradução para o alemão, pelas opiniões e pelo apoio moral. Finalmente, obrigado à Kirstie e à Eliza por estarem sempre presentes.